WHY

왜 그녀는 그의 스킨 냄새에 끌릴까

세상의 모든
호기심에 답하는 책
WHY

왜 그녀는 그의 스킨 냄새에 끌릴까

후각심리학이 밝히는 세상의 블랙박스

What The Nose Knows

에이버리 길버트 지음 | 이수연 옮김

21세기북스
www.book21.com

KI신서 2007

왜 그녀는 그의 스킨 냄새에 끌릴까

1판 1쇄 인쇄 2009년 7월 31일
1판 1쇄 발행 2009년 8월 10일

지은이 에이버리 길버트 **옮긴이** 이수연 **펴낸이** 김영곤 **펴낸곳** (주)북이십일 21세기북스
기획·편집 강선영 **디자인** 씨디자인 **마케팅영업** 김보미 이경희 서재필 최창규 김태균
출판등록 2000년 5월 6일 제10-1965호
주소 (우413-756) 경기도 파주시 교하읍 문발리 파주출판단지 518-3
대표전화 031-955-2100 **팩스** 031-955-2151 **이메일** book21@book21.co.kr
홈페이지 book21.co.kr **커뮤니티** cafe.naver.com/21cbook

값 13,000원
ISBN 978-89-509-1966-5 03180

과학의 새로운 영역을 발견하고 싶다면 냄새를 측정하라.

-알렉산더 그레이엄 벨

| 차례 |

| 서문 |

우리가 냄새에 매혹되는 이유

향기 전문가란 좋기도 하고 힘들기도 하다. 이 직업에 있으면서 나는 멋진 정장을 입고서 아름다운 센트럴 파크를 바라보며 비밀 향수 계획 회의에 참석한 적도 있지만, 회의실 탁자에 앉아 쓰고 난 생리대의 냄새를 맡은 적도 있었다.

런던과 취리히, 파리, 칸을 여행하면서 최고급 호텔에 머물며 근사한 레스토랑에서 식사도 했지만, 잘 썩은 고양이 똥 냄새를 평가하기 위해 미주리 주 케이프 저라도에 간 적도 있다. 유명 패션모델에게 입 맞추는 시늉을 한 적도 있었고 가짜 미용실에서 샴푸 손질을 받은 노파들의 두피 냄새를 맡은 적도 있었다.

나는 엘리자베스 테일러의 향수 '화이트 다이아몬드'의 냄새를 처음 맡아본 사람이기도 했지만 정화된 3-메틸-2-헥산산, 다시 말해 오래도록 씻지 않은 겨드랑이 냄새 시료를 처음 냄새 맡은 사람이기도 했다.

향수업계에서 이런 경험은 드문 일이 아니다. 이 업계 사람들은 먹고 살기 위해 냄새를 맡고, 향수부터 고양이 똥에 이르기까지 모든 냄새를 만든다. 다만 내가 진화론과 동물행동학, 신경과학을 공부한 감각 심리학자라는 점은 드문 일이다. 나는 할리우드를 제외한 가장 공허하고 유행에 민감하며 무수한 상품이 있는 업계에서 일하는, 합리적이고 근거를 중심으로 사고하는 사람이다.

주요 언론에 '향수로 남자를 흥분시키는 7가지 방법'같이 묘사되는 후각은 과학자들이 '착취제로 유발된 머릿속 이상엽피질(냄새를 담당하는 기관)의 신경활동에 대한 다변수 분석'처럼 보는 후각과 전혀 다르다. 통통 튀고 수다스러운 잡지는 실험실에서 일어난 후각에 대한 새로운 발견을 가볍고 근사하게 이야기하지만, 형식적이고 난해하며 건조한 과학은 이러한 발견을 감춘다.

나는 사람들이 후각의 지각 원리와 이유에 매혹되어 있음을 안다. 어떻게? 사람들은 내가 전문가라는 사실을 알게 되면 내게 질문 공세를 퍼붓기 때문이다. 대답은 사람들의 상상보다 훨씬 기묘하다. 냄새에 대한 신과학은 포도주 시음부터 영화를 볼 때 냄새를 풍기는 스멜 오 비전(Smell-O-Vision)까지 모든 것을 다시 생각하게 한다. 이제 후각이 대중문화에서 어떤 역할을 하는지를 새롭게 봐야 할 때가 온 것이다.

그럼 어디서부터 시작해야 하는가? 질문 자체는 간단하게 시작된다. '이 세상에는 얼마나 많은 냄새가 있을까?'

그 대답은 심리학(냄새의 숫자를 어떻게 셀까?), 공학(복합적인 냄새를 어떻게 분석할까?), 업계의 기밀(어떻게 조향사가 되나?)로 이어진다.

앞으로 나는 그 밖의 간단한 질문—후각에 도움이 되는 건 무엇인가? 악취를 맡으면 병에 걸릴까? 잠재의식적인 냄새 때문에 의지와 상반되는 행동을 할 수 있을까?—을 다루면서 낯설고 예기치 못한 곳으로 나아갈 것이다. 내 세계에 오신 것을 환영한다.

1

머릿속에 살아 있는 냄새들

바이올렛과 장미부터 아위까지 수많은 종류의 냄새가 있다는 건 분명하다.[1]
하지만 그 유사점과 차이점을 측정할 수 있을 때까지 냄새 과학은 없을 것이다.

알렉산더 그레이엄 벨

냄새를 완벽하게 분류할 수는 없을 것이다.

《브리태니커》

이 세상에는 얼마나 많은 냄새가 있을까? 이상한 질문이긴 하지만 잠시 생각해보자. 지금껏 살면서 코로 느꼈던 수많은 냄새들이 있을 것이다. 생각나는 대로 마음속으로 하나 둘 떠올려보자. 타버린 토스트, 쉐이빙 폼, 할머니 댁의 부엌, 소나무, 섬유유연제… 등등. 너무 많아 정확히 숫자로 헤아릴 수 없을 정도다. 전 세계의 모든 냄새는 고사하고, 한 사람이 평생 동안 맡는 냄새조차 모두 헤아릴 수 없을 것이다.

어떤 이들은 이 일을 어려워하지 않는다.[2] 그냥 계산한다. 하지만 그보다는 다른 사람의 이야기를 그냥 믿고 알리는 게 더 쉽다. 언론인들은 사람이 3만 가지 냄새를 맡을 수 있다고 말한다. 뉴에이지 과학의 권위자 마이클 머피(Michael Murphy)는 《육체의 미래 *The Future of the Body*》에서 "한 조향사의 계산에 따르면, 전문가는 3만 가지가 넘는 냄새의 미묘한 차이를 구분할 수 있다."고 했다. 머피는 독일의 대중 과학 작가 비투스 드뢰셔(Vitus Dröscher)에게서 이 말을 인용하였다고 했다.

실제로 드뢰셔는 “한 조향사는 진정한 전문가란 3만 가지 이상의 향기 차이를 구별해야 한다고 계산했다.”고 하였지만 출처를 말하지는 않았다. 그 출처는 아마 “화학자들은 약 3만 가지 냄새를 식별했다.”고 한 〈사이언스 다이제스트〉이었을 것이다. 하지만 불행히도 이 잡지 역시 출처를 말하지 않았다. 내 생각에, 이는 인터넷이 발달되기 오래 전 언론에 불분명한 사실이 만연했음을 증명하는 듯하다.

사람들은 냄새 과학자들이 이 점을 제대로 설명해주기를 바란다. 실제로 과학자들은 서로 다른 수치를 곧잘 인용하기 때문이다. 2004년 린다 벅(Linda Buck)과 리처드 액설(Richard Axel)이 후각 수용체를 발견해 노벨상을 받았을 때, 노벨 재단은 “사람들은 ‘1만 가지 냄새’를 인지하고 기억한다.”라는 제목으로 보도 자료를 발행했다. 이 숫자는 노벨 재단의 홍보 담당자들이 수상자들의 말을 인용한 것이다. 물론 믿을 만한 숫자다.

하지만 1만이라는 숫자는 린다 벅과 리처드 액설이 처음 말한 게 아니었다. 다른 과학자들이 오랫동안 얘기해왔던 수치다. 왜 그토록 어마어마한 어림수치가 나왔을까? 왜 발견 날짜가 없을까? 그리고 무엇보다 이상한 점은, 왜 그 누구에게도 그 공로를 돌리려 하지 않는 걸까?

이에 대한 의문은 끊임없이 나를 괴롭혔다.

과학 서적에서 이 신비한 숫자 1만의 출처를 추적하다 보면, 미로를 걷는 것처럼 막다른 길을 무수히 만난다. 예를 들어 나는 논문 〈행동 생태학*Behavioral Ecology*〉에서 시작하여 〈유전학 동향*Trends in Genetics*〉으로 거슬러 올라갔다.[3] 하지만 이 학술지도 출처는 명확히 밝히지 않았다. 그리하여 나는 저명한 냄새 연구가이자 브라운 대학교의 심리학자인 트리그 엥겐(Trygg Engen)에서 다시 시작했다. 1982년에 그는 “보통사람은 최소 2000가지 냄새를, 전문가는 최대 1만 가지 냄새를 구분할 수 있다.”고 했다. 엥겐은 이 말은 캐나다에서 냄새과학자로 가장 유명한 R. H. 라이트(R. H. Wright)의 주장이라고 했다.

라이트는 믿을 만한 출처인 것처럼 보이나 실제로 라이트가 1964년에 쓴 글을 보니 전혀 아니었다. "보통사람은 수천 가지 냄새를 식별하는 데 아무 문제가 없는 듯하고, 이 분야의 경험 많은 권위자는 1만 가지 이상의 냄새를 인식할 수 있다. 하지만 다른 이들은 그 숫자에 한계가 없다고 단언하고 있다." 라이트는 이어서 말했다. "이러한 추측을 입증할 만한 실험을 하면 흥미로울 것이다."

맙소사! 이 말은 곧 라이트는 그 어떤 숫자도 객관적인 실험을 통해 명백히 밝혀낸 바 없다는 말이 아닌가! 그저 어디선가 들은 얘기를 전했을 뿐이고, 엥겐 교수는 그 말을 반복했던 것이다. 결국 저명한 냄새 전문가들이 했던 말은 단지 하계 수련회에서 누군가로부터 들은 귀신이야기를 아무런 책임감 없이 퍼뜨리는 아이들과 별반 다르지 않았다.

나는 도대체 1만이라는 숫자가 어디에서 비롯된 것인지, 끝끝내 그 출처를 찾지 못할 것 같다는 불안한 예감이 들기 시작했다. 그러던 어느 날, 1999년 식품화학 교재에서 나는 그 숫자를 한 번 더 보았다.[4] 눈이 번쩍 띄는 기분이 들었고, 마음이 다급해졌다. 교재에서 1996년 논문으로, 다시 논문에서 1954년 컨설팅 회사인 아더 D. 리틀 주식회사의 연구원들이 발표한 논문으로 거슬러 올라갔다.

전년도 과학회의에서 아더 D. 리틀 주식회사의 연구진은 〈후각의 정보 이론*An information theory of olfaction*〉이라는 제목으로 논문을 발표했다. 후각의 수적 한계를 설정하는 게 그 목적이었다. 그들은 "최소 1만 가지 냄새를 구분할 수 있는 전문가가 분명 있다."고 했다. 이 숫자는 이후의 수학적 분석에 이용되었다. 이들이 말한 전문가의 이름은 각주 처리되어 있었다. 그는 바로 화학 공학자이자 1914년에 MIT를 졸업한 어니스트 C. 크로커(Ernest C. Crocker)였다.[5] 또한 시기는 다르지만 아더 D.

리틀 주식회사의 직원이기도 했다.

1927년으로 거슬러 올라가 보면 크로커와 로이드 F. 헨더슨(Lloyd F. Henderson)은 냄새를 분류하기 위해 객관적 방법을 찾고 있었다.[6] 헨더슨 역시 아더 D. 리틀 주식회사의 화학자였다. 그들은 냄새가 각각의 4가지 기본 후각과 얼마나 비슷한지를 냄새의 강도에 따라서 0에서 8까지의 등급으로 평가하는 방법을 확립했다. 이 평가 시스템의 계산에 따르면, 이론적으로는 9^4, 즉 6561가지 냄새를 구분할 수 있다. 계산은 완벽하지만 결과는 처음의 가설에 따라 크게 좌우된다. 크로커와 헨더슨이 가령 5가지 기본 감각과 0~10등급으로 평가했다면, 11^5 즉 16만 1051가지 냄새를 맡을 수 있다는 계산이 나왔을 것이다(하버드 심리학자 에드윈 보링(Edwin Boring)은 이 새로운 시스템을 지지했지만, 평가 등급의 단계가 더 적어야 한다고 생각했다. 몇 가지 계산을 한 그는 구별할 수 있는 냄새의 숫자는 2016가지에서 4410가지 사이라는 판단을 내렸다). 몇 년 후 크로커는 반올림하여 견적을 넉넉하게 1만 가지 냄새로 뽑았다. 그의 동료들은 이 숫자를 받아들이고 동조했다.[7]

결국 '이 세상에 얼마나 많은 냄새가 있는가'를 세어보려고 시도해본 사람들 가운데 성공을 거둔 사람은 없는 듯하다. 냄새의 다양성에 대한 추정은 막다른 골목에 이르거나 아니면 어니스트 C. 크로커에게 이르기 때문이다. 간편하게 자주 인용되는 1만이라는 숫자는 과학적 관점에서 보면 전혀 쓸모가 없다.

2명의 산업 공학자가 가상현실에서 실제와 똑같은 냄새 풍경(Smell-scape)을 만들기 위해선 얼마나 많은 냄새가 있어야 하는지를 연구했다.[8] 그들은 40만 가지라고 계산했다(이 숫자 역시 1만 또는 3만 만큼이나 사실적 근거가 없다. 최종적인 출처가 사실이 명확하지 않은 일본의 기술 간행물이다). 40만 가지는 어마어마한 숫자다. 하지만 '가상현실 고글'의

영상 표시에 화소당 1670만 가지 색을 사용하는 기술자들에겐 합당하게 들린다. 문제는 기술자의 해법이 두뇌가 문제를 해결하는 방법과 항상 일치하지는 않는다는 점이다.

인간의 눈은 색의 아주 미미한 차이까지 감지한다. 인간은 가시스펙트럼을 통해 수백만 가지 색의 차이를 구분할 수 있다. 하지만 인간이 지각하는 색의 범주를 명명할 경우에는 6가지면 충분하다는 데 대체로 동의한다.[9] 모든 문화권의 사람들은 색을 주로 하양, 검정, 빨강, 초록, 노랑, 파랑으로 분류한다. 베이지나 연자주 같은 색은 주로 의류 카탈로그에나 나온다. 가시광선의 물리적 스펙트럼은 연속적이다. 무지개의 줄무늬는 머릿속에서 만들어진 것이다. 우리는 색을 이 몇 가지 범주로만 구분한다.

이 감각 정보의 단순화는 두뇌의 일반적인 특징으로, 심리학자들은 이 현상을 '범주 지각(Categorical Perception)'이라고 지칭한다. 청각에선 이러한 범주 지각 덕에 연속적인 음조를 음계의 개개 음성으로, 혹은 불분명한 모음을 뚜렷한 '아'나 '어'로 구분할 수 있다.

냄새의 숫자에 집착할 필요는 없을지도 모른다. 문제는 이 세상에 얼마나 많은 냄새의 범주가 있는지 그리고 인간의 코와 뇌가 냄새를 어떻게 단순화하는지 알아보는 데 있다.

이런 기술이 가능할까?

나는 캘리포니아 주 데이비스에서 시골 냄새를 맡으며 성장했다. 1962년에 처음 그곳으로 이사 갔을 때 우리 집은 넓은 토마토 농장 근처에 있었다. 토마토 농장을 돌아다니다 보면 토마토 줄기에서 나는 강하고 고약한 냄새를 맡을 수 있었다. 헌트 웨슨 공장에서 케첩으로 만들기 위해 뭉근히 익히는 토마토의 짙은 냄새가 바람결에 밀려오면 여름방학이 끝나간다는 신호였다.

친구들과 나는 갓 포장해 산처럼 높게 쌓아올린 알팔파(alfalfa, 콩과의 여러해살이풀) 더미에서 기분 좋은 풀 냄새를 맡으며 놀았다. 밸리 오크 초등학교의 놀이터에선 뜨겁게 달궈진 정글짐의 쇠 냄새와 발밑에선 먼지투성이의 시큼한 송진 냄새가 났다. 동네 공원에 있는 스프링클러의 물에선 옅은 곰팡내가 났다. 배달을 하기 위해 신문을 둥글게 말곤 했던 〈데이비스 엔터프라이스〉 신문사 사무실에는 짙은 잉크와 신문 인쇄용지, 고무밴드 냄새로 가득했다.

초등학교 때 스프렉클스 정제소에 견학을 간 적이 있었다. 그곳에선 트럭에 한 가득 쌓여 있던 사탕무가 희디흰 설탕으로 바뀌었는데, 그 마술 같은 변화는 숨 막힐 듯한 당밀 냄새에 가려져 있었다.

우리가 데이비스로 이사를 간 이유는 아버지가 그곳 대학교의 철학과 교수로 임용됐기 때문이다. 무덥고 평탄하며 비옥한 새크라멘토 계곡에 있는 캘리포니아 대학교 데이비스 캠퍼스는 원래 버클리 모교의 농업 연구지였다. 이곳은 1960년대에 법학부와 의학부를 추가하면서 명성을 얻었다. 또한 그해 포도 재배 및 포도주 양조학과의 연구원들은 캘리포니아 포도주 양조의 혁신을 일으키기도 했다. 그들은 국지적 기후와 토양 구성을 측정하고, 새로운 포도 품종을 개발했으며, 냉동 발효와 그 밖의 포도주 생산 기술을 발명했다. 포도주 시음과 포도주 양조 과정을 밟은 이 대학 졸업생들은 현재 전 세계에서 최고의 포도주 양조업자로 손꼽힌다. 이런 노력의 일환으로 캘리포니아 대학교 데이비스 캠퍼스의 연구원들은 포도주를 감각적으로 분석하기 시작했다. 이들의 과제는 주관적 견해, 즉 포도주 시음이라는 난해한 분야에 객관적인 방법을 도입하는 것이었다.

이 팀 중엔 화학자이자 감각 전문가인 앤 노블(Ann Noble)이 있었다. 그녀는 포도주의 휘발성 화학 물질을 밝히는 데에도 관심을 갖고 있었다.

이러한 물질은 카베르네 쇼비뇽이나 리슬링 같은 포도 품종뿐 아니라 잘못 만들어진 포도주에 존재하는 악취의 독특한 향을 만든다. 노블은 향기의 화학을 포도 재배 및 포도주 제조에 결합하고자 했다.

향기에 대한 노블의 접근방법은 실용적이고 효과적이었다.[10] 그녀에겐 영화 〈사이드웨이*Sideways*〉에서 와인 애호가 역을 맡은 폴 지아마티처럼 포도주 잔에 코를 처박고는 "딸기와 약간의 감귤 냄새가 나는군. 시계풀 열매, 어렴풋한 아스파라거스와 나무 열매 향이 나는 에담 치즈 냄새가 나는걸."이라고 말하는 '자칭' 와인 전문가들의 향기에 대한 접근방법이 마음에 들지 않았다.

캘리포니아 카베르네를 더 정확히 이해하기 위해 노블과 그녀의 동료 힐데가르드 헤이만(Hildegard Heymann)은 나파와 소노마, 알렉산더, 산타 이네즈 등 캘리포니아의 일곱 지역에서 생산되는 포도주를 선정했다. 이 포도주는 딸기, 피망, 유칼립투스 등 저마다 간단한 서술적 용어를 떠올린 포도주 양조학 학생들에 의해 평가됐다. 대조 견본은 중립적인 기초 와인을 섞어 만들었다. 가령 딸기를 재현하기 위해 라즈베리 잼 반 티스푼과 냉동 블랙베리 반 티스푼을 와인 반 잔에 섞었다. 블랙베리는 10분 동안 담근 후 빼냈다. 자두를 재현하기 위해서는 기초 와인에 말린 자두 통조림 주스 4분의 1컵에 키코만 사의 간장 열일곱 방울을 섞었다.

오직 자신의 코와 0~9점으로 평가하는 설문지로 무장한 학생들은 방대한 자료를 냄새 맡고 조금씩 마셨다. 노블과 헤이만은 컴퓨터 프로그램으로 소수의 감각적 특징을 끌어내 그 위의 정확한 위치에 각 와인을 배치했다. 이렇게 해서 견본들 사이의 향과 맛 관계를 시각화할 수 있었다.

그들의 결론은 다음과 같았다. "포도주는 지역과 재배기간에 따라 향과 맛이 달라진다. 실험 결과 어린 포도와 서늘한 지역의 포도는 식물 향이 강했고, 농숙한 포도와 따뜻한 지역의 포도는 유독 과일 맛, 즉 딸기

향과 바닐라 향이 강했다." 와인의 향을 실용적인 기술 시스템으로 정량함으로써 그들은 향을 생성하는 포도원의 상태를 발견했다.

1984년에 노블과 동료들이 발표한 '아로마 휠(Aroma Wheel)'은 냄새 분류의 역사에 한 획을 그었다.[11] 아로마 휠은 와인 향에 대한 단어를 시각적으로 깔끔하게 나타낸다. 12가지 대표 향에 속해 있는 94가지 서술어는 포도 품종이나 원산지에 상관없이 모든 와인 향에 적용된다. 이 아로마 휠은 직접 만들 수 있는 참고 표준 때문에 초보자뿐 아니라 전문가에게도 유용하다. 노블은 시판되는 와인 아로마키트를 비판한다. 그녀는 향기 에센스가 담긴 유리병은 화학적으로 불안정하고 빠르게 변질된다고 생각한다. 이 때문에 그녀는 박차를 가해 '언제 어디서나 구할 수 있는 식료품에 이용할 수 있는' 참고 표준을 만들었다.

아로마 휠은 다트판과 비슷하다. 세 개의 동심원이 피자처럼 다양한 너비의 수십 개 조각으로 나뉘어 있다. 맨 안쪽 원에 있는 각 쐐기의 뾰족한 끝은 과일 향처럼 향기 범주다. 가운데 원은 감귤, 딸기, 나무열매 과일 같은 하위 범주로 나뉘어 있다. 바깥 원은 각각의 향기 하위 범주의 구체적인 재료다. 따라서 과일 향 쐐기에서 딸기라는 하위 조각을 지나 바깥 원에 이르면 블랙베리, 라즈베리, 딸기, 블랙커런트 등이 있을 것이다.

노블이 만든 휠의 장점은 감각적 개념을 흔히 볼 수 있는 평범한 재료와 연결시킨다는 점이다. 이 휠은 리슬링과 라즈베리를 연결한다. 이 휠을 갖고 있으면 냄새를 맡고 감각적 깨달음을 얻을 수 있다. 이 명백한 접근방법 덕에 누구나 난해한 미생물학적 향이 적힌 맨 안쪽 쐐기 범주와 하위 범주의 젖 냄새를 이해할 수 있다. 당혹스럽지만, 요구르트와 소금에 절인 양배추 등 구체적인 예의 냄새를 맡아보면 이해될 것이다. 휠은 와인전문가들의 젖은 개 냄새라는 용어의 신비도 벗긴다. 이는 화학적 향이라는 범주에서 (스컹크, 양배추, 불탄 성냥 등과 함께) 유황 향의 예다.

아로마 휠에는 와인 비평가의 불확실한 형용사가 차지할 자리가 없다. 우리는 오렌지 꽃, 체리와 노골적인 비누 향, 익은 양배추 등 쉬운 용어를 볼 수 있을 것이다. 〈사이드웨이〉의 주인공 마일스 레이몬드 식의 부적절하고 '어린 피노누아'나 '무기력하고 지나치게 익은 카베르네 프랑' 같은 표현은 와인의 특징보다는 와인 애호가의 허영심을 나타낼 뿐이다. 휠을 사용하기 위해서는 유리잔과 식품점만 있으면 된다.

1970년대 모르텐 메일고드(Morten Meilgaard)라는 덴마크 화학자는 실용적인 맥주 냄새 분류 휠을 만들었다.[12] 그의 '맥주 향 휠(Beer Flavor Wheel)'은 현재 전 세계에 채택되고 있다. 이것은 라거나 에일, 스타우트 등 모든 맥주 스타일의 향과 맛을 묘사하기 위해 14가지 범주와 44가지 감각적 용어를 사용한다. 대부분의 기술어가 향기와 관련된다. 다른 기술어는 맛(홉의 쓴맛, 맥아의 단맛)과 탄산 같은 감각적 요소와 관련된다. 메일고드의 시스템에는 참고 표준이 포함되어 있지만, 노블의 아로마 휠과는 달리 참고 표준을 만들기 위해서는 순수 화학물질을 이용해야 한다. 예를 들어 산화된 맥주의 종이 같은 향을 모방하기 위해서는 맥주 피처에 트랜스-2-노네날을 섞어야 한다.

맥주 양조자의 가장 좋은 친구는 자신의 코다. 바람직한 향은 제품이 적정 시기에 있음을 말해준다. 양조자는 제품에서 나는 악취를 파악하여 제조 과정의 문제를 바로잡을 수 있다. 예를 들어 젖은 신문 냄새는 맥주가 산화되었음을 가리킨다. 햇빛에 상한 맥주에선 스컹크 같은 냄새가 난다(오래 전, 멕시코의 코로나 맥주는 제대로 만들어지지 않고 쉽게 산화되었다. 라임 조각의 신 맛은 악취를 화학적으로 중화시키는 데 효과적인 방법이었다. 오늘날 코로나는 전 세계 모든 맥주와 마찬가지로 잘 만들어지지만, 라임을 넣는 관습은 계속 살아 있다).

메일고드의 맥주 시스템은 문외한에게 있어 와인 아로마 휠보다는 그리 만족을 주지 못한다. 참고 표준이 한 가지 화학물질로 만들어져 있어 꽤 정확하게 만들 순 있지만, 라즈베리나 아스파라거스처럼 복합적인 냄새를 재현하는 데는 어렵기 때문이다. 또한 아마추어 맥주광이 집에서 만들기에는 값도 비싸고 쉽지 않다. 게다가 맥주를 기술하는 용어도 헷갈린다. 예를 들어 유황 같은 향이라는 범주에는 화학자들이나 좋아할 법한 유황, 아황산염, 황화물 같은 용어가 있다.

아로마 휠의 매력은 제품 특유의 냄새를 쉽게 인식할 수 있는 몇 가지 범주로 정리할 수 있다는 것이다. 그 결과 전 세계 음식 로비스트들은 자신만의 아로마 휠을 개발했다.[13] 스위스에는 초콜릿 아로마 휠이 있고, 캐나다가 승인한 메이플 제품의 향기 휠이 있다. 꿀을 위한 범 유럽 휠도, 치즈를 위한 것도 있다(사실 냄새가 75가지나 되기 때문에 치즈광들에게는 그리 단순하지 않다). 남아프리카의 브랜디 휠도 있고, 버클리의 조향사 맨디 애프텔(Mandy Aftel)은 천연 향수 휠을 만들었다. 최근에 필라델피아 수도공사의 몇 사람은 오수에서 나는 냄새를 밝혀내기 위한 휠을 제작했다(스퀼킬 강둑을 걸어본 사람이라면 폐수가 특히 풍부한 후각 경험을 준다는 것을 알 것이다!). 전 세계가 휠에 열광하고 있으며, 앞으로 더 많은 휠을 보게 될 것이다.

냄새의 지도를 만든다

냄새 공간(Odor Space)은 가능한 한 모든 냄새가 들어가 있는 가상의 수학적 영역이다. 포도주와 맥주의 향은 냄새 공간에 있어서 극히 일부분에 지나지 않는다. 인간의 코는 이보다 훨씬 넓은 범주의 냄새를 감지할 수 있다. 그렇다면 냄새는 더 광범위하게 분류될 수 있지 않을까?

향수는 더 넓은 냄새 공간을 차지한다. 현재 시장에는 1000종이 넘는 향수가 판매되고 있으며 매년 200종가량의 새로운 향수가 출시된다.[14] 향수마다 50~250가지 성분을 갖고 있다. 끊임없이 향수 성분의 정보를 얻기 위해 많은 냄새를 맡아야 하는 사람은 다름 아닌 향수를 만드는 조향사다.

향수 제조법은 근본적으로 이탈리아 르네상스 시대 때 한창 꽃피웠던 이래 크게 바뀌지 않았다. 당시에는 식물(방향유, 나무진, 향신료, 나무껍질)이나 동물(사향노루와 사향고양이) 등 천연재료에서 추출한 200여 가지 미만의 성분만 이용할 수 있었다. 19세기 말 무렵, 유기화학과 합성화학의 발견으로 수많은 신물질이 만들어졌다. 새로운 합성 분자도 있고, 천연 복합물에서 유리시킨 순수 화학물질도 있었다. 그 결과 근대 조향의 원료는 전보다 훨씬 풍부해졌다. 더불어 이 원료들을 익히는 일도 더욱 어려워졌다. 조향사는 어떻게 이 모든 원료를 익힐까?

전문 조향사 로버트 컬킨(Robert Calkin)과 슈테판 옐리네크(Stephan Jellinek)는 이렇게 설명한다.[15] "초보 조향사는 실험실 선반 위에 놓여 있는 낯설고 때로는 불쾌하기도 한 냄새 원료 수백 병에 기가 죽을 것이다. 하지만 뛰어난 학생에게는 무수한 냄새 원료의 구별 방법을 배우는 과제가 생각보다 훨씬 쉬울 것이다."

이 전문가들의 말에 따르면 특별한 인지 능력을 연마하는 것, 다시 말해 새로운 정신적 범주와 새로운 냄새를 그 범주에 맞추는 법을 배우는 것이 요령이라고 한다. 이처럼 조향사가 되기 위해서는 냄새 맡는 법이 아니라 생각하는 법을 배워야 한다.

훈련의 첫 단계는 이용할 수 있는 성분의 냄새를 배우는 것이다. 프랑스 조향사 장 샤를르(Jean Carles)가 만든 뛰어난 교수법인 '지보단(Givaudan)' 기법은 연수생들에게 매트릭스 접근법을 이용해 주요 성분을 가르친다.[16] 격자형 행렬을 상상해보라. 각 가로줄에는 향기군(香氣群), 즉 감귤과 나무 등의 향료가 있다. 각 세로줄에는 교육 일정이 있다. 첫 번째 수업에선 가로줄 방향으로 레몬유, 백단유, 클로브 버드 등 각 향기군의 원료를 냄새 맡는다. 두 번째 수업에는 새로운 표본, 즉 베르가모트유와 삼나무유, 계피유 등의 냄새를 맡는다. 이 과정은 약 아홉 번의 수업을 거쳐 진행되며, 이 과정이 끝날 때쯤 학생들은 향기군 사이의 후각적 차이에 익숙해진다.

그 다음엔 어려운 부분이 찾아온다. 향기군 안의 '대비'를 배워야 한다. 이후 수업에선 행렬의 가로줄을 가로지른다. 예를 들어 감귤향 수업 때 학생들은 레몬과 베르가모트, 귤, 밀감, 블러드 오렌지, 그레이프프루트, 라임 냄새를 맡는다. 수석 조향사이자 교사인 르네 모르겐탈레르(René Morgenthaler)에 따르면, 이 교육의 목적은 학생들이 각 성분에 대해 자신만의 인상을 갖게 하는 데 있다고 한다. 자신만의 인상을 갖는 것은 향수를 만드는 데 있어서 필요한 섬세한 차이를 기억하는 데 가장 중요한 역할을 담당한다. 후각 훈련소 졸업생은 100가지 이상의 천연재료와 150여 가지 합성물질을 구분해야 한다. 전문 조향사는 자기 회사의 자료실에 있는 500~2000가지 재료 모두에 익숙해지고 각각의 등급을 인식할 수 있다.

기본 원료를 염두에 둔 훈련생은 그 다음엔 조향사처럼 생각하는 법을 배운다. 전문가는 향수를 분석하거나 새로운 향을 만들 때 개개 성분에 대해 생각하지 않는다. 조화라고 하는 전형적인 결합에 대해 생각한다. 조화는 특히 잘 어울리는 원료들(15가지가 넘는 경우는 거의 없다)의 혼합이다. 조화는 향수 제조의 기본 원칙이다. 조향사는 여러 가지 조합을 통해 '골격'이라고도 하는 향수의 기본 스케치를 만든다. 어떤 면에서 향수를 만드는 건 소프트웨어를 만드는 것과 같다. 프로그래머는 이미 많은 코드가 담겨 있는 기본 소프트웨어 모듈로 시작한다. 컴퓨터 프로그램이 많은 모듈로 만들어지는 것처럼 향수는 조화로 만들어진다. 비슷한 점은 또 있다. 소프트웨어를 반복적인 디버깅으로 테스트하는 것처럼 향수는 거듭해서 냄새 맡고 제조법을 조금씩 바꾸면서 테스트한다.

향수 제조처럼 주관적이고 개인적인 예술 형태는 컴퓨터화하지 못하리라고 예상할 것이다. 사실은 그 반대다. 향수 제조 업계는 재료를 찾아내고 제조법을 기록한다는 점에서 디지털 세계에 빠르게 적응했다. 무수한 성분을 기억해야 한다는 부담감은 컴퓨터 기술 덕에 줄어든다. 조향사는 회사의 모든 재료 목록을 컴퓨터로 검색한다. 그리고 마우스를 계속 클릭하여 제조법을 조합한다. 제조법과 실패한 실험, 좋아하는 조화 등 모든 것을 저장한다. 소프트웨어는 창조 과정에 있어서 적극적인 파트너가 된다. 소프트웨어는 화학적으로 조화롭지 않은 두 재료가 선택되었을 때 사용자에게 경고하거나, 햇빛에 노출되었을 때 변색될 수 있는 제조법을 피하게 한다. 그뿐 아니라 계속해서 제조법의 비용을 기록하여 향유 1파운드당 가격을 화면에 표시한다. 특정 프로젝트의 창조적인 허용 범위가 얼마나 넓든, 조향사는 언제나 금전적인 한계를 확인할 수 있다.

일단 초보자가 조향사처럼 생각하기 시작하면 냄새 맡는 새로운 방법을 개발하기 시작한다.[17] 개개 성분은 희미해지고 전체적인 향기가 나타난다. 나무 이전에 숲 냄새를 맡는 법을 배운다. 새로운 남성용 향수 냄새를 맡으면 빠르게 푸제르(Fougere, 향수업자들이 만들어낸 말로서 신선한 라벤더 향 및 이끼 향 노트가 조합된 향을 일컬음) 향으로 인식할 것이다. 그 다음 푸제르 패턴의 특징인 라벤더, 파촐리, 오크나무 이끼, 쿠마린 등 개개 노트(Note, 향수가 시간에 따라 여러 가지 향을 내는 단계)의 냄새를 맡을 것이다. 이를 확인한 후 더 나아가 이 제조법을 다른 모든 푸제르와 구별 짓는 특별한 비법이나 미묘한 차이를 찾아 냄새 맡는다.

조향사는 복잡한 세계를 다루기 쉬운 소수의 향기군으로 정리한다. 유명한 조제법을 사용해 향수 창조 과정을 단순화한다. 조향사의 임무는 원료를 기억하는 게 아니라 패턴을 인식하는 것이다. 그의 정신적 지도는 자주적인 세부 사항으로 정돈되어 있다. 대부분의 창조적인 사람들이 그런 것처럼 조향사는 약간 미치광이 같은 성향이 있다. 하지만 무수한 냄새를 기억하기 때문에 미치는 것은 아니다.

향수 애호가들이 원하는 것

백화점과 부티크에 가면 수백 가지 향수 냄새를 맡을 수 있다. 차분하고 우아한 향수부터 독하고 무거운 향수까지, 독창적인 진품부터 노골적인 모조품까지 다양하다. 이 엄청난 자극의 홍수 속에서 어떻게 자신이 원하는 향수를 찾을 수 있을까? 조향사의 사고 과정을 훈련받지 못한 보통 사람들은 어찌할 바를 모를 것이다.

캘빈 클라인과 코티 회사를 위해 에센스를 만드는 향수회사들은 조향사를 고용해 냄새로 향수를 정리하는 게 유용하다는 걸 알게 됐다. 하만&라이머 사는 향수가 처음 나왔을 때부터 오늘날까지 온갖 스타일의 향수를 추적하는 향기 계보를 발행했다. 이는 '후각의 창세기'다. 태초에 지키(겔랑, 1898)가 있었고, 지키는 에메로드(코티, 1921)를 낳았으며, 에메로드는 샬리마(겔랑, 1925)를, 그렇게 해서 옵세션(캘빈 클라인, 1985)과 그 자손이 태어났다. 현대 향수의 조상격인 몇몇 향수는 유명한 걸작이다. 하지만 당대에는 큰 의미가 있었을망정 오늘날에는 별 의미가 없는, 예를 들면 문드롭(레블론, 1970), 투시(조반, 1980), 아스펜(캉데상스, 1990) 같은 브랜드도 있다. 계보를 보면 역사를 알 수는 있지만, 지금 당장 쇼핑을 하는 데에는 도움이 되지 않는다.

또 다른 스타일의 향수 입문서는 향기군, 즉 플로랄, 알데히드, 시프레 등으로 각 브랜드를 열거한다. 하지만 시프레(Cypre, 젖은 떡갈나무 나뭇잎과 떡갈나무에서 서식하는 이끼의 향을 연상시켜 시원하고 세련된 느낌) 향이 어떤

지 모른다면 별 도움이 되지 않는다. 에스티 로더의 플레져를 좋아하는 사람이라면, 10여 가지 비슷한 향을 찾을 수 있다. 하지만 그 냄새가 얼마나 비슷한지는 알 수 없다. 또한 플레져와 정확히 어떻게 다른지도 모를 것이다. 더 강한가, 더 매운가, 식물향이 더 짙은가, 사향 냄새가 더 나는가?

대부분의 사람들은 향수를 사기 전에 참고 서적을 들여다보지 않는다. 무턱대고 백화점으로 향한다. 하지만 일단 백화점에 들어서면 상황은 더 힘들어진다. 향수 브랜드마다 매장이 따로 있고, 점원들은 저마다 자기네 향수만 보여줄 것이다. 당신에게 이상적인 향수가 다른 매장에 있다면 당신은 다른 세상에 있는 것과 같다. 반면 세포라 향수 전문점은 '오픈 셀(Open Sell)' 방식을 도입하여 기존의 전통 판매 방식을 깨뜨렸다. 즉 앨런 커밍스부터 이브생로랑까지 모든 브랜드를 알파벳순으로 진열해놓은 것이다. 세포라 직원은 어느 한 브랜드에만 주력하지 않고 앨런 커밍스든 이브생로랑이든 상관없이 고객에게 맞는 향수를 권한다. 세포라는 고객이 매장에서 향수를 편하게 찾을 수 있도록 이곳엔 오리엔탈, 저곳엔 플로랄 등 향기군에 따라 향수를 배열하기 위해 노력했다. 이 매장을 시작으로 향수 판매 방식에 변화가 일어날 것이다.

전문가의 의견에 따른 것이라 해도 도표와 입문서는 여전히 냄새 공간의 자의적인 관점이다. 이는 어느 한 향수 회사, 혹은 그 회사의 수석 조향사에 따라 세상에 나타낸다. 따라서 업계 표준으로 삼을 수 있는 하나의 분류법은 존재하지 않는다. 있다 해도 평범한 쇼핑객에게는 도움이 되지 않을 것이다. 조향사는 보통 사람처럼 생각하지 않으니까. 소비자는 꽃 냄새가 난다고 생각할 때, 전문가들은 로즈 드 메 불가리안을 감지한다. 전문가들은 대부분의 사람들이 구분하지 못하는 과일 향과 꽃향기의 차이를 정확히 알아낸다. 보통 사람들에게는 다른 보통 사람들에게 어떻게 냄새 나느냐에 따라 배열된 브랜드 지도가 필요하다.

조향사들은 소비자에게 2가지로 이야기한다. 성분에 대해서, 그리고 심상에 대해서. 다음의 예는 에스티 로더의 인기 상품인 뷰티풀 향수의 성분에 대한 이야기를 묘사한 것이다.

> 장미와 백합, 월하향, 금잔화, 은방울꽃, 재스민, 일랑일랑, 까치밥나무, 카네이션의 발랄한 여성적 꽃향이 신선한 만다린과 산뜻한 과일 노트로 강조된다.[18] 흰 붓꽃과 백단, 베티버, 이끼와 호박의 조화가 따뜻한 배경을 이룬다.

성분에 대한 이야기는 사실 보통 사람들이 흰 붓꽃 뿌리나 베티버 냄새를 맡아본 적이 거의 없는데도, 조향사만큼 수많은 원료에 익숙하다고 가정한다. 성분 목록을 열거하면 정확하다고 착각한다. 조향사들도 뷰티풀을 성분 목록으로 생각하지 않는다. 오히려 호박의 따뜻함을 지닌 크고 복합적인 꽃 타입으로 생각할 것이다. 성분에 대한 이야기는 평범한 쇼핑객에겐 도움이 되지 않는다.

심상에 대한 이야기는 분위기와 관련된다. 유혹과 정열, 신비 등 심상과 관련된 이야기는 브랜드 마케팅 담당자와 광고 에이전시의 말처럼 자연스럽다. 실제 마케팅 담당자가 미용업계 전문 잡지사와 남성용 향수 신제품에 대해 나누는 얘기를 들어보자. "이 제품은 젊고 세련되며 최신 유행을 선도하는 남성을 겨냥하고 있습니다."[19] 여기까지는 좋다. 나이 들고 옷을 못 입는 바보는 향수 사들이기로 유명하진 않으니까.

"새 제품은 도시의 역동성과 에너지를 포착하고 있습니다." 당연하다. 소비자는 생기 없고 느리게 돌아가는 시골 냄새에 돈을 쓰지 않는다. 하지만 새로운 향수에선 어떤 냄새가 날까? 심상에 대한 이야기에 귀를 기울여보자.

향기 노트 자체는 도시에서 영감을 얻었다. 탑노트는 활발한 액체 공기에서 힘을 얻었다. 이는 메탈 알데히드의 매트릭스로 융화되고 현대 도시 환경의 반짝이는 철강과 유리의 느낌을 포착한다. 처음엔 대단히 신선하고 금속 같은 노트를 남기고, 마지막엔 따뜻하고 관능적인 스웨이드와 나무 노트를 남긴다.

인상적인 산문시라 할 만하다. 그 속엔 특히 스웨이드와 나무 같은 실제 냄새가 묻혀 있다. 스웨이드는 대단히 구체적이다. 누구나 부드러운 재킷이나 새 구두 냄새를 상상할 것이다. 한편 나무 냄새는 소나무, 오크나무, 삼나무, 아메리카삼나무, 사이프러스, 백단 등 많은 영역에 걸쳐 있다. 젊고 세련되며 최신 유행을 선도하는 남성이 이 새로운 향수 냄새가 어떤지 알고 싶다면, 직접 냄새를 맡기 위해 가야 할 것이다.

심상에 대한 이야기는 일반적인 형용사(신선한, 나무 같은)와 전문 용어(알데히드)를 결합하여 정서적인 표현(반짝이는 철강의 느낌) 속에 감춘다. 그렇게 해서 마케팅은 순조롭게 이루어진다.

독특하게도 향수 세계에는 독자적인 비평가가 없다. 영화계에는 로저 에버트(Roger Ebert)가 있지만, 향수계에는 이렇다 할 만한 평론가가 없는 것이다. 언젠가 향기이론가라 말하는 루카 투린(Luca Turin)이 향수 평론을 시도했다. 그는 향기 미학에 진지했고 그 어떤 제품도 광고하지 않았다. 하지만 그의 짤막한 비평은 틀에 박혀 있었다. 잠시 살펴보자.

"아프레 롱데는 시간과 함께 조금씩 발산된다.[20] 약간의 독이 있는 주된 화이트 노트는 피치스톤 냄새처럼 서서히 온몸을 애무해오고, 경계를 넘어선 그 황홀함은 영원히 미스터리로 간직된다." 투린은 아프레 롱데를 대단히 추상적이면서도 당혹스러울 만큼 촉각적으로 묘사했다. 한편 독자는 그 냄새가 어떤지 알 수 없다.

향수를 사용하는 사람은 미학적이면서도 전문적인 내용이 모두 들어 있는 비평을 원한다. 화려한 디자인과 트렁크 공간에 대해 말하는 자동차 전문잡지의 테스트 기사처럼 말이다. 2006년 〈뉴욕 타임즈〉는 챈들러 버(Chandler Burr)를 최초의 향수 평론가로 내세웠다. 버는 전통적인 별 다섯 개 등급과 미학에 치우친 문체로 향수를 평가한다. "이것은 루벤스의 작품에 깃든 따뜻하고 풍부한 진보라빛 어둠의 냄새다.[21] 파머그래니트 누아르는 뚜껑 밑에 달콤한 검은색 조각이 기다리고 있는 트뤼플 상자 같다." 좋다. 그런데 그 위력은 얼마나 되는지? 실용적인 향수 애호가는 영국 신문 〈메트로〉에 신랄한 분석을 쓰는 앤드류(Andrew)를 더 좋아할 것이다.[22] 그는 제니퍼 로페즈의 라이브 럭스를 이렇게 말했다. "아주 용감한 여성이거나 아니면 미친 여성이나 이 향수를 뿌릴 것이다. 지나치게 달콤한 과일 향이 나는 이 향수는 가슴 골짜기에 과일 칵테일을 쏟고, 카르멘 미란다(Carmen Miranda, 불꽃같은 기질과 재미있는 머리 장식으로 유명한 브라질 가수)처럼 옷을 입고 외출하는 것과 같다. 상쾌하지만 폐쇄 공간에는 적합하지 않다." 앤드류는 이 향수를 '강한 인상을 주고 싶은 여성'에게 추천했다.

한편 향수 블로거들이 인터넷 여기저기서 튀어나오고 있다. 다른 블로그처럼 이 발전하는 커뮤니티는 개인적이기도 하고 전문적이기도 하며, 진지하기도 하고 기발하기도 하다. 향수에 대한 열정은 늘 존재해왔으므로 더 새로울 것이 없다. 따라서 이 블로거들은 향기를 묘사하는 새로운 방법을 개척하고 있다. 나는 그들의 노력이 향수의 세계를 조직하는 확실하고 유용한 방법을 낳을 것이라 생각한다.

냄새 과학자들

향수, 꽃, 포도주는 냄새 풍경에서 햇빛이 잘 드는 고지대를 차지하고 있다. 그 너머에는 불에 탄 고무와 썩은 달걀 그리고 노숙자의 악취가 나는 어두운 곳이 있다. 악취를 연구하고 싶어 하는 사람은 거의 없다. 악취의 마에스트로는 없다. 하지만 후각을 제대로 이해하려면 좋든 싫든 모든 냄새를 설명해야 한다. 냄새의 보편적인 분류법은 어디 있을까?

중요한 모든 냄새 분류법은 18세기 스웨덴 식물학자 칼 폰 린네(Carl von Linné)로 거슬러 올라간다. 린네는 생물 분류학의 대부였다. 사실 그는 냄새에 별 관심이 없었다. 대신 식물과 동물, 돌과 바다 생물, 심지어 동료 과학자들까지 분류했다. 발로 뛰는 현장 생물학자와 거리가 멀었던 린네는 책에 파묻혀 광대한 자연적인 변이보다는 종의 한 '타입'을 정의하는 데 더 관심을 쏟았다.[23] 이 때문에 일부 사학자들은 그를 수십 년 동안 생명과학의 진보를 방해한 엄격한 본질주의자라고 생각한다. 모든 종에 두 단어의 라틴명을 붙이기로 한 자신의 결심에 대해, 본인은 작은 혁신이라 여겼지만 사실은 천재적인 발상이었고 근대 모든 분류법의 기초가 되었다.

심리학자들은 대개 최초의 과학적 냄새 분류법을 만든 공을 린네에게 돌리고 있다. 하지만 심리학자들 중 1752년에 발표된 실제 논문을 읽은 사람은 거의 없는 듯하다.[24] 〈약의 냄새*Odores Medicamentorum*〉라는 제목의 이 논문은 린네의 기본적인 관심사가 냄새가 아니라 식물의 약효 성분이었다는 것을 정확히 암시한다. 그는 자신이 식물의 냄새로 그 치료 효과를 예언할 수 있다고 생각했다. 그의 생각에 따르면 냄새가 나지 않는 식물은 의학적으로 무가치한 반면, 냄새가 강한 식물은 치료 효과가 컸다.[25] 마찬가지로 달콤한 냄새가 나는 식물은 유익하고, 메스꺼운 냄새가 나는 식물은 해로우며, 향료 냄새가 나는 식물은 자극적이고, 불쾌한 냄새가 나는 식물은 지각을 마비시킨다고 여겼다. 이러한 영향은 인간의 신경에 직접 작용하는 식물 냄새 때문이었다. 위대한 스웨덴 식물학자의 관점은 현대 산타모니카에 있는 뉴에이지 아로마테라피스트의 관점과 비슷하게 들린다.

린네는 냄새를 통해 의학적으로 유용한 식물을 분류하면서 향기로운 냄새, 향료 냄새, 사향 냄새, 마늘 냄새, 염소 냄새, 썩은 냄새, 메스꺼운 냄새라는 7가지 종류를 제안했다. 그의 유일한 관심은 냄새로 천연 약제를 분류하는 것이었지, 모든 냄새를 보편적으로 분류할 의도는 아니었다. 사실 그는 냄새 자체에는 별 관심이 없었다(바로 이 때문에 꽃 냄새, 과일 냄새, 나무 냄새, 풀 냄새처럼 명백한 냄새 범주가 없는 것이다). 그가 약효 성분에만 초점을 맞추고 감각적 특징은 무시하긴 했지만, 유럽 과학자들은 린네가 냄새를 과학적으로 분류한 최초의 인물이라 생각했다. 그 결과 큰 재앙이 일어났다. 무려 200년 동안 냄새 연구가들이 부질없는 시도를 했던 것이다.[26]

린네 다음으로 냄새를 과학적으로 분류한 사람은 19세기 말 무렵에 출현했다. 네덜란드 생리학자 헨드리크 츠바르데마케르(Hendrik Zwaardemaker) 또한 특별히 냄새에 관심이 있었던 것은 아니다. 그가 냄새에 관심이 없었다는 점은 그의 업적에 드러난다. 그의 가장 큰 공헌은 린네의 냄새 분류에 2가지 새로운 종류(에테르 냄새, 타는 냄새)를 추가하고 각 종류를 다시 세분화한 것이다. 새로운 분류법은 복잡하고 포괄적인 분류법은 아니었다(어쨌든 그는 세상 모든 냄새를, 냄새가 나는 약용 식물을 체계화하여 만든 범주에 억지로 구겨넣었다). 츠바르데마케르는 자신의 분류법을 설명하기 위해 노력했지만, 이전의 분류법을 자꾸만 언급하는 바람에 국세청 세금법만큼이나 지겹게 느껴졌다. 린네처럼 츠바르데마케르의 분류법 역시 실험 자료가 아니라 전적으로 한 사람의 견해에 바탕을 두고 있다.[27]

독일 생리학자 한스 헤닝(Hans Henning)은 츠바르데마케르 분류법의 모순을 집요하게 공격했다.[28] 그는 츠바르데마케르가 직접 자신의 코로 냄새를 맡기보다는 소설과 문학작품에 묘사된 냄새를 인용했다고 비난했다. 헤닝은 감각 경험은 공허한 사색보다 낫다고 주장했다. 그의 모토는 "그냥 냄새를 맡아보라."였다. 1916년에 발표된 그의 분류법에는 2가지 중요한 장점이 있다. 경험상의 자료를 바탕으로 했고 편리한 시각적 표현, 즉 '냄새 프리즘(Odor Prism)'이 겸비되어 있었다는 점이다. 이 냄새 프리즘은 기하학적으로 깔끔하게 잘 정리되어 있다. 프리즘의 여섯 모서리에는 각각 구체적인 냄새 특징이 놓여 있다. 헤닝은 모든 냄새가 프리즘 상에 위치할 수 있다고 주장했다. 각 모서리로부터의 거리는 그 냄새 특징의 상대적 기여도를 가리킨다.

불행히 헤닝은 자신의 역량을 과신했다. 냄새 프리즘의 말끔한 기하학적 배열은 미국의 과학적 심리학자들의 마음에 들었고, 이들은 하버드와 클라크, 바사르 대학교에서 실행 가능성을 실험했다. 미국인들은 처음에는 열광했지만, 이내 헤닝의 이론이 번거롭고 시험할 수 있는 예측을 제시하기에는 너무 애매하다는 사실을 알게 되었다. 그들의 실험 결과, 헤닝의 이론은 불확실한 결과를 낳았다. 그의 처음 이론은 소수의 피실험자와 함께 한 작업을 바탕으로 했는데, 현재 그 피실험자들의 반응은 몹시 일관적이었다는 게 분명해졌다(사람마다 다 다르다는 게 후각의 특징이다. 무작위로 선발되어 냄새를 맡은 사람들의 의견이 정확히 일치했을 가능성은 거의 없다). 돌이켜보면, 헤닝의 이상적인 프리즘은 지나치게 깔끔했다. 그 기하학적 정밀함은 더할 나위 없을 만큼 매력적이지만, 후각만큼 1차원적인 인간의 경험은 거의 없다.

미국 심리학자들에 의한 냄새 프리즘의 파괴는 유럽의 탁상 공론적인 냄새 분류법의 전통에 종지부를 찍었다.[29] 보편적인 냄새 분류법의 추구는 철학적 추론에서 실험적 연구로 완전히 바뀌었고, 이후에는 유럽보다 미국에서 연구가 활발히 이루어졌다. 시대에 뒤처지긴 했지만 냄새 프리즘은 상징적인 존재로 현대 백과사전과 교과서에 계속 남아 있다.

어찌 되었든 헤닝의 냄새 프리즘에 실망한 미국인 어니스트 크로커와

로이드 헨더슨-1만 가지 냄새가 있다고 추측한-은 새로운 냄새 분류법을 만들었다.[30] 이들은 제일 먼저 4가지 기본 후각, 즉 향긋한 냄새와 시큼한 냄새, 탄 냄새, 동물 냄새를 선택했다. 그 다음 각각의 기본 후각을 냄새의 강도에 따라 0~8등급으로 나눴다. 이들은 모든 냄새를 평가할 수 있도록 참고 기준이 될 만한 냄새를 정리했다. 예를 들어 장미는 향긋한 냄새에 대해서는 6점, 시큼한 냄새에 대해서는 4점, 탄 냄새에 대해서는 2점, 동물 냄새에 대해서는 3점으로 평가되었다. 이 네 숫자(6423)는 그 특정 냄새를 식별하는 숫자가 되었다. 마찬가지로 식초는 3803, 갓 볶은 커피는 7683이었다. 감각적 특징을 숫자로 표현하는 게 색다른 방법은 아니다. 가령 팬톤 색상 표준은 그래픽 디자이너와 인쇄업자들이 정확하게 의사소통할 수 있도록 숫자로 표시한 샘플을 이용한다.

크로커-헨더슨 분류법이 널리 인기를 끈 이유는 경험적 자료와 누구나 참고할 수 있는 표준을 바탕으로 하기 때문이었다. 1927년에 발표된 이후 이 분류법은 금세 상품화되었고, 크로커-헨더슨 분류법의 참고 냄새 세트는 뉴욕 시 카길 사이언티픽 주식회사에서 주문할 수 있었다. 얼마 지나지 않아 주류회사와 비누회사, 미군, 심지어 농무부까지 이 세트를 사용했다.

감각 심리학자들은 처음에 이 분류법을 긍정적으로 평가했지만, 1949년 벅넬 대학교의 연구원들은 이 분류법에 엄청난 일격을 가했다.[31] 그들은 훈련받지 못한 사람들은 32가지 참고 냄새를 크로커와 헨더슨이 가정한 4가지 기본 후각과 비슷한 것으로 분류하지 못한다는 점을 발견했다. 더욱이 사람들은 기본 후각 내에 8가지 냄새를 강도에 따라 배열하지 못했다. 크로커-헨더슨 분류법이 기본적인 냄새와 그 속의 강도에 따라 등급별로 분류된 냄새를 전제로 하기 때문에, 새로운 연구 결과는 그 논리를 실질적으로 저해했다. 사용자들의 열광은 사라졌고 그 분류법 또한 결국 사라졌다.

냄새 분류법의 또 다른 혁명은 1950~1960년대에 일어났다.[32] 화학자 존 아무어(John Amoore)가 이소발레린산이라는 악취 나는 발 냄새를 맡지 못하는 사람들이 비슷한 냄새에 비교적 둔감하다는 점을 알게 되었을 때였다. 그는 빨강이 기본 색인 것처럼 '땀 냄새'도 기본 냄새라고 주장했다. 아무어는 다른 기본 냄새의 주성분이라고 여겨지는 비슷한 형태와 냄새 분자를 찾아냈다. 그는 결국 7가지, 즉 장뇌 냄새, 사향 냄새, 꽃 냄새, 페퍼민트 냄새, 에테르 냄새, 매운 냄새, 썩은 냄새를 제안했다. 아무어는 선택적 취맹(臭盲)의 또 다른 예를 찾는 데 성공했지만, 기본 냄새에 대한 그의 개념은 엄밀한 감각 실험엔 적합하지 않았다. 다시 말해 분자의 구조적 특징은 심리적인 후각 분류와는 무관하다.

냄새 분류의 가장 최근 시도는 1960년대에 앤드류 드라브니엑스(Andrew Dravnieks)라는 향기 화학자가 개척해 오늘날에도 이용하는 의미론적 분석이다. 연구원들은 사람들에게 많은 냄새 서술어를 주고 특정 냄새 샘플에 해당되는 모든 형용사에 표시하도록 했다. 충분한 서술어와 냄새, 통계 분석이 있으면 패턴이 나타날 것이라고 기대할 것이다. 그리고 실제로 패턴이 드러났다. 서술어가 비슷한 냄새들을 분류할 수 있었다. 문제는 원점으로 되돌아간다는 점이다. 냄새는 비슷하기 때문에 비슷하게 묘사되는 것이다. 우리가 정말 알고 싶은 것은, 왜 비슷한 냄새가 나느냐는 것이다. 현재 과학자들은 골치를 앓고 있다. 냄새의 분자 구조는 해답이 아니다. 또한 무수한 형용사로 범주를 만들어낼 수도 없다. 그 결과 오늘날 연구원들은 과거의 포괄적인 분류법 같은 것을 제시하려 하지 않는다.

역사가 보편적인 냄새 분류법의 파편으로 점철되어 있다면, 여전히 그 잔해를 살펴봄으로써 무언가를 배울 수 있을 것이다. 냄새를 분류하기 위한 모든 시도에는 공통점이 있다. 4, 6, 7, 9 등 기본적인 범주의 개수가 놀라울 정도로 제한되어 있다는 점이다. 두뇌가 눈에 보이는 모든 빛을 소수의 기본색으로 만드는 것처럼, 상상을 초월할 만큼 다양한 이 세상의 냄새 또한 이름 붙일 수 있는 몇 가지 종류로 줄인다. 일반적인 향수 범주를 냄새 공간 중 '유쾌한 영역'이라고 가정해보자. 이는 총 12~24가지 종류(나무, 꽃, 과일, 감귤 등)에 이른다. 이 세상의 고약한 악취를 모두 포함하기 위해선 뭐가 더 필요할까?

똥이라는 범주는 양호한 말똥 냄새부터 참기 힘든 간이 화장실 냄새까지 많은 영역에 걸쳐 있다. 오줌이라는 범주 안에는 병동의 시큼한 냄새뿐 아니라 대형 운동 경기장의 지저분한 화장실에서 나는 진한 냄새까지 포함될 것이다. 또한 토사물과 지독한 발 냄새 등 구역질을 유발하는 냄새 범주와 다양한 강도의 비린내 범주도 추가해야 할 것이다. 스컹크와 유황, 불탄 고무도 또 다른 범주를 구성할 것이다. 마지막으로 썩은 고기의 불쾌한 악취도 독립적으로 분류할 수 있을 것이다. 이 6가지 범주 안에 이 세상 나쁜 냄새를 대부분 포함시킬 수 있을 것이다. 존재할 수 있는 냄새의 숫자는 어마어마하게 많은데, 냄새 유형의 숫자는 너무나 적다는 게 놀랍지 않은가?

이렇게 불필요한 점을 모두 없앤 분류법이 현실 세계의 복잡한 냄새를 다룰 수 있을까? 이미 인간의 두뇌는 이 복잡한 냄새를 간단하게 정리하는 데 매우 능숙하다는 게 드러났다. 오스트레일리아 심리학자 데이비드 랭(David Laing)은 처음으로 이와 관련된 의문을 다루었다.[33] 인간은 코 하나만으로 혼합물에서 얼마나 많은 냄새를 구별할 수 있을까? 그는 스피어민트, 아몬드, 정향처럼 쉽게 구별할 수 있는 향으로 시작했다. 그는 우선 한 번에 2가지 냄새가 섞인 혼합물을 만들어 사람들에게 가능한 한 많은 성분을 식별하도록 했다. 혼합물에 섞인 냄새가 많아질수록 성분을 단 하나라도 구분하기가 더 어려워진다. 어려움의 정도는 놀라울 정도였다.

예를 들어 3가지 이상의 냄새가 섞인 혼합물에서 성분을 하나라도 식별할 수 있는 사람들은 15퍼센트도 채 안 됐다. 랭은 테스트를 더 쉽게 만들었다. 사람들에게 목표 냄새를 주고 혼합물에서 그 냄새를 맡을 수 있는지 물어보았다. 그런데도 3가지 이상의 냄새가 섞였을 때 좀처럼 목표를 찾아내지 못했다. 기술 부족이 문제일까? 랭은 조향사와 향료 전문가를 테스트했다. 전문가들은 혼합물에서 2~3가지 냄새를 식별하는 데에는 아마추어보다 더 나았지만, 훈련받고 경험이 풍부한 그들도 혼합물에서 3가지 이상을 식별하지는 못했다.

랭은 한 가지 화학물질 냄새 혼합물은 아무래도 부자연스럽고 구분하기 어렵다고 생각했다. 그래서 치즈나 초콜릿처럼 복합적인 냄새로 실험을 반복했다. 결과는 마찬가지였다. 누구도 4가지 냄새의 한계를 뛰어넘지 못했다. 각각의 냄새가 충분히 뚜렷하지 않았던 걸까? 오렌지나 아몬드, 계피 등의 몇 가지 냄새는 쉽게 섞여 식별하기 어려운 반면 버섯, 겨풀, 귤처럼 잘 섞이지 않는 냄새는 혼합물에서 식별하기 쉬웠다. 그렇긴 해도 4가지 냄새라는 장벽이 무너지지 않는다는 데엔 변함이 없었다.

왜 인간은 이토록 냄새를 잘 구분하지 못하는 걸까? 후각 정보를 수집하는 능력은 어마어마하다. 사람의 코는 아주 낮은 농도의 한 가지 냄새를 탐지할 수 있다. 복합적 혼합물에서 냄새를 탐지하기보다는 냄새를 수집하는 데 더 능하다. 랭이 말한 한계는 코가 아니라 뇌에 문제가 있음을 암시한다. 냄새를 분석적으로 생각하는 능력에는 한계가 있다.

결국 "이 세상에 얼마나 많은 냄새가 있는가?"라는 질문은 "이 세상을 이해하기 위해서는 얼마나 많은 냄새 범주가 있어야 하는가?"라는 질문과 무관하지 않다. 이 질문에 대한 답은 코가 주는 정보를 두뇌가 어떻게 처리하는가에 대해 알아보는 동안에 서서히 그 윤곽을 드러낼 것이다.

2

코는 큰 제목만 읽는다

우리는 실리시아의 사프란을 무대에 막 뿌릴 때와
가까운 제단이 동방의 향기를 발산할 때와
악취 나는 시체를 태울 때,
우리 콧구멍으로 같은 분자가 들어온다고
생각하지 못할 것이다.
루크레티우스

엄밀히 말해 냄새는 머릿속에서만 존재한다. 공기 속에는 수많은 분자가 있지만 사람은 그 중 몇 가지만 '냄새'로 받아들인다. 냄새는 세상에 존재하는 사물이 아니라 지각이다. 예를 들어, 페닐에틸 알코올의 분자에서 장미 냄새가 나는 것은 사실 분자 고유의 특성 때문이 아니라 두뇌 기능 때문이다. 숲에서 나무가 탄다 해도 그 냄새를 맡을 사람이 없다면 나무 타는 냄새는 존재하지 않는다. 화성에는 공기가 없고 사람이 살기에는 너무 춥지만, 화성 표면의 화학 구조를 보면 그곳에서 유황 냄새가 나리라 짐작할 수 있을 것이다.[1] 아폴로 우주 비행사들은 우주선에 돌아갔을 때 신발바닥에 묻어 있던 달 표면의 흙먼지에서 난로의 젖은 재나 엽총 탄피의 탄 화약 같은 냄새가 난다고 했다.

어쨌든 후각은 대개 물질에서 기인한다. 분자는 쉽게 증발되어 기류를 타고 코로 전달될 만큼 가볍다. 물론 예외도 있다. 초기 지상 핵폭탄 실험을 관찰한 이들은 폭발 몇 초 후에 금속성 냄새를 맡았고, 환후각증

(Phantosmia)라는 희귀성 질환을 앓는 환자들은 외부 자극이 전혀 없을 때에도 냄새를 맡는다.

코의 감각세포는 화학적 신호(분자)를 전기적 신호(신경 충동)로 바꾸고, 전기적 신호는 후각 신경을 거슬러 올라가 뇌에 전달되고 해석된다. 공기로 운반되는 분자는 후각을 자극한다. 원칙적으로 분자는 어떤 냄새든 간에 하나의 냄새와 일치되어야 한다. 예를 들면 황화수소는 썩은 달걀, 아세트산아밀은 바나나 같은 냄새와 일치되는 것처럼.

위의 예처럼 분자와 일치되는 냄새를 찾아 목록으로 만든다면 완성하기 어려울까? 무지 무지 어렵다. 자연계에 있는 대부분의 냄새는 수백 가지는 아니라 해도 수십 가지 분자가 혼합된 복잡한 향이기 때문이다. 1955년 이전에 일반 과학은 커피 향을 화학적으로 완벽하게 분석하지 못했다. 커피 속의 수많은 휘발성 분자를 추출하고 분리하여 정제하는 데는 오랜 세월이 걸렸기 때문이다. 1950년대 중반, 가스크로마토그래피(Gas Chromatograph, GC)의 발명은 방향 혼합물을 빠르게 분석할 수 있게 되었을 뿐 아니라, 냄새 과학에 혁신을 일으켰다. 하지만 GC는 그 중요성에 비해 다른 기술 분야에는 널리 알려지지 않았다.

GC의 중심부에는 슬링키(Slinky, 계단에 놓으면 저절로 내려가는 용수철 장난감) 같이 생긴 가느다란 배관 코일이 있다. 이 코일은 펼쳤을 때 10~30미터가량 된다. 냄새 시료를 이 코일에 주입하면 배관 안을 덮은 중합체가 냄새 시료를 흡수한다. 슬링키는 작은 오븐 속에 있는데, 오븐은 미리 프로그래밍된 단계대로 설정에 따라 2분에서 2시간까지 점점 뜨거워진다. 헬륨 가스가 코일의 한 쪽에서 주입되어 다른 쪽으로 나간다. 온도가 올라가면서 냄새 분자는 중합체에서 분리되어 기체로 유입된다. 과정은 체계적이다. 각 유형의 분자는 증발되어 분자 무게에 따라 특정 온도에 기체로 들어가고 약 2초가량 코일 끝에서 터져 나온다. 한 번 터질 때 물질의 양은 시간표 상의 정점으로 나타난다. 분자가 많을수록 높아진다. 단일 화학물질의 순수 시료, 가령 페닐에틸 알코올은 하나의 정점으로 표시된다. 반면 장미유 같은 혼합물은 높이가 다양한 여러 개의 정점으로 표시되는데, 정점이 많을수록 혼합물은 많은 성분으로 이뤄졌음을 알 수 있다.

GC로 만들어진 시각적 분석표는 각각의 시료마다 대단히 자세하고 고유하기 때문에 사람의 지문에 비유되곤 한다. 차이가 있다면 지문은 정적이지만 GC는 동적이라는 점이다. GC는 복합적인 냄새를 분석한다. 조향사들은 냄새를 음악의 화음에 비유한다. 그렇다면 GC는 냄새를 아르페지오(Arpeggio, 화음의 각 음을 동시에 연주하는 것이 아니라 빠르고 연속적으로 연주하는 주법)로 연주하는 셈이다.

각각의 냄새는 GC에서 나와 분자의 정체를 최종적으로 증명하는 질량분석계(Mass Spectrometry, MS)라는 또 다른 장치로 들어간다. 1970년대 중반 무렵 GC와 MS가 하나의 기계, 즉 GCMS로 통합되자 전 세계 실험실에서는 무수한 천연물질을 화학적으로 자세하게 분석해내기 시작했다. 이는 냄새 과학자들에게 축복이자 저주였다. GCMS에 오렌지 즙을 넣으면 자세한 휘발성 성분표가 나온다. 그 성분 모두 냄새가 날까? 그 성분 모두가 전반적인 오렌지 냄새의 원인일까? 어떻게 알 수 있을까?

처음 GC가 발명되었을 때의 화학자들은 GC에서 나오는 성분을 코로 분간할 수 있는지 알아보기 위해 기체의 냄새를 맡았다. 그 결과 일산화탄소 같은 일부 휘발성 물질은 사람의 코로는 냄새를 맡을 수 없었다.

그 외 휘발성 물질의 GC 정점은 특유의 냄새에 상응한다. 하지만 정점의 크기가 냄새 강도와 반드시 정비례하는 것은 아니다. 정점이 크게 나타나더라도 냄새는 아주 미미할 수도 있고(이는 분자의 냄새가 짙지 않다는 뜻이다), 정점이 작게 나타나더라도 냄새는 강할 수 있다(분자의 냄새가 짙다).

코넬 대학교의 화학자 테리 애크리(Terry Acree)는 가스크로마토그래피 후각분석법, 즉 GC-O의 선구자다. GC-O는 특정 분자와 냄새를 일치시키기 위해 GC 배출구의 냄새를 맡는 공인된 방법이다. 애크리는 복합 시료 속 각 화학물질의 상대적 냄새 강도를 수치로 표현하는 방법을 고안했다. 그는 시료 속 화학물질의 농도를 그 냄새가 나는 데 필요한 최소한의 농도로 나누었다. 냄새 강도가 1.0가량인 분자는 그저 감지할 수 있는 정도다. 수치가 높은 분자는 냄새를 감지하는 데 더 많이 기여하겠지만, 1.0미만의 분자는 거의 감지할 수 없다. 기껏해야 전반적인 구성을 약간 꾸밀 뿐이다.

황당한 노력

화장실의 악취가 어떤 화학물질 때문에 나는지는 누구나 알고 있을 것이다. 이토록 확실한 악취가 또 있을까? 오랫동안 의대생들은 똥 냄새의 주성분이 스카톨과 인돌이라고 배웠다. 고약한 냄새를 풍기는 이 두 분자는 소화되는 동안 고기 단백질이 분해되면서 생성된다. 이 주장은 확실하게 화학적으로 분석된 적이 없는데도 교과서에 계속 수록되었다.

1984년, 마침내 솔트레이크 시의 연구원들이 똥을 GC에 넣고 그 결과물을 냄새 맡았다.[2] 스카톨과 인돌이 시료 속에 있긴 했지만, 전형적인 똥 냄새에 그리 크게 기여하지 않았다. 가장 중요한 역할을 한 것은 메틸 메르캅탄, 디메틸 다이술파이드, 디메틸 트라이술파이드처럼 황이 함유된 화합물이었다. 이 실험 결과로 의료계의 통념이 뒤집어졌지만, 소화기병학계는 확고부동했다.

1998년, 미니애폴리스에 있는 재향군인병원의 연구원들은 다음 단계로 넘어가 방귀의 화학물질과 후각적 경험을 정확하게 분석했다.[3] 이들의 실험 방법은 간단했다.

우선 방귀가 확실히 나오도록 하기 위해 실험자들은 피실험자들에게 연구 전날 밤과 당일 아침에 200그램의 얼룩빼기 콩을 더 먹였다. 그러고 나서 기체가 빠져나갈 수 없는 봉지와 연결된 직장 튜브로 방귀를 수집했다. 방귀 봉지를 분석해보니, 냄새의 가장 큰 원인은 이번에도 황이 함유된 분자, 즉 황화수소와 메틸 메르캅탄, 디메틸 다이술파이드였다.

대담한 미네소타 연구진들은 콩을 먹은 남녀의 방귀 냄새를 비교함으로써 남성과 여성의 생물학적 차이에 대한 오랜 논란을 해결했다. 수백 년 동안 남성들이 주장해온 것처럼 같은 양을 비교해보았을 때 남성보다 여성의 방귀 냄새가 더 고약하다는 게 증명되었다. 하지만 남성의 방귀양은 여성보다 더 많기 때문에 결과적으로 독한 정도는 비슷하다.

이 팀은 연구의 일환으로 '방귀 덫'이라는 장치를 만들어 실험했다. 제작자는, 바지 안에 착용하는 방귀 덫은 발포 천 쿠션에 활성탄을 입혀 만들었기 때문에 고약한 방귀 냄새를 흡수한다고 말했다. 미니애폴리스 팀은 폴리에스테르 필름과 테이프로 방귀 냄새 방지 바지를 만들었다. 자원자들이 방귀 덫과 함께 이 바지를 입자 확실히 방귀 냄새가 줄어들었다.

육아를 낭만적으로 노래하는 시에서는 아기 머리에서 좋은 냄새가 난다고 한다. 반면 좀 더 객관적인 사람들은 갓난아기를 활발한 방귀 공장이라고 부른다. 2001년 소아과 의사들은 먹을거리가 아기 방귀의 화학 성분에 영향을 준다는 것을 발견했다.[4] 이는 4시간 동안 체온 상태로 저장한 똥 시료에서 생성된 가스를 분석해서 얻은 결과다. 모유를 먹은 아기들의 방귀는 냄새가 나지 않는 수소의 비중이 높았고, 악취가 나는 메틸 메르캅탄의 비중이 대단히 낮았다. 반면 주로 분유를 먹은 아기들의 방귀는 모두 중간 정도였다. 그리고 콩 중심의 유동식을 먹은 아기들은 썩은 달걀 냄새를 풍기는 다량의 황화수소와 메탄을 배출했다. 메탄은 다행히 냄새가 없지만, 애석하게도 지구 온난화의 원인이다.

엄마는 자기 아이의 방귀 냄새가 다른 아이의 것보다 더 향긋하다고 믿는다.[5] 놀랍게도 이 믿음은 엄밀한 과학적 검사 결과 사실로 증명되었다. 14개월 된 아이의 엄마들에게 사용한 기저귀를 기증받아 마분지 통에서 냄새 맡도록 했다. 엄마들은 자기 아이의 기저귀와 16개월짜리 모르는 아이들의 기저귀를 비교했다. 이때 통에는 라벨이 붙어 있는 것과 붙지 않은 것이 있었다(예를 들어 잭슨 대 다른아이). 다른 아이의 냄새는 통에 이름표가 없을 때 더 지독했다. 통에 이름표를 붙인다고 해서 다른 아이의 냄새가 더 지독하게 느껴지는 것도 아니었고, 이름표를 바꿔 붙인다고 해서 다른 아이의 냄새가 달콤하게 느껴지는 것도 아니었다. 다시 말해 엄마들의 냄새 판단이 모성애적 자부심 때문에 흐려지는 것은 아니었다. 엄마들에게는 정말로 다른 아이들의 냄새가 더 지독하다.

마리화나 광기

복합적인 식물 향이 한 나라에 엄청난 문화적 영향을 줄 수 있다.[6] 마리화나가 그 대표적인 예다. 로드 블라고예비치(Rod Blagojevich)는 이 문화적 영향을 정확히 표현했다. 그는 일리노이 주지사 선거운동을 하던 당시 마리화나를 피웠다고 인정하면서 "그 냄새는 이 세대 우리 모두에게 익숙합니다."라고 말했다. 또 "저는 그 냄새가 싫었습니다."라고 덧붙였다. 한편 앤디 워홀(Andy Warhol)은 "마리화나는 합법화 되어야 합니다. 나는 마리화나를 피우진 않지만 그 냄새는 좋아합니다."라고 말했다.

언젠가 내가 지보당 루르라는 향수 회사에서 근무할 때 한 그래픽 아티스트로부터 전화를 받았다. 그는 유명한 록 밴드 멤버의 솔로 CD용 팸플릿을 디자인하고 있는데 그걸 마리화나 냄새가 나는 잉크로 인쇄하고 싶다고 했다. 그러면서 우리 회사에서 그 냄새를 공급해줄 수 있느냐고 물었다.

그의 부탁에 나는 난처해졌다. 기술적인 장애는 문제가 아니었다. 우리 회사의 조향사가 좋은 마리화나 냄새를 만들어낼 수 있다고 호언장담을 한 뒤였으니 말이다. 더욱이 그는 작업하기에 좋은 시료만 있다면 일이 더 빨라질 것이라고 넌지시 눈치를 주었다. 문제는 돈이었다. 과연 이것으로 매상을 올릴 수 있을 것인가? 이 경우 예상되는 판매량은 미미했고 조향사가 거기 시간을 투자할 가치는 없었다. 하지만 이 프로젝트는 분명 매력적이었다.

그것에 대해 생각하면 할수록, 곤란한 문제가 점점 더 많이 떠올랐다. 향정신성 성분인 델타나인 테트라하이드로카나비놀(delta 9 tetrahydro-cannabinol, THC)을 사용하지 않고도 마리화나 냄새를 복제할 수 있을까? 만약 그렇다면 마약 탐지견이나 지도교사에게 걸리지 않을 수 있을까? 내 회사가 그 결과에 법적인 책임이 있을까?

THC와 비슷한 그 화학물질은 휘발성이 아니기 때문에 냄새가 없다.[7] 화학자가 마리화나에서 THC를 분리하면 디카페인 커피처럼 냄새는 똑같지만 환각 작용은 줄어들 것이다.

나는 제임스 우드포드(James Woodford) 박사에게 전화를 걸었다. 조향사인 그는 가짜 마약 냄새를 처음 발명한 사람이었고, 경력 초기에 영국 런던경시청의 객원 연구원으로 일하면서 코카인 밀수품 샘플을 많이 보았다.[8] 우드포드는 순수 코카인 알카로이드는 냄새가 없다는 걸로 알고 있었지만, 증거품 보관실에서 냄새를 맡았을 때 뚜렷한 냄새가 있음을 알아챘다.

코카인은 공기와 습기에 노출되면 화학적으로 분해되면서 말린 자두 같은 달콤한 향을 발산한다. 과학적 호기심을 느낀 우드포드는 그 냄새의 원인이 메틸 벤조에이트라는 분자 때문임을 밝혀냈다. 메틸 벤조에이트는 꽃향기에 존재하며, 금어초와 페튜니아에 많고 월하향과 일랑일랑에 조금 있다.[9] 조향사들은 항상, 특히 포 데스파뉴 계열의 향수에 이 분자를 사용한다.

우드포드는 메틸 벤조에이트와 몇 가지 다른 성분을 이용하여 코카인 냄새를 복제하는 데 성공했다. 코카인은 다른 마약처럼 불법이지만, 복제 코카인은 성분 모두 화학적으로 진짜 코카인과 무관하기 때문에 완벽하게 합법적이었다. 우드포드는 1981년에 가짜 마약 냄새 제조법에 대해 특허를 받았고, 정부는 이 가짜 냄새를 이용해 마약 탐지견과 마약 단속반을 훈련했다.

우드포드는 정부에게 이 제조법을 무상으로 사용하도록 했다. "나는 그걸로 돈을 벌지는 않았습니다." 하지만 다른 이들은 우드포드와 달리 영리를 추구했다. 예를 들어 시그마-올드리치 화학제품 공급 회사는 100그램 당 37.20달러에 시그마 가짜 마약 냄새 코카인을 판매했다. 또한 마리화나 냄새를 모방하는 LSD와 그 밖의 제조법도 팔고 있다. 플로리다 국제대학교의 법의학 화학자들은 가짜 엑스터시 향을 만들었다.[10]

사실 마약 탐지견은 코카인 분자 자체가 아닌 메틸 벤조에이트 냄새로 코카인을 찾도록 훈련받는다. 다른 마약도 마찬가지다. 엑스터시는 피페로날의 체리 파이 냄새로 알 수 있고, 메스암페타민은 벤조알데히드의 독특한 체리 아몬드 냄새를 풍긴다. 사실 개는 마약과 관련된 냄새로 마약을 찾는 것이다.

향수 사용자들은 마리화나 냄새가 너무 진짜 같아서 마약 탐지견과 경찰이 출동할까 두려워한다. 그렇다면 마약 상인이 자신의 목적을 위해 이 냄새를 이용하면 어떻게 될까? 가짜 냄새로 공항을 가득 채워 개와 경찰이 그 가짜 유인물을 쫓는 동안 밀수품을 들고 유유히 빠져나갈 수도 있다. 아직까지는 이런 일이 일어나지 않았지만, 우드포드는 그 위험성을 충분히 느끼고 있었다. 그는 "악영향이 일어날 수 있습니다."며 우려했다.

THC 자체는 냄새가 없는데 왜 마리화나에선 독특한 냄새가 나는 것일까? 마리화나의 천연 화학물질은 복합적이다.[11] 어떤 방법을 이용했느냐에 따라, 즉 헤드스페이스 포착법으로 식물이 자연스럽게 발산하는 향을 분석하느냐, 증기 증류법으로 정유를 억지로 추출하느냐에 따라 18~68가지의 휘발성 화학물질을 얻을 수 있다. 그 대부분이 식물 화학자들에게는 익숙하다.

이 화학물질들은 많은 종의 꽃향기와 정유에 존재하는 테르펜이라는 분자 계열에 속한다. 육두구, 오렌지유, 바질 그리고 마리화나에 있는 베타-미르센과 리모넨이 대표적인 예다. 물론 모든 화학물질에 냄새가 있는 건 아니고, 설혹 냄새가 있다 해도 인간의 코가 탐지할 만큼 충분하지 않다.

마리화나 냄새의 완전한 화학적 분석표를 만들기 위해서는 GC-O 분석을 해야 한다. 놀랍게도 그러한 분석은 아직 발표되지 않았고, 어떤 분자가 그 독특한 냄새에 결정적인 역할을 하는지 확실히 알지 못한다. 인터넷 열성 아마추어들은 마리화나 냄새를 와인 맛처럼 다양한 뉘앙스로 이야기한다. 권위 있는 것처럼 보이는 '표준 마리화나 보고서'는 애호가들에게 갓 나온 대마 꽃봉오리와 마리화나를 암모니아, 땅, 감초, 복숭아 등의 단어로 묘사하라고 권한다.

한 음악평론가는 벡(Beck)의 콘서트가 열린 코스타 메사 원형 경기장의 연기 속 여러 향을 두고 비아냥거리듯 말했다.[12] "캘리포니아 인디카의 멋지고 뚜렷한 냄새. 오렌지 향이 나는 캘리포니아 품종과 달콤하고 시큼한 냄새, 미묘한 마무리의 기분 좋은 조화." 일반적인 마리화나 중독자가 캘리포니아 인디카와 슈퍼 아프가니의 차이를 냄새로 알 수 있을까?

나는 눈을 감고 산타크루즈 시민회관의 빽빽한 마리화나 연기 속에서 거의 보이지 않는 밥 말리(Bob Marley)와 윈터랜드 경기장의 마리화나 안개 속에서 스포트라이트를 받는 제리 가르시아(Jerry Garcia)를 떠올린다. 뚜렷한 품종 냄새가 있었던가? 그땐 아니었다. 하지만 시장은 발전했다.

우드포드는 내게 동부 해안의 물건은 '박하 같은' 냄새가 나는 반면, 서부 해안의 물건은 대개 '스컹크 같은' 냄새가 난다고 말했다.

독자적인 조향사 해리스 존스(Harris Jones)는 언젠가 향초를 만드는 고객을 위해 마리화나 냄새를 조제했다. 그는 베타 피넨과 리모넨 등을 섞어 만들었지만, 사실적인 끝 인상을 주기 위해서는 스컹크 같은 냄새가 필요하다는 걸 알게 되었다. 그는 스컹크 분비물에 대해 조사하여 자신만의 페페 르 퓨 제조법을 만들어냈다. 그는 스컹크 분비물의 0.01퍼센트 용액을 준비했고 총 제조법에서 0.5퍼센트 용액을 사용했다. 고객은 만족했지만, 존스는 자신의 제조법이 너무나 정확해서 마약 탐지견에게 걸리거나 분노한 부모들에게 고소당할 수 있다는 걸 깨닫고는 이 프로젝트를 중단했다.

스컹크 분비물이 안겨준 사실성을 보면, 1970년대 캐나다 심리학자들이 얻은 이례적인 연구 결과가 설명될 것이다.[13] 마리화나 중독을 막기 위해 역겨운 냄새 조건 반사를 연구하던 그들은 사람의 머리카락을 잘게 잘라 마리화나 담배에 넣었다. 거기에 불을 붙이자 대단히 불쾌한 냄새가 났다. 그들은 실험실에서 마리화나 담배를 흡입해 이미 기분 좋은 상태에 있는 자원자들에게 실험용 마리화나 담배를 주었다. 하지만 예상과 달리 악취 나는 마리화나를 피우자 자원자들의 기분은 더욱 좋아 보였다. 머리카락이 타는 냄새는 흥분 상태를 없애기는커녕 오히려 더 돋웠다.

마리화나의 달콤하고 고약한 냄새는 한때 히피들이 마리화나 냄새를 감추기 위해 사용했던 파촐리유처럼 미국인들의 의식에 깊이 배어 있다. 파촐리가 인기 있는 소비자 제품의 향기 원료가 된 반면, 마리화나 같은 냄새는 시장에 거의 없다. 이제 마리화나가 제품 관련 냄새가 될 때가 된 것일까?

마리화나 냄새는 얼마나 재현되었을까? 대마 잎 모양의 차량용 방향제는 역겨운 퇴비 같은 냄새가 난다. 쇼타임 네트워크라는 케이블 회사는 드라마 '위즈'의 2006년 시즌 위해 〈롤링스톤〉에 향기 나는 광고를 냈다. 그 광고에서는 깎은 잔디와 화분용 영양토, 삼나무 대팻밥이 뒤섞인 치즈 냄새가 났다. 케이블 산업 전문가들은 부끄러운 듯, 그걸 '무언가를 연상시키는 특이한 허브 향'이라고 표현했다.[14]

다음으로는 프랑스 루이뷔통모에헤네시의 계열사 프레시에서 내놓은 향수 캐나비스 상탈 오드 퍼퓸이 있다. 파촐리와 마리화나, 장미로 혼합된 관능적인 이 향수는 남성의 거친 힘과 그에 대한 욕망을 표현한다."

나는 그 향수를 써보려고 남부 맨해튼의 스프링 가에 있는 화려한 프레시 매장에 들렀다. 잘생긴 점원은 기막힐 정도로 정확하고도 자세하게 성분을 늘어놓았지만, 불행히 시향지의 엉뚱한 곳에 향수를 뿌렸다(향수를 테스트할 때에는 시향지의 넓은 쪽을 잡고 좁은 쪽에 향수를 뿌려야 한다). 캐나비스 상탈은 좋은 파촐리 냄새가 나는 기분 좋은 향수지만, 진짜 마리화나 같은 냄새는 나지 않았다. 결국 캐나비스 상탈의 광고는 소비자에게 그저 "향수를 뿌려!"라고 대담하게 외친 권유에 지나지 않았다.

병 속의 냄새 풍경

존 뮤어(John Muir)는 캘리포니아 페더 강 상류에서 후각적 통찰력을 경험했다. 몇 분 동안 시에라 산기슭 작은 언덕의 냄새 풍경이 환상적으로 소용돌이치면서 존 뮤어에게 그 자태를 드러냈다.

> 공기를 뒤덮은 향기는 따로 무리지어 일어나 떠도는 게 아니라 바람 곳곳에 똑같이 퍼져 있었다.[15] 소나무 숲은 언제나 향기롭지만, 솔잎이 새로 나오는 봄과 햇빛 때문에 송진과 발삼이 부드러워지는 따뜻한 날에 가장 향기롭다. 바람은 날카로운 솔잎을 비비고 따뜻한 비는 솔잎을 적신다. 모나델라가 이 넓

> 은 대지에서, 소나무 속 양지 바른 빈터에서 자라고 있다. 그리고 골짜기에는 습지가, 산허리에는 만자니타가 많이 있다. 잎에서 장미 향기가 나는 카마이바티아는 거의 모든 땅을 뒤덮고 있다. 상록수의 송진, 발삼과 함께 이것들은 바람이 닿는 곳에 중요한 향기 분수를 이루었다.

뮤어의 향기 묘사는 놀랍지만, 무미건조한 라틴어 학명은 좀 더 자세한 설명을 요구한다. 예를 들어 넓게 펼쳐진 모나델라는 어떤 냄새일까?

모나델라는 박하과 식물이다. 모나델라가 서식하는 해당 지역을 살펴보면, 뮤어는 코요테 민트나 페니로열을 묘사한 듯하다. 나는 캘리포니아 페니로열로 뒤덮인 땅을 거닐면서 내 발에 밟힌 잎에서 올라오는 신선한 향기를 들이마셨다.

당신은 '잎에서 장미 향기가 나는 카마이바티아'라는 뮤어의 묘사에서 기분 좋은 꽃 냄새를 떠올리겠지만, 그것은 사실과 전혀 다르다. 그가 냄새 맡은 카마이바티아는 캘리포니아에만 있다.[16] 장미과에 속하는 카마이바티아 잎은 송진으로 끈적이는 칙칙한 초록색의 깃털 같은 엽상체이며, 작고 하얀 꽃을 자랑한다. 메욱 인디언들은 이것을 키킷디지라고 불렀지만, 이주민들은 시에라 마운틴 미저리 혹은 베어클로버라고 불렀다.

이 명칭은 구운 아티초크나 희석한 고양이 오줌 냄새처럼 진하고 널리 퍼지는 냄새를 가리킨다. 시에라네바다 산맥의 무더운 날, 이 곰팡내 같은 냄새는 파도처럼 일어나 뮤어가 들이마셨던 페더 강에서 시작하여 타호 호수를 지나 요세미티 계곡과 툴레어 카운티의 남쪽 산기슭까지 내려가 온 땅을 뒤덮는다.

뮤어의 글이 그의 시각적 이미지만큼 향기롭다면 얼마나 좋을까. 그는 우리의 호기심을 자극했을 뿐, 채워주지는 못했다. 우리는 냄새를 맡고 싶다. 쏟아지는 향기 분수에 컵을 담그고 싶다. 우리는 왜 뮤어처럼 페더 강에서 기분 좋은 오후를 느낄 수 없는 것일까?

인류사 전반에 걸쳐 자연에서 향기를 포착한다는 것은 수집과 추출을 의미했다. 수많은 꽃잎과 몇 바구니의 송진을 모아 가열하거나 용매를 이용해 에센스를 뽑아냈다. 이 힘든 과정을 통해 얻어낸 결과물 자체는 아름다웠지만, 왜곡되고 원형과는 거리가 멀었다.

공업화학 분야에서 최근에 조용히 일어난 혁신은 향기를 포착하는 방식을 바꾸었을 뿐 아니라 그 성분을 이해하는 데 도움을 주었다. 1970년대 중반, GCMS법으로 향을 분석하는 데 필요한 샘플의 양은 10~50마이크로그램에 불과했다. 전통적인 방법에 비하면 대단히 적은 양이다. 예전에 나와 함께 일했던 스위스 조향사 로먼 카이저(Roman Kaiser)는 "이 양은 은은한 향기를 내는 꽃이 한 시간 동안 풍기는 양과 비슷하다."고 묘사한 바 있다.[17]

카이저와 몇몇 다른 전문가들은 향기를 수집하는 '비파괴적인' 방법을 개발했다. 그들은 샘플 주변의 공기(헤드스페이스)에서 향을 얻었다. 난초든, 과일이든 냄새의 근원을 물리적으로 파괴하지 않았다. 그저 주위에 유리병을 씌우고 전기 펌프를 이용하여 분자 '트랩', 즉 냄새를 흡수하는 다공성 중합체 튜브로 헤드스페이스를 빨아들였다. 트랩에 수집된 냄새는 나중에 실험실로 가져가 GCMS에 주입할 수 있다.

헤드스페이스 수집 방법 덕에 사람 또한 벌이나 나비 등이 느끼는 대로 냄새를 분석할 수 있게 됐다. 으깬 꽃잎에서 추출한 기름이 아니라 살아 있는 꽃의 냄새 성분을 분석함으로써 조향사들은 작업실에서 진짜 향기를 제대로 모방할 수 있게 됐다. 기존의 추출법으로는 충분한 양을 얻을 수 없는 희귀 표본도 연구할 수 있게 됐다. 헤드스페이스 분석법을 개척한 카이저는 현재 이를 이용해 멸종 위기에 처한 열대 우림 종의 냄새를 연구하고 보존한다.[18] 그 밖에도 익어가는 딸기 냄새가 매 시간마다 어떻게 바뀌는지, 혹은 밤에 피는 사막 꽃 냄새가 해질녘부터 해뜰녘까지 어떻게 변하는지를 밝힐 수 있다.

나는 카이저의 도움을 받아 시에라 마운틴 미저리의 향기 성분을 철저히 조사하기로 결심했다. 2006년 7월 캠핑 여행이 끝날 무렵 나는 소노라 고개 서쪽으로 몇 마일 떨어진 길가에서 그 잔가지 몇 개를 수집했다. 일단 그것을 샌드위치 봉투에 넣었다. 그러고 나서 버클리로 돌아가는 동안 시들지 않도록 맥주 냉장고에 넣어 보관한 뒤 바로 택배회사로 향했다. 줄을 서 있던 내 눈에 국제 수송 금지품 목록 게시판이 들어왔다. 목록에는 식물이 포함되어 있었다.

이런! 싱싱할 때 로먼에게 보내야 하는데 어쩌지? 나는 수상쩍은 초록 잎사귀 식물이 든 가방을 카운터에 올려놓고는 심호흡을 했다.

"이걸 스위스로 빨리 보내고 싶습니다."

"내용물이 뭔가요?"

점원의 질문에 내 얼굴이 빨개졌다.

"이건… 실험 샘플입니다."

담당자가 안경 위로 눈을 매섭게 치켜떴다. 날 노려보는 걸까?

"알겠습니다. 그럼 이 서류를 작성해주십시오."

휴, 다행이다.

3일 후 시에라 마운틴 미저리는 취리히 외곽 뒤벤도르프에 있는 카이저의 실험실을 악취로 가득 채웠다. GC로 평소처럼 마법을 부리던 그는 50여 가지 분자를 추출해냈다. 알파 피넨, 베타 피넨뿐만 아니라 그 밖의 수많은 테르펜들을. 대부분은 그의 방대한 향기 분자 데이터베이스에서 찾을 수 있었다. 그 밖의 몇 가지는 MS로 완벽하게 밝히기 위해 몇 달간 작업해야 할 것이다.

다행히 독특한 냄새의 근원을 분명히 구별할 필요는 없었다. 이 신비한 분자 중 시에라 마운틴 미저리 냄새가 나는 것은 없었다. 놀랍게도 소량(0.01퍼센트)의 분자가 구운 아티초크 냄새의 95퍼센트 이상을 차지했다. 즉, 존 뮤어가 맡았던 시에라 냄새 풍경의 핵심에는 1-헥센-3-원이라는 화학물질이 있다.

헥세논은 숙성된 우유와 크림, 버터에서 나는 냄새의 주된 성분이다.[19] 또한 린덴 꿀과 신선한 라즈베리에도 많이 포함되어 있다. 이는 복잡하게 뒤섞인 휘발성 분자들이 수많은 성분을 지닌 것보다 훨씬 단순한 냄새가 날 수 있음을 시사한다. 하나의 화학물질이 전체 향기를 지배할 수 있다. 또 화학물질이 풍부하다고 해서 반드시 냄새가 짙다는 뜻이 아니라는 교훈도 얻을 수 있다. 한 식물의 한 가지 분자가 전체 생태계에 향기 배경을 준다. 그리고 마지막으로 이는 유능한 조향사가 시에라네바다 산기슭의 작은 언덕에서 존 뮤어에게 시적 인상을 준 한 가지 분자를 찾을 수 있음을 보여준다.

희미한 이국적 꽃향기를 맡는 것과 전체 냄새 풍경을 포착하는 것은 종이 한 장 차이이다. 월트 휘트먼보다 더 확실하게 미국의 드넓은 냄새 풍경을 포착한 사람은 없었다.

> 타국 시인의 자부심을 그대에게 전하지 않으리.
> 오랫동안 그들에게 도움을 주었던 찬사도, 각운도, 고전도,
> 외국 궁전이나 실재 서재의 향기도 전하지 않으리.
> 다만 메인 주 소나무 숲과
> 일리노이 평원의 숨결에서 나오는 향기를,
> 그리고 버지니아나 조지아, 테네시, 혹은
> 텍사스 고지나 플로리다의 습지에서 불어오는 바깥 공기를 전하리.
>
> *-월트 휘트먼(Walt Whitman), 〈풀잎Leaves of Grass〉*

소나무 숲이나 초원, 해변이나 작은 만, 즉 주변 환경의 향기는 늘 그곳에 있다. 그걸 가져가기 위해서는 그저 펌프와 트랩만 있으면 된다. 돈도 들고 결단력도 필요하니 그 냄새를 재현하기란 쉬운 일이 아니지만, 분명 기술적으로는 가능하다. 코요테 민트와 페니로열, 시에라 마운틴 미저리의 냄새를 재현할 수 있다. 그 냄새를 거실이나 사무실에 뿌릴 수 있다.

페더 강에서 보낸 뮤어의 오후나 미국 풍경에 대한 휘트먼의 시에 귀를 기울일 때 코를 위한 조감도처럼 천천히 퍼지는 냄새를 상상해보라. 어떤 냄새를 맡고 싶은가? 나라면 포인트 레예스의 바닷바람과 빅서에 있는 아메리카 삼나무 냄새를 추천한다.

1947년, 소설가이자 나비 전문가인 블라디미르 나보코프(Vladimir Nabokov)는 자서전《말하라, 기억이여*Speak, Memory*》에서 어느 여름날 수집 여행의 한 순간을 이야기한다.

> 나는 팔뚝과 목을 뒤덮는 모기에 개의치 않은 채 탄성을 내지르며 내 그물망 속에서 살아서 파닥이는 은빛 나비의 냄새를 들이마시기 위해 몸을 웅크렸다. 습지 냄새 너머 내 손가락에 남아 있는 희미한 나비 날개의 냄새를 맡았다. 그 냄새는 바닐라, 레몬, 사향, 곰팡내, 형언하기 힘든 단내 등 종마다 다양하다.

냄새 나는 나비는 희귀하지 않다. 가령 줄흰나비는 유럽 전역과 미국 일부 지역에 흔히 존재한다. 영국의 나비학자 조지 롱스태프(Geroge Longstaff)는 그 '강하고 뚜렷한' 냄새가 레몬 버베나와 비슷하다고 했다.[20] 1912년에 그는 "오늘날까지 줄흰나비의 냄새를 잘 아는 이가 거의 없다는 게 이상하다. 1910년 브뤼셀 회의 때 내가 콩고 박물관의 아름다운 정원에서 줄흰나비를 잡아 6명의 곤충학자들에게 그 냄새를 맡게 해주었는데, 아무도 그 냄새를 알아차리지 못했다."고 기록했다.

지난 100여 년 동안 상황은 바뀌지 않았다. 줄흰나비뿐 아니라 어느 종류의 나비에 대해서도 냄새를 얘기하는 동물도감은 없다. 줄흰나비에서 나는 냄새가 어떤 냄새인지 궁금한가? 그렇다면 줄흰나비가 많이 사는 로키 산맥으로 가 직접 잡아서 냄새를 맡아본 다음 풀어주시라.

롱스태프의 현장 노트를 보면 놀라울 정도로 다양한 나비 냄새가 있음을 알 수 있다. 어떤 나비에선 과자 같은 냄새(바닐라, 초콜릿, 탄 설탕)가 나고, 또 어떤 나비에선 꽃 같은 냄새(프리지아, 재스민, 헬리오트로프, 망고 꽃, 인동덩굴, 들장미)가 난다. 또 허브와 향료 같은 냄새(계피, 레몬 버베나, 흰 붓꽃, 백단, 사향)가 나는 나비도 있다. 롱스태프는 불쾌한 나비 냄새도 발견했다. 어떤 나비 냄새는 바퀴벌레나 사향뒤쥐를 연상시켰고, 어떤 나비 냄새는 썩은 버터, 낙산, 식초, 아세틸렌, 곰팡이 핀 짚, 소똥, 마구간, 말 오줌, 암모니아를 연상시켰다.

줄흰나비의 레몬 같은 냄새에는 알파피넨과 베타피넨, 미르센, 리모넨, 리나롤, p-시멘, 네랄, 시트랄이 함유되어 있다(앞의 5가지 성분은 대마유에도 존재한다. 왜 향정신성 대마초와 나비 냄새가 비슷한 걸까? 자연은 놀랍도록 이상하다).

줄흰나비 수컷은 특별한 경우를 위해 간직하는 또 다른 냄새를 갖고 있다.[21] 그 주된 성분은 노루발풀이나 소화제 펩토 비스몰 냄새로 인식되는 살리실산메틸이다. 수컷은 이 냄새를 성욕 억제제로 이용한다. 짝짓기 때 이 냄새를 암컷에게 전달해, 이후 다른 수컷이 그 암컷과 교미하지 못하게 막는다.

다른 나비들도 저마다 이 같은 성욕 억제제를 갖고 있다. 배추흰나비는 살리실산메틸과 인돌 혼합물을 이용하고, 양배추흰나비는 벤질시아나이드를 이용한다. 하지만 이러한 화학적 대응책이 반드시 도움만 주는 것은 아니다.[22] 양배추흰나비의 성욕 억제 냄새는 작은 기생 암컷 말벌을 유인하는 역할도 한다. 암컷 말벌은 최근에 교미한 양배추흰나비 암컷 냄새, 즉 양배추흰나비 수컷이 암컷에게 뿌리고 간 성욕 억제제 냄새를 맡으면 '무임승차'를 한다. 이는 양배추흰나비에겐 달갑지 않은 일이다. 암컷이 알을 낳으면 말벌이 그 속에 자기 알을 낳고, 알에서 깨어난 말벌의 애벌레는 이후 양배추흰나비의 알을 먹으며 자라기 때문이다. 결국 자신의 유전자를 지키려 했던 수컷 양배추흰나비는 미래의 자손을 희생시키는 셈이다.

자연계의 식물 냄새는 무해하고 순수하다고 여겨진다. 이는 대지의 여신 가이아가 모든 아로마테라피스트에게 준 선물이다. 하지만 사실 식물 냄새는 생물학적 의사소통 체제로, 식물과 동물이 서로에게 대화를 나누는 수단이다. 또한 사기와 배반의 도구이기도 하다. 냄새가 신호로 이용되면, 다른 생물은 그걸 이기적으로 이용할 수 있다(암컷 양배추흰나비에게 등에 있는 기생 말벌이 어떻게 느껴지냐고 물어보라).

지중해 식물 죽은 말 칼라 꽃은 썩은 고기 악취로 자신을 위장한다.[23] 이 냄새는 잘 썩은 시체에 알을 낳으려는 검정파리를 유인한다. 이 냄새에 속은 검정파리는 악취 나는 식물에서 다른 식물로 이동하며 다리에 붙은 꽃가루를 공짜로 가루받이 해준다. 이 현상은 '가루받이의 목적을 위해 곤충을 이용하는 진화적 잔꾀의 놀라운 사례'라 불렸다.

다른 예는 더 음흉하고 거의 사악할 정도다. 오스트리아 난은 2-에틸-5-프로필시클로헥산-1, 3-디온이라고 하는 분자를 발산하는데, 이것은 네오젤레보리아 크립토이데스라는 말벌의 암컷이 교미 유인제로 분비하는 바로 그 분자다.[24] 난이 이 분자를 발산하면, 수컷 말벌은 그 냄새에 속아 난을 암컷으로 착각해 교미하려 한다. 결국 난은 가루받이되고 수컷 말벌은 좌절한다. 이렇듯 성관계와 이기적 이용은 밀접한 관계를 갖고 있다.

자연에서 냄새는 방어에도 이용된다. 아로마테라피스트들이 만능 치료

제로 소중히 여기는 방향유는 사실 식물과 포식 동물의 계속된 싸움에 이용되는 무기다. 오렌지 나무를 예로 들어보자. 오렌지 나무에서 나오는 3가지 원료, 즉 꽃에서 추출하는 네롤리유와 과일에서 추출하는 오렌지 껍질유, 잎에서 추출하는 페티그레인은 향수에 이용된다. 하지만 오렌지 나무가 조향사들을 위해 진화한 것은 아니다. 꽃 냄새는 꽃가루 매개자를 유인하기에 좋고, 과일 냄새와 맛은 씨를 퍼뜨려주는 매개자를 유인하기에 좋다.

반면 잎은 초식동물이 씹자마자 방향성 향기 화합물을 분비한다. 이 화합물 때문에 잎은 송충이 같은 공격자에게 맛이 없거나 유독하게 느껴지고, 이와 동시에 말벌 같은 포식 동물에게는 먹을거리가 있음을 알린다. 사정이 이러하니 오렌지 나무는 아로마테라피스트들에겐 보물창고이지만 송충이에겐 경보기와 부비트랩이 가득한 무기 창고처럼 보인다.

대학에 다닐 때 나는 잠시 버클리 캠퍼스 서쪽 문에 위치한 유칼립투스 숲 근처에서 살았다. 수업을 마치고 집으로 돌아가는 길에 종종 유칼립투스 숲을 지나 집으로 돌아가곤 했는데, 그때 나를 반겨주던 유칼립투스의 향기가 무척이나 좋았다. 가끔씩 안개처럼 숲을 덮는 그 신선한 냄새는 내게 베이 지역의 가장 큰 아름다움으로 기억된다. 돌이켜보면 나는 그 냄새 풍경에서 단순한 즐거움을 누렸고 지금도 그렇다.

하지만 지금은 다른 식으로도, 즉 생물학적 투쟁이라는 관점에서도 생각한다. 서쪽 문에 감돌던 냄새 가운데 가장 많이 차지했던 유칼립톨이 잎을 먹는 벌레를 막고 경쟁 수종의 묘목 성장을 저해한다고 말이다.

냄새의 공식

브라질 남부의 구아라케사바 부근은 얼마 전까지만 해도 그 나라 대서양 해안의 7483킬로미터를 모두 뒤덮었던 열대다우림의 자취다. 어느 봄날 색다른 냄새를 찾아'그곳을 답사하던 카이저는 진한 과일과 꽃 냄새로 뒤덮인 숲을 발견했다.[25] 그 냄새는 하얀 병솔 꽃이 달린 나무에서 나는 것이었다. 나무에 가까이 다가가자 까막까치밥 나무와 비슷한 냄새가 풍겼고, 꽃에서는 고양이 오줌 같은 냄새가 났다.

카이저는 화학 분석을 통해 두 냄새 모두 하나의 분자인 4-메르캅토-4-메틸펜탄-2-원, 즉 MMP 때문이라는 것을 밝힐 수 있었다(이는 공기 중 농도에 따라 냄새 특징이 달라지는 많은 분자 중 하나다). 대부분의 사람들은 이국적인 지역에서 독특한 분자를 발견했다는 걸로 끝일 것이다. 하지만 화학자의 이성과 조향사의 감성을 가진 카이저는 그 누구보다 많은 GC 샘플 냄새를 맡아봤을 것이다.

그에게 MMP는 특이한 게 아니다. 이는 연결망의 한 접속점이다. 이 분자의 연결망을 따라가다 보면 전 세계로 가게 될 것이다. MMP는 일본 녹차와 포도, 바질, 토마토 잎, 회양목, 카베르네 쇼비뇽 와인 그리고 티베트 작약의 주된 향기다. 이게 우연일까? 아니면 MMP가 자연 속에 숨겨진 패턴의 단서일까?

1980년대에 GC-O 연구가 시작된 이래 화학자들은 토마토 페이스트부터 파슬리까지, 그리고 삶은 쇠고기부터 아기 방귀까지 모든 것을 분석했다. 모든 물질에 많은 방향성 분자가 있었지만, 그 특유의 냄새를 초래하는 분자는 몇 가지뿐이었다. 과학 저널에는 그런 연구가 무수히 많고, 모두 활자화된 상태에서 서로 참고된다. 이 정보가 디지털화되어 간편하게 이용할 수 있다고 상상해보라.

모든 자연 물질에는 주요 냄새 분자를 열거한 자체 웹페이지가 있다. 누구나 분자를 모든 물질로 하이퍼링크할 수 있다.[26] 예를 들어 브리타니 해변의 신선한 굴에 대한 홈페이지로 시작해보자. 굴에는 1-옥텐-3-원이 포함되어 있는데, 이는 굴 애호가들이 좋아하는 버섯 같은 감귤류 냄새를 발산한다. 1–옥텐–3–원을 클릭하면 모로코 정어리 홈페이지가 나타나는데, 이 분자는 모로코 정어리를 이틀간 얼음 위에 놓아두었을 때 생성된다.

정어리 페이지를 검색하다 보면 신선한 정어리에서는 어느 정도 (E,Z)–2,6–논아디에날로 거슬러 올라갈 수 있는 유쾌한 해조류 냄새가 난다는 걸 알 수 있을 것이다. 그 분자를 클릭하면 다시 브리타니 굴 홈페이지로 돌아간다. 왜냐고? (E,Z)–2,6–논아디에날은 신선한 굴 특유의 냄새를 풍기는 분자이기 때문이다.

다시 시작해보자. 이번에는 굴의 또 다른 주요 냄새 분자인 디메틸 술파이드다. 이는 토마토 페이스트, 상한 냉동 닭, 얼룩빼기 콩 방귀에 나타난다. 상한 닭 페이지로 가서 메틸 메르캅탄을 클릭하면 다시 방귀로 가거나 똥과 프렌치프라이로 연결될 것이다. 똥에서 디메틸 트리술파이드로 이동할 수 있고, 이는 다시 아시아 생선 소스와 게뷔르츠트라미너 와인으로 안내한다.

게뷔르츠트라미너 와인에는 또 다른 주된 분자, 즉 시스–로즈 옥사이드가 있다. 시스–로즈 옥사이드 링크를 따라가 보면 이 분자가 신선한 여지 과일에서 나는 꽃 냄새의 원인임을 알 수 있다. 여지 과일에는 또 다른 주된 분자가 있는데, 바로 1–옥텐–3–올이다. 이 1–옥텐–3–올을 클릭하면 브리타니 굴 홈페이지로 되돌아간다. 왜일까? 1–옥텐–3–올 때문에 프랑스 굴과 여지 과일에서 흙냄새가 나기 때문이다.

굴에서 상한 닭으로, 똥으로, 게뷔르츠트라미너로, 여지 과일까지 갔다가 되돌아오는 하이퍼링크 경로에 심오한 의미가 있을까? 나는 그렇지 않다고 생각한다. '케빈 베이컨의 6단계 법칙(Six Degrees of Kevin Bacon, 최소 6명만 거치면 지구상의 모든 사람이 서로 연결되어 있다는 법칙)'이 분자에도 적용된 것뿐이다. 녹차와 작약을 연결하는 4–메르캅토–4–메틸펜탄–

2-원의 후각망은 드문 일이 아니다. 특정 냄새 분자가 계속해서 나타난다. 자연은 경제적이어서 똑같은 분자를 다른 유기체에서 다른 방식으로 이용하기 때문이다.

1974년 무렵, 약 2600종의 휘발성 물질이 음식에서 밝혀졌다. 1997년에는 8000종까지 늘어났고, 1만 종까지 있으리라 예견되었다. 큰 숫자다. 심지어 모형비행기 접착제나 더러운 양말, 자동차 뒷자리 아래 마른 토사물 부스러기 등처럼 음식이 아닌 것들의 휘발성 물질까지 포함시키면 숫자는 훨씬 늘어날 것이다. 그 모든 걸 합하면 어마어마한 숫자가 될 것이다. 자연계에는 무한한 냄새가 존재하는 듯하다.

똑같은 화학물질이 주된 냄새 성분으로 계속 나타난다면, 자연계의 다른 화학물질은 인간의 코에 어떤 영향을 줄까? 퍼뜩 떠오르는 답은 우리가 그 대부분을 이해하지 못한다는 것이다. 우리의 후각은 큰 제목만 읽고 작은 글자는 읽지 못한다. 감각적 분석 분야는 특정 출처에서 인간의 코에 들어가는 화학물질 중 극소수만이 냄새에 대한 지각의 차이를 만든다는 점을 증명했다.

예를 들어 대부분의 음식에는 화학 분석으로 검출되는 휘발성 물질 중 단 몇 가지만이 코로 지각할 수 있는 농도로 존재한다. 가령 인간은 토마토에 있는 400가지 이상의 휘발성 물질 중에서 고작 16가지만 지각할 수 있다. 한 전문가는 음식 속의 휘발성 물질이 실제 그 냄새에 기여하는 데는 5퍼센트도 안 된다고 추측한다.[27] 방향 물질은 생각만큼 많지 않은 듯하다.

일명 '향기 모델(Aroma Model)'은 이 개념에서 한 발 더 나아간다. 예를 들어 프렌치프라이의 향기 모델을 만들기 위해 과학자들은 GCMS에 프렌치프라이에서 채취한 냄새를 넣고 모든 휘발성 물질의 완벽한 목록을 작성했다. 그들의 목적은 가능한 한 적은 수의 휘발성 물질을 이용해 가장 사실적인 프렌치프라이 향기를 만드는 것이다.

과학자들은 우선 인간의 지각 역치보다 훨씬 높은 농도로 존재하는 방향 물질을 선별했다. 그 혼합물이 원래 향기와 일치하지 않으면, 지각 역치에 있거나 그보다 낮은 방향 물질을 목록에 포함시킨다. 일단 혼합물이 원래 향기와 거의 비슷해지면 더 시험한다. 제조법에서 방향 물질을 하나씩 뺀다. 최종 제조법의 냄새가 덜 사실적이면, 뺐던 방향 물질을 다시 넣는다. 빼도 차이가 없으면 그 방향 물질은 탈락시킨다.

마지막 향기 모델은 더 이상 줄일 수 없을 만큼 단순하다. 불필요한 것을 모두 없앤 코에 완벽한 냄새가 나는 공식이다. 예를 들어 진짜 같은 프렌치프라이 냄새는 19가지 성분으로 만들 수 있다. 이 중엔 악취 나는 미량의 메틸 메르캅탄이 포함된다. 메틸 메르캅탄이 없으면 제조법에는 꼭 필요한 삶은 감자의 특징이 나타나지 않는다.

향기 모델은 특히 스위스 치즈, 카망베르, 바질, 올리브유, 바게트 빵 껍질을 위해 개발되었다. 이 최소한으로 줄인 제조법은 모두 똑같은 결론을 암시한다. 즉 음식 속의 휘발성 물질 대부분은 냄새에 아무것도 더하지 않는다. 거의 똑같은 냄새 복제는 12~24가지 성분으로 만들 수 있다. 커피가 전형적인 예다. 화학자들은 100년 넘게 커피 향을 분석했고 800가지가 넘는 분자를 발견했다. 독일 과학자들은 향기 모델을 이용하여 중간 정도로 볶은 아라비카 커피에서 27가지 고농도 분자를 발견했고, 그 중 16가지만 이용해 거의 똑같은 모델을 만들었다.[28]

향기 모델의 감각적 논리는 음식이 아닌 분야에도 확대될 수 있고, 심지어 환경 문제에도 적용될 수 있다. 예를 들어보자. 축사에서 나는 지독한 악취는 인근 주민들을 괴롭힐 수 있다.[29] 전형적인 아이오와 돼지 농장에는 300가지가 넘는 휘발성 물질이 있고, 이는 바람 부는 쪽에 사는 이웃들에겐 나쁜 소식일 것이다. 하지만 최근 연구 결과에 따르면, 돼지 냄새의 85퍼센트에 관여하는 분자는 단 4가지다. 그 중 한 분자인 파라 크레졸은 전반적인 농가 마당 냄새와 대단히 비슷하다. 이 같은 발견 덕에 심각한 악취 문제는 간단히 해결될 것이다. 돼지 농장의 300가지 의심스러운 화학물질을 전부 목표로 삼기보다는, 특징을 결정하는 소수의 분자만 억제하면 되기 때문이다. 정확한 목표를 공략하면 적은 비용으로 큰 효과를 얻을 것이다.

미니멀리즘(Minimalism, 최소 요소로 최대 효과를 올리려는 예술 및 문화적 흐름)을 추구하는 듯한 이 향기 모델은 자연의 풍부함에 대해 다시 생각하게끔 한다. 사실적인 냄새를 단 몇 가지 분자로 만들 수 있고, 똑같은 분자들이 여러 냄새에 존재한다. 소수만이 중요하다면 왜 자연계에는 그토록 풍부한 화학분자가 존재하는 것일까? 코와 접촉하는 것보다 훨씬 많은 화학물질이 있다면, 그게 인간의 감각 능력과 무슨 관계가 있는 것일까?

GC-O 개발에 기여한 코넬 대학교의 과학자 애크리는 이를 뒷받침할 숫자를 갖고 있다. 그는 음식 냄새에 대한 수많은 연구를 살펴보고 냄새를 맡을 수 있는 농도로 존재하는 휘발성 물질 목록을 작성했다. 1997년에 처음으로 플레이버넷 목록(Flavor List)이 온라인에 포스팅되었다. 그 목록엔 300가지 화학물질이 포함되어 있었다. 현재 그는 약 800가지를 포스팅했다. 애크리는 그 목록이 1000가지 미만으로 완성되리라 예상한다. 다시 말해 자연의 모든 냄새가 1000가지 미만의 냄새를 맡을 수 있는 화학 물질로 만들어진다는 것이다.

그 밖의 무수한 휘발성 물질은 어떤 역할을 할까? 이 물질들은 섬세하게 냄새를 완성시키면서 미묘한 차이와 복잡한 성질을 띠도록 해줄 것이다. 애크리는 그 중 많은 것들이 인간이 아닌 다른 생물의 코를 대상으로 한다고 추측한다. 자연의 냄새는 대부분 식물과 동물 사이의 화학적 대화이며, 인간은 그 대화를 엿들을 뿐이다. 인간이 자외선을 보지 못하기 때문에 나비 날개나 꽃잎의 특정 패턴을 모르는 것처럼, 포유류인 인간의 코는 특정한 후각적 대화를 감지하지 못한다.

유년기의 소중한 후각적 기억을 간단한 화학물질로 환원할 수 있을까? 데이비스의 토마토 밭과 헌트 통조림공장의 케첩–내겐 어린 시절을 강하게 떠올리게 하는–이 그저 16가지 주요 방향 물질의 특정 혼합일 뿐이었을까? 틀림없이 그렇다. 냄새에 대한 지식은 통찰력도 준다. 지금 나는 초등학교 시절 스프렉클스 설탕 회사 공장에 견학 갔을 때 왜 그토록 실망했는지를 분자와 관련해 이해할 수 있다. 사탕무가 새하얀 정제 설탕으로 가공되는 과정에서 처음엔 지오스민(젖은 땅 냄새)과 디메틸 다이술파이드(양파, 양배추, 악취)를, 다음엔 프로피온산(스위스 치즈와 땀의 톡 쏘는 불쾌한 냄새)을, 마지막으로 헥센산(곰팡내, 지방 냄새)을 발산하기 때문이다.[30] 이 4가지 향이 강하게 뒤섞여 당시 3학년이었던 내 기분을 우울하게 만들었던 것이다. 어느 정도는 그걸 알게 되어 기분이 좋다.

3
왜 그녀는 그의 스킨 냄새에 끌릴까?

돈 조반니: 쉿! 여자 냄새가 난 것 같네!
레포렐로: 세상에! 대단한 코이십니다!
돈 조반니: 그것도 아름다운 여인이군.
모차르트, 〈돈 조반니〉

무작위로 수십 명의 사람을 뽑아 살펴보면, 이들의 후각 능력은 낙제부터 천재까지 다양할 것이다. 악취 나는 쓰레기통과 지하철 통풍구 옆을 아무렇지 않게 지나갈 수 있는 사람도 있고, 나이 지긋한 친척의 아주 희미한 방귀 냄새에도 괴로워하는 사람도 있다. 후각적 민감도(전문적으로 말하면, 어떤 사람이 냄새를 감지하는 최저 농도)는 후각 능력의 한 단면일 뿐이다. 다른 요인으로는 냄새에 대한 인식, 냄새를 인지하고 구분할 수 있는 능력이 있다. 엄청난 다양성은 후각의 특징이고, 감각 과학자들은 여기 기여하는 많은 요인을 밝혔다. 지금은 근본적인 의문에 대답할 수 있다. 누가 냄새를 잘 맡고 못 맡는가?

제일 먼저, 사람들이 자신의 능력을 정확히 판단하지 못한다는 점을 지적해야겠다.[1] 우리는 사람들에게 내셔널지오그래픽 후각 설문조사를 통해 자신의 후각을 평가해보도록 했다. 그 결과 '워비곤 호수 효과(Lake Wobegon Effect)'를 발견했다. 워비곤 호수 효과란 자신이 평균보다 더 낫다고 믿는 일반적인 오류를 뜻하는 말로서, 다시 말해 대부분의 사람들이 자신의 후각을 평균 이상이라고 생각했던 것이다.

객관적으로 어떤 사람의 후각 능력을 평가하는 방법은 후각 테스트밖에 없다. 후각 테스트에는 2가지, 즉 인지 테스트와 역치 감지 테스트가 있다. 인지 테스트는 냄새의 이름을 생각해내도록 하고, 역치 감지 테스트는 점차 낮은 농도의 냄새를 감지하도록 한다. 후각 테스트는 오랫동안 상업적으로 이용되었고, 공식적으로는 2006년이 되어서야 FDA에 의해 의료 기구로 인정받았다.[2] 따라서 왜 의사들이 진단에 이 테스트들을 충분히 활용하지 않았는지를 알 수 있다.

테스트는 입사 시험 때 빠른 선별 심사에 적합한 1회 냄새 맡기 테스트부터, 실험실에서 하듯 수많은 냄새에 대해 몇 시간에 걸쳐 하는 정밀 테스트에 이르기까지 다양하다. 정상적인 후각은 대개 정확하게 인지된 냄새 샘플의 특정 비율이나 냄새를 맡을 수 있는 특정 희석 농도로 규정된다. 후각 테스트에서 이상한 점이 있다면, 최고 점수가 '정상'이라는 점이다. 다시 말해 우수한 정도를 평가하는 테스트, 즉 아이큐 150에 상응하는 테스트가 없다는 것이다. 사실 후각의 천재를 가리키는 공식적 의학 용어도 없다.

후각 테스트는 코에 문제가 있는 사람들을 감정하기 위해 고안되었기 때문에, 낮은 성적의 등급을 정교하게 측정한다. 가장 낮은 등급에는 아예 아무 냄새도 맡지 못하는 사람들이 있다. 후각 상실증을 앓는 이들이다. 한 단계 위에는 귀가 잘 들리지 않는 사람들과 비슷하게 후각 감퇴증을 앓는 사람들이 있다. 귀머거리처럼 경증일 수도, 중증일 수도 있다. 미국 인구의 1~2퍼센트가 후각 상실증과 후각 감퇴증을 앓는다고 한다.[3] 두 경우 가장 흔한 원인은 전염병이다. 심한 감기와 독감, 축농증은 코 내벽 조직에 염증을 일으키고 감각 신경 세포를 죽인다. 심한 경우, 혹은 평생 계속해서 손상을 입으면 한때 신경 세포가 풍부했던 부위는 비감각 점막으로 바뀌고 조직은 좀먹은 것처럼 보인다.

후각 상실의 두 번째 원인은 두뇌손상이다. 머리를 맞으면 귀 사이와 눈 뒤에 있는 두개골 밑부분의 작은 구멍을 통해 두뇌로 가는 후각 신경 섬유가 끊어질 수 있다. 머리 높이에서 쟁반을 날랐다던 웨이터에 대한 이야기가 있는데, 어쩌면 실화인지도 모르겠다.

그는 부엌에서 나갈 때 자동문이 닫히는 바람에 쟁반에 이마를 찧었다. 하지만 프로답게 균형을 잃지 않고 식당에 들어갔다. 그런데 음식을 나르고 있을 때 아무런 음식 냄새를 맡을 수 없었다고 한다. 쟁반에 이마를 찧었을 때 그만 후각 신경 섬유가 끊어졌던 것이다.

이토록 빠르게 자신의 후각 상실을 깨닫는 건 흔치 않은 일이다. 대부분의 사람들은 며칠, 혹은 몇 주 동안 깨닫지 못한다. 더 중요한 문제는, 아주 약간의 충격만으로도 후각이 상실될 수 있다는 점이다.[4] 나는 축구를 하면서 헤딩하는 아이들을 보면 몸이 움찔해진다. 그 아이들은 요리사나 조향사가 되지 못할 것이다.

잠시 코가 막혔을 때를 제외하면 후각 상실은 만성질환이다. 감기나 축농증이 나으면 손상된 감각 세포가 서서히 새로운 세포로 바뀌면서 후각은 정상으로 돌아오기 마련이다. 물론 개개인에 따라 회복되는 데는 몇 달이 걸릴 수도 있고 후각 능력이 원래 수준으로 돌아가지 않을 수도 있다.[5] 나이가 많을수록 회복 가능성은 줄어든다. 두부외상의 경우엔 회복될 가능성이 희박하다. 손상된 후각 신경 섬유가 다시 연결되는 경우는 거의 없기 때문이다.

대표적인 연구 결과에 대해 생각해보자. 처음 진료받은 지 1년 후 살펴보니 바이러스에 감염되었던 환자들의 32퍼센트는 개선을 보인 반면, 외상을 입었던 환자들은 10퍼센트만이 개선을 나타냈다. 수백만 명의 미국인이 후각 상실증을 앓는다는 점이 밝혀지자, 국립 보건원은 후각에 대한 기본 연구비용을 부담하기로 했다. 이 작업의 궁극적인 목적은 후각 상실증의 치료법을 찾는 것이었다. 하지만 수십 년에 걸쳐 많은 연구비를 투자했는데도 불구하고 효과적인 치료법은 아직도 밝혀지지 않았다.

심리적인 충격을 받으면 갑작스럽게 후각을 잃을 수 있다.[6] 이는 식사에 가장 큰 영향을 준다. 후각 상실증에 걸리면 식사의 즐거움이 사라진다. 입에 들어온 음식은 냄새를 맡지 못하면 잘 씹히지 않는 덩어리가 되어 풍미를 느낄 수 없다. 음료 역시 맛을 느낄 수 없다. 음식 맛을 느끼지 못해 입맛이 사라지기 때문에 식사량 조절도 어려워진다. 따라서 먹는 양이 줄어들어 살이 빠지는 사람들도 있고, 배가 부를 때까지 양껏 먹어 살이 찌는 사람들도 있다.

후각 상실은 기분을 바꿀 수도 있다. 환자들은 우울증 증세를 보이곤 하며, 이 때문에 심리적 행복감과 우정, 정서적 안정, 여가 활동에 큰 타격을 받기도 한다. 어떤 이들은 성생활 문제를 겪기도 한다. 후각 상실증 때문에 가스 누출이나 화재, 상한 음식, 몸 냄새를 감지하지 못할까봐 늘 불안감을 느끼기도 한다. 그래서 자주 목욕하고 세탁하는 등 나름의 대처 전략을 마련한다. 후각 상실증 환자들은 정상인보다 더 자주 냄새와 관련된 위험, 예를 들면 주전자를 태우거나 상한 음식을 먹을지도 모른다고 얘기하지만 실제 상해 비율이 높다고 암시하는 자료는 거의 없다.[7]

드물긴 하지만, 후각 없이 태어나는 이들도 있다. 애초부터 후각이 무엇인지 모르기 때문에 선천적으로 후각 상실증인 사람들은 자신의 상태를 당혹스럽게 여기는 경향이 있다. 심지어 애써 한 줄기 희망을 찾는 이들도 있다. 영국의 젊은 후각 상실증 환자는 전 남자친구로부터 이런 말을 들었다.[8]

"당신은 이 세상에서 최고의 애인이었어. 밤마다 술집에서 카레 요리를 사 가도 잔소리를 하지 않았고, 내가 방귀를 마음대로 뀔 수 있었으니 말이야."

태어날 때부터 후각맹이었던 한 신문 기자는 주요 일간지에 정기적으로 냄새와 관련된 기사를 썼다.[9] 이는 장애를 극복한 감동적인 이야기일 수도, 최악의 조작 기사일 수도, 아니면 두 경우 모두일 수도 있다.

정상에서 부분적인 후각 상실 그리고 완벽한 후각 상실로 이어지는 단계와 달리, 후각의 독특한 병리 현상이 있다. 예를 들면 환후각증을 앓는 사람이다. 이들은 특이하게도 존재하지 않는 냄새를 지각한다. 이 환후각증은 애매할 수도("어디선가 화학 냄새가 나요."), 꽤 구체적일 수도(한 환자는 "사모아에서 맡았던 꽃 냄새가 나요."라고 말했다) 있다.[10] 환후각증은 의사가 진단을 내리기 힘든 증상이다. 환상의 냄새가 오고가지만 진료 과정에선 일어나지 않기 때문이다. 의사는 우선 축농증이나 잇몸질환 등 이상한 냄새가 일어날 수 있는 가능한 한 모든 기질적 원인을 배제해야 한다. 환후각증의 육체적 원인은 발작과 편두통, 뇌종양 등 다양하다.

냄새를 맡을 수는 있으나 다른 냄새로 잘못 해석하는 경우를 착후각증이라 한다.[11] 이 경우 왜곡은 대개 불쾌하다. 환자들은 더럽거나 썩거나 탄 냄새가 난다고 말한다. 한 60대 어머니가 그런 사례였다. 어느 날 아침 일어나 보니 모든 냄새가 탄 토스트 같이 느껴졌다. 11년 동안 항생제와 항바이러스제, 비타민, 베타 수용체 차단제, 경련 억제제, 황산아연으로 치료했는데도 그녀의 상태는 호전되지 않았다. 대부분의 착후각증 환자들은 어떤 냄새가 왜곡되는지를 얘기할 수 있다. 가장 흔한 것이 휘발유, 담배, 커피, 향수, 과일(주로 감귤과 멜론), 초콜릿이다. 착후각증은 대개 상기도감염이나 두부외상 후 일어나는데, 이 부위의 후각 기능은 줄어들긴 해도 완전히 사라지지는 않는다. 이 때문에 연구원들은 착후각증이 후각 계통 손상 후 재생된 신경 세포들이 제대로 연결되지 않아 일어나는 현상이라고 추측한다.

후각 병리 현상 중에 가장 끔찍한 것은 모든 것에서 똥 냄새가 나는 악취 후각증이다. 필립 K. 딕(Philip K. Dick)의 공상과학 소설 《시뮬라크르 *The Simulacra*》에는 염력으로 피아노를 연주하는 리처드 콩그로시안이라는 인물이 등장한다. 그에겐 정서불안장애도 있다. 콩그로시안은 짜증나는 광고를 볼 때 자신에게서 악취가 난다는 착각에 빠진다. 체취에 집착해 강박적으로 씻지만 아무 소용이 없다. 냄새는 사라지지 않는다. 콩그로시안은 멀리서 피아노를 연주할 수 있는 능력보다도 신체악취공포증이라는 정신질환을 앓는 것으로 더 유명한 등장인물이다. 이 질환의 특징은 계속해서 몸에서 악취가 난다고 착각하는 것이다.[12]

후각 능력에 남녀의 차이가 있다는 건 그리 놀라운 일이 아니다. 이는 전 세계 여러 문화와 다양한 실험 방법을 통해서 거듭 확인된 사실이다. 여성들은 자신의 후각이 더 낫다고 평가하고, 자료도 이 점을 뒷받침한다. 여성들은 낮은 농도의 냄새를 감지하고 그 냄새의 이름을 대는 데 더 능하다. 한 독일 심리학자는 남녀 모두 색과 음을 잘 기억하지만 냄새를 기억하는 데 있어선 여성이 남성보다 더 낫다는 점을 강조했다.[13] 아마도 이 주장에 유머작가 데이브 배리(Dave Barry)의 아내는 놀라지 않을 것이다.

> 일주일에 최소 다섯 번 아내와 나는 똑같은 대화를 나눈다.[14]
> 아내는 "이게 무슨 냄새죠?" 라고 내게 묻는다. 나는 "무슨 냄새?" 라고 되묻는다. 그러면 아내는 "냄새가 안 나요?" 라며 나를 한심하다는 듯 바라본다. 사실 거실에서 트럭 타이어 한 무더기가 타고 있더라도 나는 그 냄새를 못 맡을지 모르겠다. 반면 아내는 두 집 건너에서 벌어지는 포도가 썩는 냄새까지 감지할 것이다.

남녀 차이는 집단 평균에 바탕을 두고 있다. 물론 각각의 집단 내에서도 많은 차이가 있고, 둘 사이에 겹치는 비율도 크다. 하지만 전반적으로 여성이 더 낫다. 아니, 데이브 배리가 말한 것처럼 남성들은 '남성후각결핍증후군'을 앓고 있는지도 모른다.

여성의 우위는 무엇으로 설명될 수 있을까? 코에 남녀 차이가 있다는 증거는 거의 없다. 데이브 배리의 코는 겉보기에도 아내의 코와 비슷하고, 기능 역시 비슷할 것이다. 하지만 뇌에 관한 한 이야기는 달라진다. 최근에 밝혀진 증거는 후각과 관련된 뇌 조직의 크기와 세포 구조에 남녀 차이가 있음을 암시한다.[15] 이 해부학적 차이가 배리의 재치 있는 표현을 설명하는지는 두고 봐야 한다. 지각의 남녀 차이(여성이 냄새를 더 강하고 불쾌하다고 평가한다는 사실)는 기본적인 뇌파 반응의 차이에 기인한다.[16]

여성의 후각적 우위는 여성이 언어적으로 더 유창하기 때문이기도 하다.[17] 언어 능력은 냄새 기억과 냄새 인지 테스트 점수를 향상시킨다. 또 다른 요인은 호르몬이다. 여성의 후각 민감도는 월경 주기 동안 달라지고 배란기에 가장 높다. 호르몬의 영향은 단순하지 않다. 이는 복잡하게 인지적 요인과 상호작용한다. 이러한 상호작용은 실험실에서 관찰된 것 중 가장 극적인 후각적 남녀 차이를 낳는다.[18]

감각 연구원 팸 돌턴(Pam Dalton)과 폴 브레슬린(Paul Breslin)은 남녀를 대상으로 특정 냄새에 대한 민감도를 시험했다. 30일에 걸쳐 반복된 실험 결과, 여성은 특정 냄새에 훨씬 민감해진 반면, 남성은 그렇지 못했다. 이 효과는 실험된 냄새에 국한되었다. 다른 냄새에 대한 민감도는 남녀 모두에게 변화가 없었다. 높은 민감도는 연습 때문이 아니다. 여성은 전반적인 역치 테스트에서 더 나아지지 않았다. 그들이 민감해진 건, 여러 번 특정 냄새에 노출되는 동안 낮은 농도의 냄새에 주목했기 때문이었다.

돌턴과 브레슬린이 사춘기 이전의 소녀와 폐경 후 여성에게선 높은 민감도를 발견하지 못했다는 점은 주목할 만하다.[19] 이 현상은 가임기 여성들에게만 제한된다. 이는 실제로 여성 호르몬이 민감도에 큰 영향을 미치는 것을 암시한다. 사실 이 현상은 호르몬 치환 요법을 받은 폐경 후 여인들에게서도 관찰될 수 있다.

남녀 차이는 출생 후 며칠 내에 분명히 나타난다.[20] 여아는 새로운 냄새에 관심을 보이고, 남아보다 그 냄새를 맡는 데 더 많은 시간을 보낸다. 인류학자 라이어넬 타이거(Lionel Tiger)는 그 차이가 진화 때문이라고 한다. 수렵 채집을 하던 긴 역사 속에서 과일과 채소 수집은 여성의 몫이었다. 채소와 과일이 잘 익었는지, 안전한지를 판단하려면 그만큼 좋은 후각을 가지고 있어야 했다. "여성이 요리에 더 많은 시간을 보낸다."라는 타이거의 생물학적 관점을 일각에서는 환영하지 않을 것이다.[21] 하지만 이러한 생물학적 관점이 아닌 문화적 관점으로는 생후 2주된 갓난아이들의 남녀 차이를 설명하지 못한다.

나이가 들수록 후각 능력은 저하된다. 40대 초반에 들어서면 처음으로 후각이 감퇴하고 있다는 것을 탐지할 수 있다(최소 실험실 상황하에서). 그리고 60대와 70대에 들어서면 그 속도는 점점 빨라진다. 흥미롭게도 감퇴 속도는 냄새에 따라 다르다.[22] 예를 들어 장미와 바나나는 70대가 될 때까지 쉽게 지각되지만, 메르캅탄(악취를 경고하는 천연가스)은 50대 사람들도 인식하지 못한다. 연령과 관련된 일부 후각 상실은 코 그 자체 때문일 수 있다. 감염으로 인해 누적된 마모와 머리 부분의 경미한 타격으로 말이다.

또 다른 일부 후각 상실의 원인은 두뇌 때문일 수 있다. 예를 들어 냄새 인지 능력은 후각 테스트가 얼마나 많은 단기 기억을 요구하느냐에 따라 달라진다. 단기 기억력은 나이가 들면서 저하되기 마련이다. 따라서 노년층은 후각 테스트가 더 많은 기억력을 요구하는 다항 선택형일 때보다 간단한 예, 아니오 형식일 때 더 높은 점수를 받는다.[23] 하지만 감퇴가 불가피한 것은 아니다. 일흔다섯 살의 노인이 스물다섯 살 청년보다 더 나을 수 있다. 실제로 조향사들은 대개 나이가 들수록 더 나아진다. 경험과 기술은 나이와 함께 줄어드는 예민함을 그 이상으로 보상한다. 내가 아는 한, 조향사의 강제 은퇴 연령을 정해둔 향수회사는 없다.

평범한 사람에겐 흡연이 후각을 둔하게 만드는 확실한 원인처럼 보일 것이다. 하지만 놀랍게도 확실한 증거는 없다. 일부 연구는 흡연의 역효과를 발견했지만, 최근의 몇몇 연구를 포함한 수많은 연구는 그렇지 않다.[24] 942명을 대상으로 한 오스트레일리아 연구는 담배를 피운 지 15분 내에 후각 테스트를 실시하면 일시적으로 후각이 감퇴된다는 것을 발견했다. 그 외에는 예전 연구와 반대로, 흡연이 이 그룹의 후각 능력이나 후각 능력에 대한 자기 평가를 낮추지 않았다.[25]

내셔널지오그래픽 후각 설문조사는 복합적 결과를 보고했다.[26] 예를 들어 흡연자는 비흡연자보다 갈락솔리드라는 인공적인 사향 냄새를 더 강렬하다고 느꼈다. 반면 안드로스테논의 사향과 오줌 냄새에는 반대의 반응을 보였다. 또한 스컹크 같은 냄새가 나는 메르캅탄 샘플에 대해선 더 유쾌하다고 평가했고, 장미와 정향에 대해서도 마찬가지였다. 흡연자는 어떤 냄새에는 더 민감해지고, 또 다른 냄새에는 둔감해지는 듯하다. 어쨌든 임상실험에서 관찰되는 흡연의 미미한 효과가 일상적인 후각 기능에는 별다른 영향을 주지 않았다. 사실 향수업계 최고의 권위자를 포함해 많은 조향사가 골초다.

흡연의 악영향에 대한 통념이 너무 확고해서 연구원들은 그 통념을 증명하지 못하면 불안해하는 듯하다. 스웨덴 셰브데에서 많은 사람을 대상으로 한 연구를 예로 들어보자. 이 연구는 저하된 후각 능력을 연령, 남성, 비용종(Nasal Polyps, 비강 내에 생기는 우무 모양의 연한 비점막의 일종인 염증성 산물) 등 여러 요인과 연결시켜 설명했다. 하지만 흡연은 그 요인에 없었다. 즉 당뇨병이나 비용종이 있으면 후각을 완전히 잃을 수 있지만,

남녀 차이와 흡연은 후각 능력 저하와 무관했다. 그렇다고 해서 흡연이 후각을 '개선'시킨다는 말은 아니다. 다만 흡연이 후각을 손상시킨다는 점을 증명하지 못한 것일 뿐이다. "후각 문제와 흡연 사이에 통계상의 의미심장한 관계가 없다는 점은 논란을 낳을 것이다."라는 그들의 말은 대중의 분노를 피하기 위한 변명일지도 모른다.[27]

맹 신

모임에서 후각 전문가라고 밝히는 순간부터 나는 질문 공세에 시달린다. 물론 질문을 받고 싶지 않으면 "전 화학 관련 일을 합니다."라고 잡아떼면 그만이긴 하다. 그로 인해 대화가 중단되고 분위기가 사뭇 어색해져도 어쩔 수 없고.

사람들은 대개 내게 후각 능력에 대해 질문한다. 남자와 여자 중 어느 쪽이 더 낫습니까? 조향사와 일반인 중에서는요? 흥미롭게도 이런 차이를 질문하기보다는 단정하는 이들도 있다. 와인 잔을 든 채 확신에 찬 목소리로 "맹인들의 후각은 엄청나게 높습니다."라고 말한다. 아니면 "헬렌 켈러의 코는 대단히 민감했습니다."라며 굳게 믿는 이들도 있다.

헬렌 켈러(Helen A. Keller)는 1968년에 이 세상을 떠났다. 하지만 헬렌 켈러는 지금까지 시력을 잃으면 그 대신 뛰어난 후각을 얻을 수 있다는 믿음의 상징으로 기억된다. 어린 시절 방사능에 노출되어 시력을 잃은 대신 그 밖의 모든 감각이 초인적으로 발달된 마블코믹스의 주인공 데어데블도 같은 개념이다. 하지만 헬렌 켈러 스스로 후각이 민감하다고 말한 적은 없다. 그녀는 〈냄새, 타락천사*Smell, the Fallen Angel*〉란 유명한 에세이에서 "냄새는 우리를 아주 멀리, 인간이 살아온 세월을 가로 질러 어디론가 데려가는 강력한 마법사"라고 감상적으로 말하면서 자신의 후각 능력에 대해 구체적인 예를 들었을 뿐이다.

잠시 그녀와 우리의 능력을 비교해보자.

① 냄새는 기억을 유발한다.
② 폭풍우가 다가오면 냄새가 난다.
③ 집이 낡고 오래되면 냄새가 난다.
④ 특정한 사람(화가나 목수, 철공소 직원)의 직업을 냄새로 알 수 있다.
⑤ 친한 친구에겐 특유의 냄새가 있다.
⑥ 갓난아이에게선 달콤한 냄새가 난다.

①번부터 ⑥번까지의 문장에 당신이 고개를 끄덕였다면 헬렌 켈러와 별다른 건 없다. 헬렌 켈러의 후각이 천재적인 것 같진 않다. 사실 그녀는 어디에서도 자신이 맹인이기 때문에 코가 더 민감하다거나 눈이 보이는 사람보다 자신의 후각이 더 낫다고 말하지 않았다. 오히려 "사실 나는 누구나 알고 있는 사냥개나 들짐승 냄새를 맡아본 적이 없다."[28] 또 "내 경험에서 냄새는 가장 중요하다."라고 말했다. 눈과 귀가 멀었던 그녀가 후각을 세상을 깨닫는 데 필요한 기본 수단으로 삼은 것은 당연한 일이다.

헬렌 켈러가 자신의 능력을 겸손하게 평가했는데도 불구하고, 장님이 후각으로 보상받는다는 터무니없는 믿음은 줄어들지 않았다. 심지어 반드시 그래야 하는 게 이치에 맞는 듯하다. 하지만 그럴까? 이 의문을 다룬 실험적 증거는 수없이 많다. 지난 20년 동안에 걸쳐 이뤄진 여섯 번의 연구는 앞이 보이는 사람과 보이지 않는 사람의 후각을 비교했다.[29] 예외 없이, 맹인이 앞을 볼 수 있는 사람보다 더 민감하지 않다는 게 증명됐다. 두 그룹 모두 거의 똑같은 농도의 냄새를 감지했다. 또한 맹인과 비맹인이 냄새를 구분하는 능력도 다르지 않았다. 냄새 자극으로 유발된 뇌파도

맹인이나 그렇지 않은 사람이나 비슷했다.

눈먼 사람들에겐 한 가지 유리한 점이 있다. 여섯 번의 연구 중 세 번의 연구 결과에 따르면 맹인이 냄새의 이름을 대는 데 더 뛰어났다.[30] 하지만 이 역시 민감한 감각에 의한 것이기보다는 기억력 같은 인지적 요인 때문이다. 헬렌 켈러의 말과 실험에서 관찰된 바에 따르면, 냄새 풍경을 여행할 수 있는 그녀의 능력은 엄청나게 민감한 코 때문이 아니었다. 그보다는 지극히 평범한 코를 최대한 활용하는, 융통성 있는 인간 두뇌의 승리였다.

프로이트의 코

지그문트 프로이트(Sigmund Freud)는 코를 그리 좋아하지 않았다. 그는 후각은 퇴화했으며 감각의 부록과 같은 것이라고 생각했다. 프로이트는 인간의 후각은 진화과정에서 조상들이 두 발로 걷기 시작하면서부터, 코가 땅으로부터 멀어지면서부터 퇴화되었다고 보았다. 동시에 프로이트의 원인(猿人)은 자신의 생식기 노출에 수치심과 혐오감을 느꼈다. 그때부터 원인은 배설물의 악취를 외면하고 전반적인 후각을 억누르게 되었다.

프로이트에게 이는 문명 출현의 중요한 전제조건이었다. 후각의 억압은 곧 난잡한 성 충동을 억누르고 좀 더 세련된 행동에 초점을 맞춘다는 뜻이다. 프로이트는 아이들이 성장하면서 종의 역사를 반복하기 때문에 냄새에 대한 유아의 관심은 태아의 아가미 틈새처럼 사라진다고 생각했다.

프로이트의 미국인 제자 A. A. 브릴(A. A. Brill)은 스승의 관점을 다음과 같이 요약했다.[31] "모든 아이가 어린 시절에는 후각을 잘 이용한다. 일부 아이들은 어른이 되어서도 후각을 간직한다. 하지만 대부분의 아이들은 성장하면서 후각을 잃는다." 정통파 분석학자들이 보기에 심리적으로 성숙한 성인은 후각에 관심을 잃지만, 성도착자와 신경증 환자와 같은 성인은 냄새에 집착한다.

프로이트의 많은 이론처럼, 후각에 대한 그의 관점을 요약하다 보면 어리석고 우스꽝스럽기 짝이 없다. 후각에 대한 그의 원문은 독일 이비인후과 의사였던 친구 빌헬름 플리스(Wilhelm Fliess)에게 보낸 편지 몇 문장과 《문명 속의 불만*Civilization and It's Discontents*》이라는 책의 각주 두 개에 남아 있다.[32] 역사학자 피터 게이(Peter Gay)는 이 원문을 프로이트의 '정신분석학적 선사시대로의 대담하고 위험한 탐험'이라고 지칭했다.[33] 이 원문은 정신분석학 이론의 근본을 이룬 후, 후각을 평가 절하하는 데 기여했다.[34]

심리학의 모든 측면을 성적인 관점에서 바라보았던 프로이트가 왜 성이 후각과는 별 관계가 없다고 생각했는지 영문을 알 수 없다. 성적 매력이 후각과는 관계가 없는 걸까? 현대 여성들에게 냄새가 없으니 남성이 냄새에 관심 없는 걸까, 아니면 그 반대일까?

텍사스 대학교의 연구에서 남성들은 여성이 배란기가 아닐 때 입었던 티셔츠보다 배란기때 입었던 티셔츠에서 더 기분 좋고 섹시한 냄새가 난다고 말했다.[35] 현대 여성들은 계속해서 배란과 관련된 냄새 단서를 흘리고, 현대 남성들은 계속해서 거기 반응하는 듯하다. 이 원초적인 실험은, 프로이트나 브릴이 그 이론을 실험하려고 생각하기만 했다면 1930년 빈이나 1932년 뉴욕에서 이루어질 수 있었을 것이다. 브릴은 1932년에 "시각과 달리 후각은 문명인의 삶에서 미미한 역할을 하며… 현대인에겐 후각이 별로 필요치 않다."고 말하고, 주변의 현대 문명인에게 애써 의견을 묻지 않았다.

반면 심리학자 폴 로진(Paul Rozin)과 동료들은 몇 년 전 현대 문명인들의 의견을 묻기 시작했다.[36] 그들은 사람들에게 후각의 영구 상실과 한쪽 귀의 청력 상실, 그리고 왼쪽 새끼발가락 절단이라는 3가지 고통 가운데 가장 참기 힘든 것이 무엇인지를 물었다. 응답자 중 약 절반이 후각 상실을 가장 견딜 수 없다고 응답했다. 보통 사람들은 프로이트가 생각했던 만큼 후각을 부정하지 않았던 것이다. 프로이트는 왜 이토록 간단한 설문 조사조차도 하지 않았을까? 왜 그토록 피상적으로 심리분석학적인 추측을 했던 것일까?

전문가들은 그것이 프로이트적인 것이라고 생각한다. 심리분석학자 아니크 르게레(Annick Le Guérer)는 그것이 '플리스와의 전이적 관계'에 대한 프로이트의 '억압' 때문이라고 한다.[37] 인류학자 데이비드 하위즈(David Howes)는 프로이트가 플리스에 대해 모순된 감정을 품었기 때문에 후각을 부정하고 '정신분석 이론에서 코를 잘라내고자' 했다고 생각한다.[38]

나는 좀 더 단순하게 추측한다. 프로이트는 후각 감퇴증을 앓은 것 같다. 코카인과 코 수술, 독감, 축농증, 시가 그리고 노화 때문에 후각장애가 있었던 것이다. 프로이트는 1889년 봄, 서른세 살 때 독감에 걸렸다. 독감이 너무 심해 심부정맥이 생겼고, 이는 코에 영향을 주었다. 1898년에서 1900년까지 플리스에게 보낸 편지에서 프로이트는 코피가 흐르면서 고름이 나고 딱지가 생긴다며 자주 불평했다. 모두 축농증과 비강 감염의 증상이다. 프로이트는 편두통을 앓았고, 플리스가 처방해준 대로 코에 코카인을 발라 치료했다. 플리스는 비개골 일부를 제거하고 뜸질하기 위해 프로이트의 코를 두 번 수술했다. 게다가 프로이트는 골초였다. 1890년대에 하루 평균 20개비의 시가를 피웠다.

결국 1978년 프로이트의 코는 후각 이론을 준비하던 당시 이미 손상되어 후각장애를 앓고 있었던 것이다.[39] 1920년 《문명 속의 불만》을 집필하던 스물네 살 때에는 턱에도 암이 있었다. 내 생각에 냄새에 대한 프로이트의 지적 무관심은 감각 상실증, 즉 성년기에 서서히 시작된 중증 후각 감퇴증의 결과이지 않았을까 싶다. 후각이 어릴 때에는 활발하다가 성인이 되면 중요해지지 않는다는 그의 우스꽝스러운 생각은 빌헬름 플리스에 대한 그의 감정과는 아무런 관계가 없었다. 그저 불행한 개인적 경험의 지나친 일반화일 뿐이었다.

인간의 코가 동물보다 낫다?

> 물론 이 두 동물(사슴과 개)과 인간의 후각 능력에는 엄청난 차이가 있다. 하지만 나는 일부 심리학자들이 여기는 것처럼 인간의 코가 그렇게 시시하다고 생각하지 않는다.[40]
>
> _W. H. 허드슨(W. H. Hudson), 〈*후각에 대하여 On the Sense of Smell*〉

펜실베이니아 대학교에서 박사과정을 마친 후, 나는 몇 블록 떨어진 모넬 화학 감각 센터에서 일하기 시작했다. 나는 그곳에서 쿠니오 야마자키(Kunio Yamazaki)와 함께 연구할 수 있는 지원금을 받았다. 그는 암 연구에 이용하는 근친 교배 쥐의 여러 혈통을 갖고 있었다. 이 쥐들은 몸의 조직 거부 반응을 통제하는 주조직적합성복합체(major histocompatibility complex, MHC)라는 유전자를 갖고 있는 것 외에는 유전적으로 일반 쥐와 동일하다. 이 유전자는 장기 기증자로 적당한지를 밝히는 데 이용된다. 야마자키의 쥐는 냄새를 바탕으로 다른 MHC 유형을 가진 개체와 짝짓기를 좋아했다. 나는 암컷이 MHC 유형이 다른 여러 수컷에 접근하는 경쟁적 짝짓기 실험을 통해 냄새에 기초한 짝 선택 뒤의 행동을 연구할 계획을 세웠다.

쥐가 짝을 고르는 모습을 바라보던 나는 호기심을 느꼈다. 사람도 쥐처럼 냄새의 차이를 감지할 수 있을까? 얼마 후 나는 인간의 후각에 대한 첫 번째 실험을 실시했다. 눈을 가린 사람들에게 옆에 낸 구멍으로 타파

웨어 용기 속 쥐 냄새를 맡아보게 했다. 가끔씩 쥐꼬리가 사람들의 코에 들어가기도 했는데, 그 때문에 몇몇 사람들은 다른 이들보다 더 괴로워했다. 피실험자들은 쥐 오줌이나 말린 똥덩어리로 채운 조그만 시험관 냄새를 맡기도 했다. 모든 냄새 발생원에 대해 결과는 분명했다. 훈련받지 않은 사람들도 냄새 하나만으로 쥐의 혈통을 구분할 수 있었던 것이다. 인간도 쥐만큼이나 뛰어난 후각 능력을 갖고 있다.

나는 〈비교 심리학 저널*Journal of Comparative Psychology*〉에 인간의 후각은 개와 비슷하다고 이야기했고, 그건 결국 내가 발표한 것 중 가장 많이 인용되는 과학 논문 중 하나가 됐다.[41] 그리고 나는 거기에 용기를 얻어 인간의 후각을 계속 연구했고, 마침내 향수업계에서 일하게 되었다.

데버러 웰스(Deborah Wells)와 피터 헤퍼(Peter Hepper)는 '개 냄새를 맡는 인간'에 대한 인상적인 이야기를 발견했다.[42] 이들은 개 주인들에게 똑같은 담요 두 장의 냄새를 맡도록 했다. 그 중 한 장은 그들의 개가 깔고 잔 이불이었고, 다른 한 장은 낯선 강아지가 깔고 잔 것이었다. 주인들은 89퍼센트 정확히 자신의 개 냄새를 구분했다. 냄새의 강도나 유쾌함 때문이 아니었다. 개와 무관한 집안 냄새 때문도 아니었다.

개 코의 놀라운 능력에 대한 이야기는 개의 능력만 강조할 뿐, 그 재주를 조종하는 인간에 대해서는 관심을 기울이지 않는다. 개가 방광암 냄새를 맡을 수 있다는 최근 연구를 고려해보라.[43] 문제의 개는 사람의 소변 샘플로 철저히 훈련받았다. 훈련은 수색하고 발견하는 놀이로 시작해 좀 더 복잡한 테스트로 진행되었다. 소변 샘플은 신중하게 선별되었기 때문에 개는 무관한 음식 냄새를 무시하는 법을 배웠다. 조련사는 흡연자와 비흡연자, 환자와 건강한 사람들의 샘플도 비교하도록 했다. 훈련 7개월 뒤, 개는 중요한 테스트를 받을 준비를 갖추었다. 테스트 내용은 7가지의 샘플 중 양성 하나를 골라내는 것이다. 테스트 결과, 개들은 우연히 맞출 확률인 14퍼센트보다 높은 확률인 41퍼센트의 정답률을 보였다. 이 결과 보고는 전 세계의 1면을 장식했다.

좋다, 개가 방광암과 관련된 냄새를 맡을 수 있다고 하자. 하지만 이는 "래시, 어때? 티미가 방광염에 걸렸니?"라고 묻는 것과는 전혀 다르다. 병원이 이러한 개의 능력을 활용하기 위해서는 6마리의 개와 조련사를 두어야 하고, 의학적으로 증명된 인간의 소변 샘플을 많이 공급하여 지속적인 통계적 증거와 화학적 분석을 내놓아야 한다. 설령 그렇다 하더라도 10명 중 6명의 방광암은 발견되지 않을 것이다.

인간의 코가 동물과 똑같은 훈련을 받는다면, 개만큼이나 확실하게 그 목표를 추적할 것이다. 예를 들어보자. 나무 하드 막대를 꽂았던 아이스크림 냄새를 맡기만 해도, 보통 사람들 역시 그 막대가 위스콘신 산인지, 메인, 브리티시콜롬비아, 중국 산인지 알 수 있다.[44] 놀랍지 않은가? 어떻게 영장류인 사람이 그럴 수 있을까?

실험에 사용된 각 지역의 나무 막대는 6일 동안 바닐라 아이스크림 속에서 냉동되었다. 그러고 나서 샘플을 녹여 막대를 제거했다. 그 냄새를 맡은 오하이오 주립대 대학원생들은 연속 다섯 번 반복적으로 제시된 샘플 쌍 중 똑같은 샘플을 골라내야 했다. 가능한 한 모든 나무 원료를 가지고 시험했다. 2명은 실패했다. 그들은 한 막대 냄새가 나는 아이스크림을 다른 것과 구분하지 못했다. 8명은 성공했다. 열 쌍 중 다섯에서 아홉 쌍까지 구분할 수 있었던 것이다. 이들이 어떻게 자신이 그렇게 할 수 있었는지에 대해 설명할 수 있었을까? 불행히 그렇지 못했다. 하지만 방광암 냄새를 맡은 개들도 이에 대해 설명하지 못했을 것이다.

물리학자 리처드 파인먼(Richard Feynman)은 파티에서 여러 손님들 가운데 한 손님이 자신이 보지 않은 상태에서 잠깐 만진 물건을 냄새로 식별하는 재주를 가지고 있었다.[45] 그는 사람들의 손 냄새가 저마다 다르기 때문에 쉽게 구분할 수 있다고 했다(1977년의 연구는 손 냄새가 개개인마다 뚜렷하게 다르다는 점을 증명했다).[46] 파인먼뿐만 아니라 보통 사람들도 이러한 우스꽝스러운 재주를 가지고 있다. 예를 들어 사람들은 더러운 빨래 더미에서 배우자나 애인이 입었던 티셔츠를 골라낼 수 있다. 따라서 이는 파인먼만 가지고 있는 특별한 재주가 아닐 확률이 높다. 엄마는 자기 아이의 냄새를 구분할 수 있고, 아기는 엄마의 가슴 냄새를 식별할 수 있다.

어떻게 인간이 본질적인 개의 과제, 즉 냄새 추적을 해낼 수 있을까?[47] UC 버클리 연구원들은 사람들에게 무릎을 꿇고 손을 바닥에 짚은 채 코만 이용해서 10미터가량 떨어져 있는 초콜릿 냄새가 나는 자국을 따라가도록 했다. 피실험자들은 고글과 장갑, 무릎 보호대를 착용했기 때문에 후각 이외의 정보를 얻지 못했다. 피실험자의 3분의 2가 이 상태에서 초콜릿 냄새 자국을 제대로 따라갔다. 단 코마개를 했을 때에는 아무도 초콜릿 흔적을 따라가지 못했다.

훈련 이틀 후 추적 속도는 두 배로 빨라졌고 사람들이 냄새 자국에서 이탈하는 경우도 줄어들었다. 나를 포함한 애견인들은 마약 단속 경찰이 코카인 추적에 사용되는 메틸 벤조에이트 냄새에 마약 탐지견과 거의 똑같은 민감도를 갖고 있다는 사실에 놀라워할 것이다.[48] 개는 뛰어난 후각을 갖고 있지만, 사람도 그에 못지않게 뛰어난 후각을 갖고 있다. 자부심을 가져도 좋다.

많은 사람들은 인간의 후각이 좋지 않다는 걸 당연시했고, 과학자들도 똑같이 추측했다. 찰스 다윈(Charles Darwin)은 진화하기 전 인류의 조상들은 후각을 잘 사용했지만, 현대인에게는 후각이 별 도움이 되지 않는다고 여겼다.[49] 성 심리학자 해블록 엘리스(Havelock Ellis)도 같은 생각이다. "유인원에게 후각의 중요성은 크게 줄어들었고, 인간에게 코는 거의 흔적기관이 되었다.[50] 인간의 후각은 우월한 시각에게 자리를 내주었다." 이 생각은 지금도 계속되고 있다. 불과 얼마 전인 2000년만 해도 일부 프랑스 연구원들은 "영장류의 후각은 개나 쥐 같은 다른 포유동물에 비해 크게 저하됐다."[51] 고 주장했다.

과학자들은 동물의 후각과 관련된 통념을 새롭게 바라보고 있다. 가령 해부학자 티머시 스미스(Timothy Smith)와 쿤바르 바트나가르(Kunwar Bhatnagar)는 후각이 좋은 동물과 후각이 나쁜 동물에 대한 교과서의 구분에 의문을 제기했다.[52] 과학자들은 오랫동안 콧속 표면적의 양에 따라 후각이 좋은 종과 나쁜 종이 구분된다고 가정했다. 이 가설이 옳지 않다는 게 증명됐다. 콧속 표면적은 후각보다는 공기 조절, 즉 들어오는 공기를 덥히고 더러운 공기를 거르는 것과 관계가 있다. 후각은 오히려 콧속 감각 조직의 양과 관계가 있다.

스미스와 바트나가르는 감각 조직의 양은 총 표면적과 무관하게 종마다 다르다는 점을 발견했다. 또한 혼란스럽게도 평방인치당 후각 신경 세포의 개수 역시 종마다 다르다는 사실도. 간단히 말해 표면적은 후각 능력과 무관한 것이다. 스미스와 바트나가르는 기존의 좋은 후각과 나쁜 후각의 구분은 유용하지 않다고 주장한다. 크기는 중요하지 않다.

예일 대학교 신경생물학자 고든 셰퍼드(Gordon Shepherd)는 신경 세포의 숫자는 감각 능력을 평가하는 데 좋은 방법이 아니라는 데 동의한다.[53] 그는 냄새 탐지에 이용되는 세포 숫자보다는 이 세포들이 제공하는 정보를 두뇌가 어떻게 처리하느냐가 더 중요하다고 생각했다. 그는 이를 청각에 비유했다. 인간은 고양이나 쥐와 거의 비슷한 개수의 청각 신경 섬유를 갖고 있지만 언어 능력은 훨씬 뛰어나다. 인간이 소리 탐지에 뛰어난 능력을 보이는 것은 귓속의 세포 숫자 때문이 아니라 소리를 분석하고 해석하는 두뇌 때문이다.

독일의 감각 생리학자 마티아스 라스카(Mathias Laska)는 바로 본론으로 들어가 다양한 동물종의 후각을 측정했다.[54] 그는 거미원숭이와 다람쥐원숭이, 돼지꼬리원숭이의 냄새 탐지 역치를 찾아내기 위해 보상을 조건으로 한 기법을 이용했다. 통념에 따르면 유인원류보다 개와 토끼가 더 민감한 것으로 알려져 있지만, 라스카는 이 원숭이들의 후각 역치가 다양한 냄새에 걸쳐 개와 토끼보다 못지않다는 걸 발견했다. 그리고 다윈의 비관적인 생각과 달리, 라스카는 인간이 유인원 및 원숭이와 비슷한 후각 민감도를 갖고 있음을 발견했다.

새로운 증거는 인간과 동물의 후각이 생각보다 더 비슷할 수 있다는 걸 암시한다.[55] 1991년 린다 벅(Linda Buck)과 리처드 액설(Richard Axel)은 포유류의 수많은 후각 수용체 유전자를 발견했고, 이 연구로 노벨상을 받았다. 각 유전자는 다른 수용체를 만든다. 대개 수용체가 많다는 것은 탐지할 수 있는 냄새가 그만큼 더 많음을 가리키고, 이것은 후각 능력이 더 높다는 것을 뜻한다. 쥐는 약 1500개의 기능적 수용체를 갖고 있고, 그 뒤를 이어 개는 약 1000개, 생쥐는 약 900개, 침팬지는 약 350여 개를 갖고 있다. 인간은 약 340~380개를 갖고 있다. 돌고래는 하나도 없다.

그렇다면 쥐가 인간보다 냄새를 다섯 배나 더 잘 맡는다는 뜻일까? 그렇지 않다. 인간은 DNA 서열유사성을 이용해 후각 수용체를 과(科)와 아과(亞科)로 배열할 수 있다. 이론적으로 비슷한 수용체는 비슷한 냄새 분자를 탐지하고, 수용체 아과는 관련된 냄새군을 탐지한다. 후각 수용체 아과를 비교해보면, 인간과 동물의 격차는 그리 크지 않다.[56] 인간과 개는 약 300개의 아과를, 쥐는 282개, 생쥐는 241개의 아과를 갖고 있다. 종 사이의 중복은 어마어마하다.

인간 수용체 아과의 약 87퍼센트가 생쥐 게놈에도 있고, 생쥐 아과의 65퍼센트가 인간과 공유한다. 이는 린다 벅과 그 동료들에게 '한 종이 감지할 수 있는 대부분의 냄새는 다른 종도 인지할 수 있음'을 알려준다. 아마 생쥐는, 인간이 쥐의 세계에서 맡을 수 있는 냄새보다 더 많은 냄새를 인간의 세계에서 맡을 수 있을 것이다. 생쥐에겐 인간과 달리 고양이 오줌만 다루는 수용체 아과가 있을지도 모른다.

인간과 생쥐에겐 다른 점보다 비슷한 점이 훨씬 많다. 그리고 인간과 침팬지는 비슷한 점이 더욱 많다. 침팬지 후각 수용체 유전자 중 85퍼센트가 인간에게도 존재한다. 침팬지나 개, 인간, 생쥐 모두 거의 똑같이 냄새 풍경의 전반적인 특징을 인식한다.

육체적 장치, 즉 뇌 부위의 크기나 신경 세포 수, 수용체 유형보다 두뇌의 정보처리 방법이 더 중요하다. 많은 동물에게 후각은 생리학적으로 내재된 생존 반응을 자극하는 역할을 한다. 즉 사자 냄새는 도망가라는 신호다. 반면 인간의 인지 능력은 냄새를 상징으로 바꾸고 그 신호를 융통성 있게 활용하도록 한다. 후각 능력이란 바로 두뇌의 능력이다.

조향사들의 코

> 음식을 구하기 위해 탁발 수행을 하던 어느 날 아침, 내 코는 민감한 개 코 같아졌다.[57] 작은 마을 거리를 걷다 보니 두 발짝마다 다른 냄새가 났다. 빨래, 정원의 비료, 건물의 새 페인트, 중국 가게의 숯불 빛, 옆집의 요리 등. 모든 냄새에 적응된 세상을 돌아다니는 독특한 경험이었다.
>
> _잭 콘필드(*Jack Kornfield*), 《*마음의 숲을 거닐다A Path with Heart*》

내 친구 래리 클라크(Larry Clark)는 조류학자다. 그는 나와 걷는 동안에도 새 소리만으로 새의 종류를 구분했다. 그의 능력은 깊은 인상을 주었다. 조향사가 향수에 대해 얘기할 때 받았던 바로 그 느낌이었다. 나보다 더 많은 냄새를 맡으면서도 내 둔한 코가 감지하지 못하는 노트를 찾아내는 조향사 말이다. 후각 전문가는 어떻게 이런 재주를 익히는 것일까? 그들의 코는 다른 사람들보다 더 나을까? 냄새 전문가가 되려면 어떻게 해야 할까?

단순한 후각 민감도는 답이 아니다. 아마 평범한 사람들이나 전문 포도주 감정가나 똑같은 농도의 냄새를 감지할 것이다. 다만 전문가는 똑같은 감각 정보를 더 잘 활용하는 인지 능력을 갖고 있다는 게 보통 사람들과 다른 점이다. 훈련된 조향사가 새로운 향수를 쉽게 분류하고 독특한 노트에 집중하듯, 숙련된 포도주 전문가는 원료로 쓰인 포도 품종과 생산 연도를 구분할 수 있다. 다시 말해 전문가의 강점은 후각 능력이 아니라 지적 능력에 있으며 이 전문적인 지적 능력은 규칙적인 연습에 달려 있다. 예를 들어 포도주 전문가는 늘 맛을 보면서 기록한다. 전문가들은 자신의 묘사를 이후에 시음하는 와인과 일치시키는 데 비전문가보다 뛰어나다.[58] 전문가들은 이런 지적 훈련 덕에, 비전문가들이 말로 표현하기 위해 노력하느라 향 자체를 지각하지 못하는 '언어적 그늘 효과'라는 함정을 피할 수 있다.

조향사 로버트 컬킨과 슈테판 옐리네크는 평범한 코로도 향수를 만들 수 있다고 믿는다.[59] 전문가를 만드는 건 특별한 지적 능력과 사고 과정이다. 나는 연구를 통해 향기 전문가가 다르게 생각한다는 점을 입증했다. 조향사와 향수 평가원, 화학자, 판매 담당자들은 업계 밖의 비전문가보다 더 뛰어난 후각적 심상 능력을 갖고 있다.[60] 특정 향수의 냄새를 떠올리고, 성분을 섞었을 때 어떤 냄새가 날지 상상할 수 있는 능력은 그 직업의 핵심이다.

지각 능력을 부단히 갈고 닦으면 실제로 냄새에 대한 두뇌 반응이 바뀔 것이다. 전문 향수 연구원들과 비전문가의 뇌파 패턴을 비교해보니, 냄새를 맡을 때 전문가는 인지 판단에 관여하는 전두엽 부위, 즉 안와전

두피질에서 뚜렷한 활동을 보였다.[61] 전문가들의 이 두뇌 반응 패턴은 그들이 냄새를 더 분석적으로 지각한다는 점을 반영한다. 또 다른 연구는 비전문가와 소믈리에의 두뇌 활동을 비교했다.[62] 각 그룹이 포도주 샘플을 음미하며 맛을 보자, 소믈리에는 인지 처리와 관련된 부위(이번에도 안와전두피질)와 맛과 냄새 정보가 통합되는 부위에 활동을 보였다. 이에 반해 비전문가는 기본 감각 부위와 정서 반응에 관련된 부위에 활동을 나타냈다. 냄새를 신중하게 판단하는 연습은 두뇌 기능을 바꾸고 냄새를 더 잘 맡는 사람으로 만든다.

후각의 놀라운 힘

후각 천재 같은 게 있을까? 후각의 모차르트는 어떤 재능을 갖고 있을까? 그런 사람은 냄새 인지 시험에서 A학점을 받을 것이고, 아주 낮은 농도의 냄새를 인식하며, 대단히 비슷한 냄새들의 차이에 집중할 것이다. 또한 쉽게 농도에 따라 샘플을 배열하고, 주저 없이 냄새의 이름을 대며, 복잡한 혼합물에서 개개 성분을 골라낼 것이다. 그리고 어마어마한 냄새의 기억 창고와 새로운 냄새를 단 한 번만 맡아도 기억할 수 있는 능력을 갖고 있을 것이다. 이런 사람은 다른 답이나 함정에 속지 않을 것이다. 마지막으로 여러 가지 냄새를 섞었을 때 어떤 냄새가 날지 예상할 수 있는 능력이 뛰어날 것이다.

과학은 그런 사람을 찾아내지 못했다. 반면 소설가는 초인적 능력을 갖고 태어난 인물을 상상하여 그려냈다. 파트리크 쥐스킨트(Patrick Süskind)의 소설 《향수: 어느 살인자의 이야기*Perfume: The Story of a Murderer*》의 주인공 그르누이가 바로 그 인물이다.[63] 많은 사람들이 그르누이의 놀라운 후각 능력 묘사를 재미있게 읽을 거라며 내게 이 책을 추천해주었다.

하지만 난 별다른 인상을 받지 못했다.

'랭의 한계'에 따라 일반인들은 혼합물에서 4가지 이상의 냄새를 맡지 못하지만, 그르누이는 수십 가지 냄새를 인식할 수 있는 능력을 갖고 태어났다. 그런 상상을 곧이곧대로 믿는다 해도, 어떻게 그르누이가 순식간에 파리 최고의 조향사가 된 것일까? 향수를 분석한다는 건 향수를 만드는 것과는 다르다. 예를 들어 나는 모차르트 교향곡의 모든 음을 들을 순 있지만, 그렇다 해도 작곡가가 되진 못한다.

조향사는 그르누이와 반대로 일한다는 걸 우리는 알고 있다. 즉 먼저 향수의 타입을 인식한 다음, 그 향수를 독특하게 만드는 미묘한 차이를 인식하는 것이다. 그르누이는 먼저 향기를 원료로 분류한다. 진짜 조향사와는 정반대의 방법이다. 공포 영화를 좋아하는 나는 자신의 체취를 갖지 못한 그르누이가 처녀들을 죽여 그 체취를 추출하는 미치광이라는 데에는 별반 흥미를 느끼지 못한다. 그리고 《향수》의 팬들도 그렇다. 그들은 방향유와 조합법에 대한 이야기에 마음을 빼긴 나머지, 그르누이의 후각적 시체 애호증과 영혼을 무감각하게 하는 소설의 잔인함을 외면했다. 〈텍사스 전기톱 연쇄 살인사건*Texas Chainsaw Massacre*〉이 소시지 만드는 방법에 대한 이야기인 것처럼 《향수》는 향수 제조법에 대한 이야기다.

소설가 살만 루시디(Salman Rushdie)는 천부적으로 뛰어난 후각을 가진 살림 시나이라는 이름의 주인공을 창조했다. 《자정의 아이들*Midnight's Children*》의 내용 중 냄새와 관련된 구절은 주마등처럼 재미있게 읽힌다. 루시디는 자신의 책 속에서 파키스탄 남부 도시 카라치의 냄새 풍경을 다음과 같이 묘사한다.

향기가 내게 쏟아졌다.[64] 프레르 로드 박물관 정원에 있는 동물 똥의 애처로운 부패 연기, 사다르의 저녁에 헐렁한 파자마를 입은 채 손을 맞잡은 젊은이들의 부스럼투성이 몸 냄새, 뱉어낸 구장의 잎과 아편의 신랄한 냄새. '로켓 판스(Rocket Paans)'는 엘핀스톤 가와 빅토리아 로 사이의 행상인으로 북적이는 골목길에서 냄새를 풍겼다. 낙타 냄새, 자동차 냄새, 모기처럼 짜증나는 전동 인력거 연기, 밀수한 담배와 검은 돈 냄새, 그에 못지않은 도시 버스기사와 꽉꽉 들어선 승객들의 땀 냄새.

그르누이처럼 살림 시나이는 가상의 땅에서 태어났다. 그의 후각 능력은 일반인보다 훨씬 뛰어나다. 그는 이 능력으로 다른 사람의 감정을 알아채고, 성격을 읽으며, 마음을 꿰뚫어본다. 마찬가지로 차트라 바네르지 디바카루니(Chitra Banerjee Divakaruni)의 《향료의 여신*The Mistress of Spices*》과 톰 로빈슨(Tom Robbins)의 풍자 희극 《지르박 향수*Jitterbug Perfume*》에도 기괴한 인물이 등장한다. 왜 마술적 사실주의 소설 작가들은 그토록 냄새를 잘 맡는 사람을 좋아하는 것일까? '원시적인' 동물의 감각을 전지적인 형태의 지각으로 바꾸는 건 분명 부정할 수 없는 기발한 문학적 착상이다. 하지만 아무리 재미있다 해도, 소설 속 초인적인 후각을 가진 인물은 실제 인물에 대해 많은 정보를 알려주지 않는다.

냄새를 증거로 삼는다

만약 경찰이 증류기와 주류 밀매점이 어디 있는지 정말 알고 싶다면 나를 데려가라고 제안한다.[65] 냄새 전문 부서를 설립하는 건 미국 정부에 나쁜 생각이 아닐 것이다.

__헬렌 켈러

2005년 4월, 한 인디애나 사람이 처남을 보석으로 풀어주려고 디케이터 카운티 교도소에 도착했다. 그가 400달러를 현금으로 건넸을 때 직원은 지폐에서 마리화나 냄새가 난다는 걸 눈치 챘다.[66] 경찰은 그 남자의 동의를 받아 그의 차를 수색했다. 차 안에서 파이프와 약간의 마리화나가 나왔고, 그는 마약 소지죄로 현장에서 바로 체포됐다. 이 일화는 좀 코미디 같지만, 냄새를 증거로 삼는 건 불합리한 수색과 체포를 금지하는 프라이버시 보호법의 보장에 대해 심각한 의문을 제기했다.

1999년 2월, 오하이오 주립 고속도로 순찰대는 적신호를 무시한 운전자를 세웠다. 운전자가 차창을 내리자 경관은 마리화나 냄새를 맡을 수 있었다. 수색해보니 운전자 주머니의 이음새와 말린 종이, 재떨이에 비벼 끈 담배에서 마리화나가 나왔다. 운전자는 체포됐다. 그는 재판에서 눈에 보이는 확실한 증거 없이 오직 냄새만으로 수색하는 건 부당하다는 점을 들어 소송을 기각시킬 수 있었다. 이 소송은 오하이오 지방 법원으로 항소됐고, 법원은 탄 마리화나의 '뚜렷한 냄새' 자체가 영장 없이 수색할 수 있는 상당한 이유가 된다고 판결했다.[67] 미시건과 콜로라도, 위스콘신, 아칸소, 그 외 15개 이상의 주 지방 법원이 비슷한 판결을 내렸다.

경찰의 후각이 마약 관련 재판에서 확실한 증거가 되려면 얼마나 좋아야 할까? 오하이오 법원은 체포한 경찰이 마리화나 냄새를 인지하는 훈련을 받았고 경험이 많다는 사실에 입각했다. 다른 관할은 굳이 그렇게 까다롭게 굴지 않았다. 경찰이 주장하는 후각적 능력은 때로 믿을 수 없을 정도다. 가령 뉴저지 경찰은 한 차량을 교통 위반으로 세웠고, 운전석의 열린 차창을 통해 신선하고 태우지 않은 마리화나 냄새가 났다고 주장했다. 수색 결과 트렁크에서 쓰레기봉투를 발견했고, 봉투 속엔 20분 전에 산 마리화나 한 덩이가 있었다. 캘리포니아 경찰은 마리화나를 기른다고 추정되는 집을 수색했다. 그들은 무더운 날 아주 먼 곳의 굴뚝에서 나오는 디젤 배기가스에서도 마리화나 냄새를 맡을 수 있다고 주장했기 때문에 영장을 발급받지 않았다.

대부분의 경찰관이 받는 훈련 수준을 감안할 때 이러한 후각 감지 능력은 더욱 놀랍다. 범죄 재판에서 전문가 증인으로 활동하는 짐 우드포드(Jim Woodford)에 따르면, 경찰들은 증거실에서 진짜 마약으로 그 냄새를 익힌다. 훈련은 원시적이다. 그는 "한 사람이 마약이 든 가방을 들고 들어오면, 모두들 지나가며 냄새를 맡는다. 그게 훈련이다."라고 말했다. 단지 이 방법에 문제가 있다면 마리화나 냄새는 대단히 변하기 쉽고, 마약 중독자는 그 점을 잘 안다는 점이다.

물론 경찰은 마약 상인과 사용자들을 체포하는 과정에서 마약 냄새에 익숙해진다. 그들은 법정에서 누군가가 그들이 가진 능력에 대해 의심하면 이런 현장 경험을 내세운다. "전 많은 체포 현장에 있었고 그 냄새를 잘 압니다. 오랜 시간에 걸쳐 익혔습니다."라고 항변하는 것이다. 우드포드는 "그것만으로도 법정에서 전문가로 간주되기에 충분하다."고 말한다. 마약 사건의 피고인이 후각 테스트나 건강검진을 통해 경찰의 후각 능력에 이의를 제기하는 일은 드물다고 한다.

이런 상황에서 마약 냄새를 어떻게 탐지할 수 있을까? 리처드 도티(Richard Doty)와 동료들은 뉴저지와 캘리포니아 사건을 모델로 한 실험 상황을 이용해 마약을 찾아내는 법의학적 후각 테스트를 실시했다.[68] 그러자 훈련받지 않은 사람들도 마약 2.5킬로그램이 든 가방과 같은 무게의 신문 조각이 든 가방을 쉽게 구분할 수 있다는 게 드러났다. 하지만 샘플이 자동차 트렁크에 있을 때엔 운전석 차창을 통해 그 냄새를 감지하지 못했다. 뿐만 아니라 냄새만으로 가까운 거리에서 다 자란 자성 대마를 파악할 수 있었고, 다 자라지 않은 대마 묘목과 토마토 묘목을 후각으로 구분할 수 있었다. 하지만 마리화나 묘목 냄새가 디젤 발전기 배기가스와 섞이면 감지하지 못했다.

냄새로 음주 운전자를 찾아 낼 수 있다는 주장의 과학적 근거는 더 불확실하다.[69] 국립도로안전국의 연구는 사람의 호흡으로 술 냄새를 맡을 수 있는 경찰의 능력은 바뀌기 쉽다는 걸 발견했다. 전반적으로 경찰은 음주자의 혈중 알코올 수치가 대단히 높을 때에만 계속해서 냄새를 감지했다(혈중 알코올 수치가 0.10~0.15퍼센트 사이일 때 감지율은 61퍼센트였다).

이와 관련하여 가장 엄격하게 진행된 연구에서는 냄새 외의 모든 변수를 배제했다. 실험 대상자들은 커튼 뒤에 숨어 튜브를 통해 경찰에게 숨을 내쉬었다. 경찰 참가자들은 모두 마약 탐지 전문가로 훈련받았고 경험도 풍부했다. 그런데도 경찰마다 테스트 결과는 고르지 못했다. 전반적으로 혈중 알코올 수치가 0.08퍼센트 이상일 때 호흡으로 85퍼센트 정도 감지했지만, 수치가 더 낮은 경우엔 3분의 2가량만 감지했다. 호흡 속 알코올 냄새 강도를 측정할 수 있는 능력은 우연에 지나지 않았다.

경찰이 다양한 후각 능력을 보여준다는 점은 냄새 과학자들에겐 놀라운 일이 아니다. 판사와 배심원단이 그들의 능력을 특별히 고려해야 한다는 점은 전혀 다른 문제다. 도티와 그 동료들은 "마리화나 냄새가 확실합니다."라고 말할 때 회의적인 생각을 하는 것은 당연하다고 주장한다. 신선하고 태우지 않은 마리화나일 경우 경찰의 감각적 주장은 확실한 증거가 되지 못한다. 그런데도 법원은 경찰의 코를 신뢰하고 보강증거를 요구하지 않는다.[70] 도티의 연구는 이미 연방법원의 마약 사건에서 피고 측에 인용되었다(마약 냄새 훈련을 받지 않은 경찰이 공기구멍이 없는 먼 곳의 재배실에서 다 자라지 않은 대마 냄새가 난다고 주장했다).[71]

훈련된 경찰이 일반인들보다 더 냄새를 잘 맡을까? 아마도. 하지만 도티에 따르면 이는 아직 과학적으로 증명되지 않았다. 헬렌 켈러는 연방 냄새 전문 부서에게 더 많은 것을 기대했을 것이다.

4

뇌는 냄새를 어떻게 해석할까?

내 숨결의 김,
메아리, 물결, 웅성대는 속삭임, 사랑의 근원, 비단실, 가랑이, 덩굴,
나의 호흡과 영감, 내 심장 맥박, 피의 흐름 그리고 내 폐를 관통하는 공기,
푸른 잎과 마른 잎, 바닷가와 진한 빛의 바다 암초와
헛간에 있는 건초를 들이마시면…
_ *월트 휘트먼, 〈풀잎〉*

어떤 냄새는 다른 냄새보다 더 희미하다. 그 냄새는 일반적인 호흡의 주기적 리듬에 맞춰 콧속을 올라가지만 몇 분이 지나야 의식된다. 어떤 냄새에 집중해야 할 때에는 다시 한 번 폐에 들어오는 공기를 기다리지 않고 코를 킁킁거려 냄새를 포착하려 애쓴다. 킁킁거리며 냄새를 맡는 건 이상한 행동이다. 시각이나 청각에는 이와 비슷한 행동이 없다. 개와 쥐, 사슴은 소리에 집중하기 위해 외이(外耳)를 돌릴 수 있지만, 인간은 그럴 수 없다.

킁킁거리는 건 '보디랭귀지' 연구에서 주목받지 못한다. 이 행동은 은밀하게 할 수 있고, 예의바른 이들은 대개 그렇게 한다. 코를 킁킁거리는 건 무례하다고 여겨지며, 들릴 만큼 크게 킁킁거리는 건 대단히 천박한 일이다. 월트 휘트먼처럼 자유롭고 오만한 사람이나 거기에 관심을 가질 뿐, 보통 사람들은 좋아하지 않는다. 하지만 피할 길이 없다. 킁킁거리지 않을 수는 없다. 지하실에서 죽은 쥐를 찾을 때든, 막 개봉한 과자 맛을 볼 때든, 킁킁거리는 건 냄새를 맡기 위한 예비 행동이다.

킁킁거리는 것은 냄새를 맡을 수 있는 곳으로 냄새 분자를 보내기 위함이다. 철학자와 과학자들은 '후각 작용은 정확히 어디서 일어나는가'에 대한 의문을 해결하는 데 수천 년이 걸렸다. 일부 고대 그리스 철학자들은 코에서 후각 작용이 일어난다고 주장했지만, 다른 이들은 비강 바로 위 두개저에 있는 사상판의 고운 체 같은 모습을 보고서 냄새 분자가 이 작은 구멍을 통해 곧장 뇌로 간다고 추측하게 되었다. 이 관점에서 보면, 코는 그저 관(管)일 뿐이고 뇌가 감각 기관이다.

후각 작용이 코에서 일어나는가, 뇌에서 일어나는가에 관한 기나긴 논쟁은 1862년에 이르러서야 비로소 해결됐다. 한 독일 해부학자가 비강 위쪽의 갈라진 틈에서 후각 신경 세포를 발견한 것이다. 냄새, 최소한 냄새 분자와의 첫 번째 생리적 접촉은 분명 코에서 일어난다. 사상판의 구멍은 감각 세포의 신경 섬유를 뇌에 이르게 한다.

후각 세포는 좁은 후열에 감춰져 있기 때문에, 코를 통한 공기의 흐름에 노출되는 것 같지는 않았다. 연구진은 콧구멍에 들어가는 공기 중 얼마나 많은 양이 후각 신경말단에 이르는지 의문을 가졌다. 초기 실험은 독창적이고 다소 소름끼쳤다.[1] 예를 들어 한 연구에서는 시체의 머리를 반으로 자르고 작은 리트머스 시험지를 콧구멍 곳곳에 붙였다. 그 다음 머리를 다시 붙이고 콧구멍을 통해 기관 밖으로 암모니아 증기를 펌프질했다. 리트머스 시험지의 색깔 변화는 암모니아가 섞인 공기 중 극소량이 감각 세포로 도착하며, 대부분은 낮은 통로를 지나간다는 걸 증명했다.

두 번째 더 기괴한 실험은 데미언 허스트(Damien Hirst, 실제 두개골이나 동물의 사체 등을 이용한 작품으로 유명한 영국 설치미술가)의 충격적인 예술작품보다 1세기 가량 앞섰다.[2] 자른 시체 머리를 유리 접시로 누르고 콧구멍에 연기를 불어넣었다. 관찰자들은 연기가 비강의 복잡한 주름을 통해 흘러갈 때

생기는 기류와 회오리를 볼 수 있었다. 암모니아 증기 같은 연기 패턴은 들어오는 공기의 극히 일부만이 수용체에 도착한다는 것을 증명했다.

오늘날 정교한 컴퓨터 모델은 코의 공기 흐름을 모방할 수 있다.[3] 연구원들은 흐름이 잔잔한 곳과 거친 곳을 볼 수 있다. 공기가 감각 표면을 지나갈 때 얼마나 많은 냄새 분자가 거기 축적되는지 계산할 수 있다. 하지만 첨단 장치와 정확한 숫자에도 불구하고, 연구원들은 머리를 잘랐던 전 세대 사람들과 똑같은 결론에 이르렀다. 들이쉰 공기의 약 10퍼센트만이 후열의 신경 말단을 지나간다.

빠르고 짧게 공기를 들이마시는 킁킁거림은 후각의 필수 과정이다. 후열에 더 많은 공기를 통과시켜 외적 냄새 풍경의 더 큰 샘플을 얻는다. 그런데 왜 과학자들은 킁킁거림을 외면하고 심지어 억압하기까지 했던 것일까? 이상하지 않은가?

킁킁거림에 많은 관심을 기울인 최초의 과학자는 그것을 후각 실험에서 배제하기 위해 노력한 사람이기도 했다. 1935년, 찰스 A. 엘스버그(Charles A. Elsberg)는 뉴욕의 존경받는 신경외과의사로, 발명에 탁월한 재주가 있었다.[4] 수술 도구를 발명하고 처음으로 추간판 헤르니아 디스크 제거에 성공했다. 무언가를 설립하는 능력은 더욱 뛰어나서, 뉴욕의 신경학회를 공동 창립했고 미국 최초의 신경외과 시설을 뉴욕에 세웠으며 훗날 신경외과의사협회를 공동 창설했다.

예순네 살 때 엘스버그는 뇌종양이 두뇌 기저부의 후각 부위에 압력을 가하여 후각이 손상될 것이라고 생각했다. 냄새 민감도를 측정할 수 있다면 뇌종양 환자를 식별할 수 있을 것이다. 따라서 그는 병과 코르크, 주사기, 고무관을 이용한 방법을 떠올렸다.[5] 엘스버그는 숨을 참고 있는 환자의 콧구멍에 냄새를 가미한 공기를 주입했다. 민감도는 환자가 냄새를 감지하는 데 필요한 공기의 양으로 측정됐다. 엘스버그는 정상인에게 필요한 공기량은 6~9cc라는 점을 발견했다. 하지만 엘스버그의 방법은 지나치게 효율적이었다. 킁킁거림뿐 아니라 호흡도 배제했던 것이다.

엘스버그는 이 방법이 냄새 민감도를 과학적이고 객관적으로 측정할 수 있는 최초의 획기적인 발견이라며 자랑했다. 하지만 그것은 사실이 아니었다. 그는 헨드리크 츠바르데마케르(Hendrik Zwaardemaker)가 이미 30년 전에 발명한 '후각계(Olfactometer)'를 몰랐거나 인정하지 않았던 것이 틀림없다. 미국의 모든 감각 심리학자는 츠바르데마케르의 장치를 잘 알고 있었고, 대부분이 실험실에 하나씩 갖고 있었다.[6]

후각계는 한쪽 끝이 콧구멍에 꼭 맞게 구부러져 있는 유리 샘플링 튜브로 이루어져 있다. 더 넓은 튜브는 샘플링 튜브에 딱 맞게 겹쳐 끼울 수 있고, 그 속껍질에는 냄새 나는 물질이 있다. 샘플링 튜브 끝에서 넓은 튜브를 트롬본처럼 뒤로 뺄수록 더 많은 냄새 표면이 노출된다. 민감도는 냄새를 감지할 수 있는 수준을 만들기 위해 냄새 튜브를 빼야 하는 센티미터 단위의 길이로 측정되었다.

다양한 종류의 츠바르데마케르 장치는 후각의 기본 현상을 연구하기에 충분히 신뢰성이 높았고 전국 대학교의 실험실에서 이용됐다. 그런데도 엘스버그의 산물이 〈타임〉에 실렸고 〈뉴욕 타임즈〉의 1면에 대서 특필됐다.[7] 〈뉴욕 타임즈〉의 헤드라인은 "엑스레이보다 더 섬세한 장치를 이용해 냄새로 검진되는 뇌종양. 신경과 의사 찰스 A. 엘스버그 박사의 획기적인 발견. 지금까지 불가능하다 여겼던 후각의 정확한 측정을 바탕으로 하다."라고 적혔다. 곧이곧대로 믿은 〈타임〉에는 "엘스버그 박사는 처음으로 지금까지 측정할 수 없다고 여겼던 것을 측정하는 데 성공했다. 그는 확실한 '냄새 판단 척도'를 확립했다."라고 보도했다.

코에 9cc의 공기를 넣는다는 건 즐거운 일이 아니다. 하지만 공기 주입은 인기 있는 방법이었다. 대부분의 과학자들은 사실을 다소 왜곡한다 해도 엄격한 실험 통제를 선호하기 때문이다. 마침내 연구진은 엘스버그 방법에 점차 회의를 품게 되었다. 그들은 분사량보다는 분사력이 더 중요하다는 걸 알게 됐다. 이는 후각 능력의 척도로 분사량을 사용하는 게 부적합하다는 점을 나타낸다. 더욱이 분사력도 불규칙했다. 이는 실험자가 얼마나 갑자기 고무관의 핀치콕을 여는지에 따라 달라진다.

콧구멍 분사에 대한 열광은 UCLA의 심리학과 교수가 엘스버그 방법과 자연스러운 킁킁거림에 따라 측정한 후각 민감도를 비교했던 1953년에 완전히 사라졌다.[8] 엘스버그의 방법은 신뢰할 수 없는 데이터를 낳은 반면, 자연스러운 킁킁거림은 대단히 신뢰도가 높은 데이터를 낳았다. 이 결과는 엘스버그에게 치명타를 입혔다. 공기 주입은 그가 주장한 것처럼 냄새 판단 척도가 아니었다. 주사기와 호스는 영영 사라졌고, 또 다른 심리학자는 "엘스버그가 그 발명품을 공개하지 않은 게 오늘날 우리에게 더 나았을 것이다!"라고 구슬프게 말했다.[9]

천재 씨, 킁킁거리다

킁킁거림의 신체적 특징은 냄새에 좌우된다. 냄새가 희미하면 더 크고 오래 더 많이 킁킁거린다. 강한 냄새에는 더 작고 짧게 조금만 킁킁거린다. 킁킁거림이 냄새를 맡는 데 얼마나 필수적인지를 고려했다면, 많은 과학자들이 이 행동을 연구했을 것이다. 하지만 킁킁거림에 대한 많은 지식은 대부분 단 한 사람, 오스트레일리아 심리학자 데이비드 랭(David Laing)의 연구에 의해 이뤄졌다. 그는 킁킁거림의 자연사를 개척했다.

랭은 1982년에 시작된 일련의 공들인 연구를 통해 킁킁거림의 역학이 냄새와 어떤 관계가 있는지를 입증했다.[10] 그는 '공기희석후각계(Air-dilution Olfactometer)'로 사람들이 맡는 냄새를 통제했다. 이 후각계는 냄새 수준이 정확하게 통제된 공기 흐름을 발생시키는 장치다. 그는 작은 공기 흐름 탐침이 안에 숨겨진 산소마스크로 사람들이 어떻게 킁킁거리는지를 측정했다.

랭은 사람들이 평균 3.5회 정도 킁킁거린다는 점을 발견했다. 어떤 사람은 더 적게, 어떤 사람은 더 많이 킁킁거린다. 킁킁거림 현상은 사람마다 서로 다른 냄새와 과제에 따라 안정적인 특유의 패턴을 갖고 있다. 킁킁거림의 패턴은 대단히 안정적인 반면 사람마다 다 달라서 랭은 공기 흐름 데이터만으로도 사람의 신원을 밝힐 수 있게 됐다. 그는 더 나아가 킁킁거림의 패턴을 지문에 비유했다.

랭이 연구할 무렵, 나는 필라델피아의 모넬 화학 감각 센터에서 인간의 후각에 대한 내 첫 실험을 시작하고 있었다. 내 냄새의 발생원은 밀어서 여는 뚜껑이 달린, 눌러 짜는 플라스틱병이었다. 내가 커튼 뒤에 앉아 피실험자에게 한 번에 하나씩 병을 건네면, 피실험자는 병을 짜서 킁킁거리며 냄새를 맡은 다음 평가했다. 커튼 뒤에서 병 짜는 소리에 귀를 기울이던 나는 사람마다 킁킁거리는 특유의 방식이 있다는 걸 깨달았다. 나는 곧 냄새 맡는 사람들을 분류했다. 섬세한 사람들은 조금씩, 거의 들리지 않게 킁킁거렸다. 경적을 울리는 것처럼 요란한 사람들은 병을 사정없이 짜서는 다치겠다 싶을 만큼 힘껏 들이쉬었다.

또한 나는 다양한 심리 상태도 관찰했다. 단호한 사람들은 냄새를 맡는 즉시 평가를 내렸고, 신중한 사람들은 냄새를 맡고 또 맡은 다음에야 가까스로 평가를 내렸다. 행동과 결정 스타일의 모든 조합이 내 실험실에서 나타났다. 단호하면서 섬세하게 냄새 맡는 사람, 신중하면서도 요란하게 냄새 맡는 사람 등등. 이 패턴은 대단히 일관적이어서 두세 병을 건네고 나면 전체 테스트 시간이 얼마나 걸릴지 예측할 수 있었다.

지역에 사는 다양한 괴짜들이 우리가 낸 모집 광고를 보고 자원했다.

그러던 어느 날, 연구 조수가 테스트를 받기 위해 찾아온 피실험자에게 커튼 옆으로 파출리 샘플을 건넸다. 조금 짜내고 냄새를 맡는 소리가 들리더니 한동안 긴 침묵이 이어졌다. 이상하게 여긴 조수는 궁금증을 참지 못하고 커튼 반대편을 바라보았다. 피실험자는 손에 짠 샘플로 자신의 수염을 마사지하고 있었다. 그는 그런 식으로 냄새 맡는 게 좋다고 했다.

얼핏 생각하면, 냄새를 많이 맡을수록 냄새를 더 잘 맡을 것 같다. 전봇대 옆을 킁킁거리는 강아지들처럼 여러 번 킁킁거리는 사람들은 아무래도 냄새에서 정보를 낱낱이 끌어내는 게 틀림없다. 하지만 그럴까? 랭은 킁킁거림이 냄새를 감지하고 묘사하는 능력에 어떤 영향을 주는지 살펴보기 위해 킁킁거림을 체계적으로 통제했다. 그는 피실험자들에게 평소처럼 냄새를 맡으라고 하거나, 정확히 몇 번 냄새를 맡으라고 하거나, 혹은 냄새를 맡을 때 정확히 얼마간의 시간 간격을 두거나, 깊이 혹은 얕게 냄새를 맡으라고 요구했다.

피실험자들은 한 번만 냄새를 맡도록 제약받아도, 처음 자연스럽게 킁킁거리며 냄새를 맡을 때와 비슷하게 냄새를 맡았다. 킁킁거림이 처음이자 유일한 것이든, 여러 번 중의 처음이든 냄새 강도는 바뀌는 것 같지 않았다. 많은 실험 후, 그는 자신의 연구 결과를 간단하게 말할 수 있었다. "사람들은 자연스럽게 한 번만 냄새를 맡더라도 일곱 번 이상 냄새를 맡을 때처럼 냄새의 존재와 강도에 대해 많은 정보를 얻는다."[11] 자연스러운 첫 번째 킁킁거림은 말할 것도 없다(기술적으로 말하자면 분당 30리터의 호흡율로 200cc의 양에 최소 0.40~0.45초까지 냄새를 맡는 게 최적이다).

우리가 사용하는 '킁킁거린다'는 동사에는 킁킁거림의 2가지 면이 반영되어 있다. 순전히 무의식적인 행동, 즉 짧거나 강하게 들릴 만큼 크게 공기를 들이마시는 행동을 가리킬 수도, 혹은 한 번 이상 킁킁거려 냄새를 맡는 후각 경험을 가리킬 수도 있다. 이러한 신체적 킁킁거림과 감각적 킁킁거림 사이의 사전적 이분법은 중추신경계에 깊이 각인되어 있다.[12] 두뇌는 코로 올라온 냄새를 수동적으로 받아들이지 않는다. 코로 들어온 냄새를 적극적으로, 그것도 단 몇 밀리세컨드만에 처리한다.

UC 버클리의 후각 연구원 노암 소벨(Noam Sobel)은 주로 촉각적 구분 및 운동 통제와 관련된 소뇌에서 후각과 관련된 활동을 발견하고는 호기심을 느꼈다.[13] 그와 연구진은 추적 연구로 소뇌의 두 부분이 킁킁거림에 관여한다는 점을 발견했다.

한곳은 냄새로 활성화되는 부위로, 냄새를 맡을 때 활발해졌다. 냄새가 짙을수록 활동은 더 커졌다. 보통 이 부위는 냄새 맡는 과정에 활성화된다. 소벨은 또한 이 부위가 수동적 냄새 맡기, 즉 피실험자가 숨을 참고 있을 때 튜브로 그들 코에 냄새를 뿜었을 때에도 활성화됐음을 발견했다. 다른 한곳은 킁킁거림으로 활성화됐다. 이곳은 킁킁거리는 육체적 행동을 할 때에는 활발해졌지만, 수동적으로 냄새를 맡을 때엔 활성화되지 않았다.

코를 통해 흘러가는 공기의 느낌은 왜 두뇌의 촉각적 부분이 활성화되는지를 설명한다. 국부 마취제를 피실험자의 콧구멍에 발라 코를 마비시키면, 두뇌 활동은 떨어진다. 두뇌 부위 두 곳 다 킁킁거리는 정도를 냄새 강도에 맞춰 조정한다. 이 피드백은 대단히 빠르게, 즉 킁킁거린 지 0.2초도 안 되어 일어난다. 진한 냄새가 감지되면, 소뇌는 호흡 근육에 킁킁거리지 말라는 신호를 보낸다. 처음엔 이례적인 두뇌 활동처럼 보인 것 때문에 소벨과 그의 팀은 두뇌가 어떻게 인간의 후각을 형성하는지를 새롭게 이해할 수 있었다. 소뇌는 그 탁월한 활동, 즉 운동 활동(흡입)을 통제하기 위해 감각 정보(이 경우 냄새 강도)를 모니터하고 있는 것이다.

킁킁거림이 후각과 너무나 밀접하게 연결되어 있어서 사람들은 어떤 냄새를 상상하라는 말을 들으면 습관적으로 코를 킁킁거린다. 자극 없이도 기분 좋은 냄새를 상상할 땐 더 깊이 킁킁거리고, 고약한 냄새를 상상할 땐 얕게 킁킁거린다. 상상하는 동안 눈은 실제 경치를 볼 때 형성되는 것과 똑같은 스캔 경로를 이용해 상상의 경치를 탐구한다. 시각적으로 상상할 때 정지된 표적을 보도록 하여 안구 운동을 막으면 심상의 질이 떨어진다.

소벨은 이와 마찬가지로, 상상의 냄새 역시 코마개를 하여 킁킁거리지 못하게 할 때보다 킁킁거릴 수 있을 때 더 생생하다는 점을 발견했다.[14] 실제로 킁킁거리면 상상의 악취(오줌)는 더 불쾌해졌고, 좋은 냄새(꽃)는 더 유쾌해졌다. 상상의 냄새를 킁킁거리는 건 멍한 상태의 습관이 아니라, 만들어내려는 심적 이미지를 개선하는 행동이다. "킁킁거림은 지각적 심상의 일부다."라는 소벨의 주장은 엘스버그를 격분시켰지만, 오늘날 대부분의 신경과학자들에겐 합당하게 들릴 것이다.[15]

사실 우리는 킁킁거림 없이 냄새를 측정하고자 했던 엘스버그의 시도 이래 태도를 180도 바꾸었다. 냄새 맡기는 곧 킁킁거림이므로, 현재 킁킁거림 하나만을 측정해 후각을 테스트할 수 있다. 사람들은 냄새가 존재할 때 좀 더 자연스럽고 무의식적으로 작게 킁킁거린다. 다시 말해 냄새가 짙을수록 얕게 킁킁거리게 되는데 우리는 이 같은 사실을 이용할 수 있다. 후각이 없는 사람들은 공기에 냄새가 없는 것처럼 계속 킁킁대는데 실험을 통해 이를 증명할 수 있다.

신시내티 대학교의 심리학자 밥 프랭크(Bob Frank)와 밥 게스트랜드(Bob Gesteland)가 개발한 새로운 후각 테스트는 대단히 간단하다.[16] 피실험자는 전기 제어장치에 연결된 의료용 코 튜브를 하고 연속적으로 여섯 개의 실린더의 냄새를 맡는다. 그걸로 테스트는 끝이다. 냄새의 이름을 댈 필요도, 다지 선다식 질문도, 평가 척도도, 최첨단 냄새 발생기도 없다.

원리는 다음과 같다. 각 실린더의 크기는 콩 통조림만하고, 약간 불쾌한 냄새가 담겨 있을 수도 아닐 수도 있다(예비 실험에서 프랭크와 게스트랜드는 대변과 부패물의 주된 분자인 메틸티오뷰트리에이트을 사용했다). 테스트 제어장치는 피실험자의 코로 들어가는 공기 흐름을 기록하고 매번 킁킁거리는 크기를 계산한다. 그리고 피실험자가 냄새 나는 실린더를 맡았을 때의 킁킁거림과 빈 실린더의 냄새를 맡았을 때의 킁킁거림을 비교한다. 두 종류의 킁킁거림이 비슷한 크기일 때 피실험자의 후각은 분명 손상된 것이다.

킁킁거리지 못하는 사람들

> 눈이 나쁜 이들에게는 안경이 있고, 귀가 잘 안 들리는 이들에게는 보청기가 있다.[17] 그렇다면 평균 이하의 코를 가진 이들의 후각 능력을 개선하기 위한 인공장치는 누가 개발할 것인가? _〈*월간 대중 과학Popular Science Monthly*〉

지각과 킁킁거림이 떼려야 뗄 수 없는 관계라면, 킁킁거리지 못하는 사람들에게는 과연 무슨 일이 일어날까? 킁킁거리지 못하는 사람의 가장 극단적인 예는 후두절제술, 즉 상부 호흡기와 하부 호흡기를 분리하는 후두 제거 수술을 받은 사람이다. 후두절제술을 받고 나면 입이나 코가 아니라 인후의 구멍으로 숨을 쉬기 때문에 킁킁거리지도 못하고 성대를 활성화시켜 말하지도 못한다. 게다가 이 환자의 약 85퍼센트가 후각장애를 갖고 있다.

다행히 일부 사람들은 예의를 지키기 위해 입을 다물고 하품을 하는 것 같은 육체적 책략으로 도움을 받을 수 있다.[18] 이렇게 가짜로 킁킁거리면서 공기를 코로(폐는 아니지만) 끌어당기면 환자의 50퍼센트 정도는 후각 테스트의 정상 범주로 평가받게 된다. 기관절개 밸브라는 장치는 들이마

신 공기를 곧장 성대를 지나 위쪽 콧구멍 뒤로 보내어 언어 기능을 회복시키고 후각도 개선시킨다.[19]

파킨슨병을 앓는 환자들도 킁킁거리지 못해 후각을 잃는다.[20] 그 병이 운동 동작에 영향을 주기 때문에, 파킨슨병 환자들은 약하고 조금씩 킁킁거린다. 제대로 킁킁거리지 못할수록 후각 테스트 점수도 낮아진다. 하지만 후각장애가 아주 심한 환자들도 단지 더 크게 킁킁거리면 테스트 점수를 높일 수 있다. 파킨슨병 환자들은 킁킁거리는 신체적 행동에도 문제가 있지만, 종종 인지장애를 일으키기도 한다. 이 장애는 후각 테스트에 나타난다. 사실 후각장애는 이 병의 초기 증상이다.

후각장애에 도움을 주는 장치도 있다.[21] 1996년 미국 특허를 받은 이 장치는 양쪽으로 사용할 수 있는 스포이트와 비슷하며, 가운데의 고무주머니에는 한쪽으로만 열리는 밸브가 있다. 사용법은 다음과 같다. 이 장치의 한쪽 끝을 칠리 고추 그릇 위에 놓고 고무주머니를 쥐었다 펴서 공기를 채운다. 그 다음 다른 끝을 자신의 콧구멍에 넣고 고무주머니를 다시 쥐어서 고무주머니 속 칠리 고추 냄새가 나는 공기를 코에 밀어넣는다. 이 장치는 일종의 엘스버그 자가 공기 주입기, 즉 냄새를 잘 못 맡는 사람을 위한 '코 나팔'이다.

코의 공기 흐름을 높이면 정상인의 후각을 더욱 개선할 수 있다. 1993년 '브리드 라이트'라는 비공확장밴드가 처음 판매됐는데, 원래 이 제품은 코의 공기 흐름을 높여 코골이를 줄이는 데 도움이 되도록 만들어졌다.[22] 하지만 다음 해에 감기에 걸렸던 필라델피아 이글스의 허셜 워커(Herschel Walker)가 NFL에서 처음 착용한 뒤부터는 운동 보조도구로 주목받았다. 샌프란시스코 49ers의 제리 라이스(Jerry Rice)가 그대로 따라 하자, 브리드 라이트는 운동선수들에게 인기를 끌었고 미국 전역의 약국에서 많이 판매됐다.

비공확장밴드는 콧방울 바로 위 콧등에 붙이는데, 그곳에서 용수철 같이 움직이면서 숨을 들이쉴 때 양쪽 비전정(Nasal Vestibule, 콧구멍 뒤에 있는 공간으로 보이는 코 중 손가락으로 후빌 수 있는 부분)이 안으로 접히는 것을 막아준다. 실험 결과 비공확장밴드를 착용하면 냄새가 더 강해지고, 냄새를 식별하는 능력이 개선되며, 대단히 낮은 농도의 냄새를 감지할 수 있었다.[23] 이건 코에 더 많은 공기가 유입되기 때문이다. 비공확장밴드는 입속 음식 냄새의 강도를 높이지만, 묘하게도 쾌감은 낮춘다.[24]

예의 바른 사람들은 킁킁거리는 행동을 점잖치 못하다 하여 외면하고 많은 과학자들은 별로 중요하지 않다 하여 외면해왔다. 하지만 킁킁거림은 사실 냄새 풍경의 심상을 일으키는 데 중요한 역할을 한다. 많은 경우 킁킁거림이 개선되면 후각이 개선된다. 엘스버그가 킁킁거림을 억압하기 시작한 지 70년이 지난 후에야 우리는 마침내 그 가치를 인정하기 시작했다.

킁킁거림이 코에 들어가는 냄새 흐름을 조정하는 것처럼, 두뇌는 '적응'이라는 과정을 통해 냄새로 만든 심적 인상을 적극적이고 미세하게 조정한다. 누구나 시각적 적응에 익숙하다. 밝은 햇빛 속에 있다가 어두운 방에 들어가면 눈은 동공을 확장시켜 1~2분 안에 적응하도록 만든다. 한낮에 영화관에서 나오면 반대 현상이 일어난다. 처음엔 햇빛이 견딜 수 없을 만큼 밝게 느껴지지만 축소된 동공 덕에 서서히 적응한다. 후각적 적응도 비슷한 원리로 이루어진다. 새로운 냄새는 처음 경험할 때에는 강하게 느껴지지만, 오래 노출될수록 점점 희미해진다. 극단적으로는 한동안 그 냄새를 감지할 수 없다.

이 현상은 사실 그리 대단한 것이 아니다. 적응은 일시적 변화일 뿐, 영원히 후각 능력이 없어지는 것은 아니다. 향기는 사라지는 잉크로 쓴 것이 아니다. 여성들이 85달러짜리 향수를 산 지 며칠 만에 그 냄새를 맡지 못한다면 향수 시장은 오래 전에 몰락했을 것이다. 적응의 정도는 어떻게 냄새를 맡느냐에 따라 달라진다. 내가 아는 조향사들은 6가지 향기를 맡고 나면 서서히 후각이 둔해진다고 한다. 후각 피로는 전문가들에게 크나큰 장애물이다. 그들은 13센티미터짜리 시향지에 액체를 뿌려 시험 향수 냄새를 맡는다. 전문가는 한두 번 빨리 냄새를 맡고 시향지를 의도적으로 과장되게 멀리한다. 반대로 아마추어는 바로 코앞에다 시향지를 대고 계속해서 숨을 들이쉰다. 이렇게 하면 분명히 코가 둔해진다. 1분간만 이렇게 깊이 호흡해도 냄새를 감지하기 힘들어진다.[25]

나는 소비자 후각 테스트를 실시할 때 각자 자연스러운 속도로 냄새를 맡도록 했다. 그들은 눈에 띄는 후각 피로 없이 24가지 냄새를 맡고 쉽게 평가했다. 일부에서는 후각 피로가 없었음을 어떻게 알 수 있냐고 물을지도 모르겠다. 내가 그렇게 판단할 수 있었던 것은 그들이 다양한 냄새를 시향하면서 재빨리 찬성이나 반대 의견을 말했기 때문이다. 이 테스트는 소비자와 시장 조사에 대한 대표적이고 객관적인 방법이다. 이렇게 하면 조향사들이 비슷한 샘플들의 사소한 차이를 반복해서 살펴보는 것보다 적응 위험이 적다. 속사포처럼 판단을 내리는 보통 사람은 냄새 풍경이 시야에서 사라질까 걱정할 필요는 없다.

냄새에 오래 노출될수록 더 쉽게 익숙해진다. 마늘공장에 들어가면 악취에 압도될 것이다. 하지만 몇 분이 지나면 그 강도는 줄어들고, 한 시간이 지나면 아무리 노력해도 마늘 냄새를 전혀 맡지 못할 것이다. 몇 달 동안 그 공장에서 일하면, 이 적응은 공장 안에 들어가자마자 일어날 것이다.

이러한 경험은 내게도 있다. 사회생활 초반에 내가 일했던 회사는 랄프 로렌 사의 향수 사파리를 개발하고 있었다. 우리가 제조법을 조금씩 바꾸고 안정성 시험을 하며 색상을 바꾸는 등 성공적으로 출시하는 데 필요한 갖가지 노력을 기울이는 동안, 온 건물에 사파리 냄새가 뱄다. 몇 주

후, 나를 비롯한 향수 개발에 참여했던 사람들은 그 누구도 사파리 냄새를 인식하지 못했다. 이후 휴가를 다녀와서 다시 출근하던 날, 양복을 꺼내러 옷장을 연 순간 사파리 냄새가 내 얼굴을 확 덮쳤다. 내 코가 직장과 떨어져 있었던 시간은 채 2주도 안 됐다. 배관공과 돼지 농장 일꾼이 냄새에 미치지 않고 일할 수 있는 것도 이와 같은 장기적인 적응 덕이다.

적응은 쌍방향이다. 냄새 발생원을 없애면 코는 서서히 그 민감도를 회복한다. 회복하는 데 걸리는 시간은 적응하는 데 걸리는 시간과 거의 비슷하다. 마늘공장에서 나가면 회복이 시작된다. 공장 안에 단 몇 분만 있었다면, 회복에 걸리는 시간도 단 몇 분일 것이다. 몇 시간 동안 있었다면, 몇 시간 후에 민감도가 완전히 돌아올 것이다. 냄새의 강도도 적응의 또 다른 요인이다. 냄새가 강할수록 더 잘 적응한다. 입에서 마늘 냄새를 풍기는 사람과 10분간 얘기할 때보다는 마늘공장의 작업 라인 앞에 10분간 서 있을 때 더 빨리 적응할 것이다.

적응은 냄새마다 고유하기도 하다. 마늘공장에서 일하는 사람이라면 그 사람의 코는 마늘 냄새에만 무감각하다. 장미나 상한 우유, 땅콩, 그 밖의 마늘과 관계없는 냄새에 대한 민감도에는 별 영향을 받지 않을 것이다. 제한된 적응은 때로 조향사들이 한 향기와 다른 향기를 조화시키려 할 때 이용된다. 조향사는 목표 향수와 제조 향수를 비교하는 마지막 단계에서 제조 향수 냄새를 한껏 맡는다. 완전히 적응될 때까지 샘플 냄새를 맡은 다음 목표 향수 냄새를 맡는다. 두뇌가 원래 향수의 모든 흔적을 걸러내면 남아 있는 소소한 차이가 부각될 것이다.

적응은 모든 감각계의 유용한 특징이다. 이 덕에 다양한 강도의 자극들 사이에서 작은 차이를 감지할 수 있다. 청각적 적응 덕에 속삭이는 대화가 가능할 뿐 아니라 록 콘서트 와중에도 대화를 할 수 있는 것이다. 후각적 적응 또한 끊임없이 배경 여건에 우리 코를 조정시킨다. 선택적으로 새로운 냄새를 배경에 맞춰 슬며시 다가올 또 다른 냄새에 관심을 돌리게 한다.

냄새의 환영

1899년 와이오밍 대학교 강의실에서 화학과 교수 에드윈 E. 슬로손(Edwin E. Slosson)은 수업시간에 장난을 쳤다. 그는 학생들에게 공기를 통한 냄새의 확산을 증명하고 싶다고 설명했다. 병 속의 액체를 솜뭉치에 붓고 그걸 과장되게 자기 코에서 멀리 떨어뜨렸다. 그러고 나서 초시계를 누르고는 학생들에게 무슨 냄새를 맡으면 즉시 손을 들라고 했다. 이후 일어난 일을 그는 이렇게 보고했다.

> 결과를 기다리는 동안 나는 학생들에게 "학생들 중 내가 부은 화학 물질 냄새를 맡아본 사람은 아무도 없을 거라고 확신합니다. 그 냄새가 진하고 독특하긴 해도 그다지 불쾌하진 않을 테니 걱정하지 마세요."라고 설명했다.[26] 15초 후 앞줄에 앉아 있던 대부분의 학생이 손을 들었고, 40초 후 냄새는 비교적 일정한 속도로 강의실 뒤쪽까지 퍼졌다. 학생들 중 4분의 3이 냄새를 지각했다고 했고, 냄새를 맡지 못했다고 자신의 의견을 고수하는 소수 학생들 중엔 남학생들이 더 많았다. 시간이 충분했다면 더 많은 학생들이 암시에 굴복했겠지만, 1분 후 나는 실험을 중단할 수밖에 없었다. 앞자리에 앉은 몇 명이 불쾌감을 느끼고 강의실에서 나가려 했기 때문이다.

슬로손의 실험은 후각적 암시의 효과를 증명했다. 그가 들고 있던 솜뭉치에 흡수됐던 물질은 평범한 물이었다.

감각 전문가 마이클 오마호니(Michael O'Mahony)는 1970년대 말 그 현상을 다시 실험했다.[27] 미각과 후각에 대한 영국 텔레비전 다큐멘터리에서 그는 시청자들에게 전기 장치를 보여주면서 '라만 분광법(Raman Spectroscopy)'으로 냄새를 포착하고 퍼뜨릴 수 있다고 했다. 그 기계에선 10초간 시청자에게 기분 좋은 시골 냄새를 환기시킬 것이라는 말이 흘러나왔다. 10초가 지난 뒤, 오마호니는 시청자에게 전화를 걸어 무슨 냄새를 맡았는지 얘기하거나 적어보라고 했다. 많은 이들이 갓 베어낸 건초와 막 자른 잔디, 라벤더, 인동덩굴 등의 냄새가 났다고 보고했다. 오마호니는 또 한 번 BBC라디오 프로그램에서 들리지 않는 '극초단파 음'으로 장난을 쳤다. 몇몇 청취자들은 그 음이 들릴 때 냄새를 맡았다고 했다. 하지만 사실은 아무 소리도 없었다.

재미있긴 하지만 슬로손과 오마호니의 이 장난은 후각 연구를 실시하는 학자들에게 심각한 의문을 제기했다. 냄새를 생각하기만 해도 후각을 자극할 수 있음이 증명됐기 때문이다. 그렇다면 순전한 기대심리가 진짜 냄새를 맡았을 때와 똑같은 결과를 낳을 것이다. 연구원들은 이제 '후각 경험이 냄새에 대한 기대 때문이 아니라 실제 냄새 때문이라는 것을 어떻게 확신할 수 있는가?'에 대한 의문을 품게 되었다.

필요한 것은 후각적 플라시보, 즉 사람들에게 사실은 냄새가 없는데도 존재한다고 믿게 하는 실험 조건이다. 기대심리 때문에 없는 냄새를 맡는 게 사실이라면 플라시보에서 냄새의 영향을 받은 것이다. 바로 이 점을 증명하기 위해 나는 모넬 센터의 동료 연구원인 수전 내스코(Susan Knasko) 박사, 펜실베이니아 대학교의 심리학과 교수인 고(故) 존 사비니(John Sabini)와 같이 연구했다. 우리는 허공에 물안개를 뿌리고 사람들에게 거기에 냄새가 있다고 했다.[28] 실험실엔 사실 아무 냄새도 없었다. 냄새가 불쾌하다는 얘기를 들은 사람들은 이후 방에서 악취가 난다고 했다. 냄새가 좋다고 들었을 땐 방 냄새를 좋아했다. 중립적 냄새는 중간 결과를 낳았다. 흥미롭게도 두통이나 피부 가려움 같은 신체적 증상 역시 좋은 냄새와 나쁜 냄새에 영향을 받았다. 우리 연구는 암시만으로 후각 효과를 낳을 수 있음을 실험실에서 처음으로 입증했다.

심리학자 패멀라 돌턴(Pamela Dalton)과 그 동료들은 이 결과를 받아들여 한 단계 더 나아갔다. 기대가 실제 냄새의 지각을 바꾼다는 점을 증명한 것이다. 그녀는 자원자들을 세 집단으로 나누어 20분 동안 실험실에 앉혀두고는 유쾌하지도, 불쾌하지도 않은 냄새에 노출시켰다.[29] 피실험자들 중 한 집단에게는 냄새에 대해 아무런 얘기도 하지 않았고, 다른 두 집단에게는 해로울 수도 있는 산업 화학물질이라고, 혹은 증류한 순수 천연 추출물이라고 말했다. 실험 조건에서 유일한 차이는 정보 조작뿐이었다.

실험이 끝나자 세 집단의 감지 역치가 더 높아졌다. 그들의 코가 실제 냄새에 대한 적응으로 둔해진 것이다. 한편 냄새 강도에 대한 피실험자들의 지각은 정보 조작에 좌우됐다. 긍정적인 정보를 주거나 아예 아무런 정보를 주지 않으면 시간이 갈수록 냄새의 강도가 약하지는 듯했다. 반면 부정적인 정보를 주면 냄새는 강하거나 갈수록 강해졌다. 다시 말해 좋다고 생각하는 냄새는 의식에서 사라지는 반면, 해롭다고 생각하는 냄새는 주의를 끌고 강하게 지속됐다.

실제 냄새가 좋으냐 나쁘냐는 중요하지 않다. 정보 조작은 이 지각도 바꿀 수 있다. 돌턴은 유쾌한 냄새(노루발풀)와 불쾌한 냄새(부탄올, 용매 같은 냄새), 중립적 냄새(이소보르닐 아세테이트, 발삼 같은 향)를 실험했다. 부정적인 정보 조작은 이 세 냄새를 더 강하게 만들었다. 정보에 대한 사람들의 선입견은 감각의 뚜렷한 증거를 왜곡하는 데 대단히 효과적이었다. 두뇌는 코를 쉽게 이긴다.

꼭 실험실 가운을 입은 권위 있는 인물만이 정보를 한편으로 치우치게 하는 건 아니다.[30] 돌턴은 평범한 방에서 한 번에 2명을 실험했다. 한 사람은 아무것도 모르는 자원자고, 다른 한 사람은 철저히 대본에 따라 순진한 척 연기를 하는 배우였다. 연기자는 계속해서 공기 중에서 나는 냄새에 대해 이러쿵저러쿵 말을 늘어놓으며 행동으로 표현했다. 이 연기는 대단히 효과적이었다. 정보가 부정적인 경우, 자원자의 70퍼센트는 인후염부터 현기증, 복통 등에 이르기까지 다양한 신체적 증상을 말했다. 반면 긍정적인 경우에는 단 12퍼센트만이 신체적 증상을 말했다. 공기 중의 냄새가 어떠하든 생각만으로도 구역질을 할 수 있는 것이다.

널리 공인된 냄새의 힘은 대개 암시의 힘에서 비롯된다. 부정적인 플라시보 효과는 빌딩 질환 증후군의 증상을 악화시킨다. 예를 들어 사무실의 곰팡내가 유해한 건축 재료 때문이라고 믿는 경우를 생각해보라. 반면 긍정적인 플라시보 효과를 보면, 왜 아로마테라피가 그토록 인기를 끄는지 이해할 수 있을 것이다. 아로마테라피스트들은 아로마가 기분을 긍정적으로 바꾼다고 강변한다.[31] 예를 들어 라벤더는 긴장을 풀어주고 네놀리는 흥분시킨다고 한다. 하지만 최근 연구는 조작 정보가 이 두 향기의 아로마테라피 효과를 완전히 뒤집을 수 있음을 증명했다. 라벤더 냄새를 맡는 사람에게 긍정적인 정보로 라벤더에 '진정 효과가 있다'고 말하자 실제로 긴장이 풀렸고 심장 박동과 피부 전도율에 변화가 있었다. 반면 부정적인 정보로 라벤더에 '흥분 효과가 있다'고 말하자 대단히 빠르게 흥분했다. 네놀리에 대해서도 똑같은 반전 효과가 나타났다. 단지 좋은 말을 슬쩍 흘리기만 하면 아로마테라피의 긍정적인 플라시보 효과가 생기는 것이다.

정보 조작의 효과는 일상생활에서도 나타난다. 노르웨이 환자 수송기의 승무원이 비행기에서 양배추 같은 냄새가 난다고 하자, 다른 이들은 수송중인 환자가 방귀를 뀌었다고 생각하고는 그 말을 무시했다.[32] 같은 날, 또 다른 환자를 수송할 때 그 냄새가 또 나자 승무원들은 당황했다.

두 환자가 그렇게 독특한 냄새를 풍기는 방귀를 똑같이 뀐다는 건 드문 일이니 말이다. 잠시 후 조종실에 불이 나서 비행사들은 비상착륙을 해야 했다. 결국 방귀 냄새는 전선의 전열체가 타면서 나는 냄새였던 것이다. 승무원들은 기계적이 아닌 의학적인 사고방식을 갖고 있었고, 기존의 기대 때문에 코가 말해주는 것을 심각하게 오판했던 것이다.

냄새는 수동적인 코에서만 일어나는 일이 아니다. 두뇌가 후각의 육체적, 인지적 측면을 적극적으로 통제한다. 얼마나 많은 냄새를 코로 들여보낼지를 조절하기 위해 킁킁거림으로 순간순간 통제하고, 또한 다음 냄새에 대비할 수 있도록 한 냄새의 강도를 고의적으로 낮게 조정하며, 어떤 행동 반응을 해야 할지 알려주기 위해 배경의 단서를 바탕으로 냄새를 무의식적으로 임시 해석한다. 킁킁거림부터 정보 조작까지, 코와 두뇌는 냄새 풍경에 대한 우리 인식을 끊임없이 새로 바꾼다.

5

입을 위한 코

한 사람의 눈을 가리고 코를 꽉 쥐게 한 다음
그의 입에 계속해서 소고기와 양고기, 송아지 고기, 돼지고기를 넣어보면
분명 맛을 구분하지 못할 것이다.[1] 닭고기와 칠면조 고기, 오리 고기, 혹은
아몬드, 호두, 개암으로도 똑같은 결과가 일어날 것이다.
__헨리 티오필러스 핀크_

음식에 관한 한, 나는 맹목적인 냄새 우월주의자다. 맛은 따분하다. 혀는 겨우 5가지 맛, 즉 쓴맛과 단맛, 신맛, 짠맛 그리고 감칠맛(내 일본 동료들은 오랫동안 글루타민산소다인 MSG가 짜다는 인상만 주는 건 아니라고 주장했다. 1996년 혀에 있는 글루타민산염 수용체의 발견으로 마침내 그들의 주장이 입증됐다.[2] 기분 좋은 감칠맛은 현재 공식적으로 인정받고 있다)에 대한 정보만 준다. 물론 5가지 맛의 경로를 얕볼 것은 아니지만, 후각의 350가지 수용체 및 24가지 지각적 범주와 비교하면 원시적이다.

내가 맛이 과대평가됐다고 생각하는 데에는 또 다른 이유가 있다. 우리는 향미를 입에서만 느끼는 감각으로 경험하는 데 길들여져 있다. 그 결과 '맛(taste)'과 '향미(flavor)'라는 단어를 일상생활에서 혼용한다. 그래서 향미는 맛과 냄새의 결합이고, 향미가 단순해 보이는 것은 단지 언어가 종종 부추기는 착각이라는 사실을 잊기 쉽다. 예를 들어 나라마다 맛과 향미를 모두 가리키는 단어는 하나뿐인데, 스페인어로는 'sabor', 독일어로는 'geschmack', 중국어로는 'wei'이다. 내 생각에 혀는 지나치게 과대평가되고 있다.

냄새를 배제해보면, 냄새가 향미에 얼마나 큰 공헌을 하는지 분명해진다. 콧구멍을 꼭 막으면 향미는 사라진다. 120년 전, 미국 철학자이자 비평가였던 헨리 T. 핀크(Henry F. Finck)가 말한 것처럼 맥없이 씹히는 느낌만 남을 것이다. 캐비아는 짠 오트밀 같은 맛이 나고 커피는 그저 쓴 물일 뿐이다. 이 단순하고 확실한 진리는 후각이 현대인에겐 별로 중요하지 않다고 주장하는 이들에게 무시당하고 있다.[3] 예를 들어 대중과학의 우상 칼 세이건(Carl Sagan)은 "후각은 인간의 일상생활에서 대단히 하찮은 역할을 하는 게 분명하다."고 말했다. 또 〈사이언스 다이제스트〉는 "현대인은 오븐에서 타는 불고기를 감지하거나 장미 냄새를 맡을 때를 제외하고는 후각을 사용하는 일이 거의 없다."고 주장했다. 선구적인 성과학자 해블록 엘리스(Havelock Ellis)는 "후각이 완전히 사라진다 해도 삶의 쾌락, 특히 먹고 마실 때의 쾌락은 어느 정도 줄어들지언정 인류의 삶은 큰 변화 없이 예전처럼 계속될 것이다."라는 말로 향미에서 냄새의 역할을 과소평가하려 했다.

핀크는 오죽 답답하고 불행했으면 위와 같은 글을 썼을까? 사실 그의 말대로 후각은 음식을 즐기는 데 큰 공헌을 할뿐더러, 이 때문에 찬양받을 가치가 있다. 핀크는 〈냄새의 요리법적 가치*The Gastronomic Value of Odours*〉라는 에세이에서 우리가 음식 맛을 보는 데 이용하는 특정 유형의 냄새에 대해 묘사했다. 그는 입 안의 음식에서 발산되는 향기는 인후 뒤를 지나 비강에 이르고 콧구멍으로 내쉬어진다고 했다. 삼키는 행동은 반대의 길을 따라 향을 보낸다. 사실상 우리는 안에서 밖으로 음식 냄새를 맡는다. 오늘날 이 같은 현상을 '비후방 후각 작용(Retronasal Olfaction)'이라고 하지만 나는 '두 번째 후각 방식(Second way of smelling)', 즉 콧구멍을 우선으로 하는 일반적인 방법과 구분하는 핀크의 명칭이 더 마음에 든다. 비후방 후각 작용은 감각과학자들 사이에 큰 논란이 되었으나, 최근 연구 결과는 두 번째 후각 방식이 자체의 감각적 규칙을 따른다는 핀크의 직관력을 증명했다.

코로 가는 두 물리적 경로-하나는 외부 세계에서, 또 다른 하나는 입 안에서-는 후각의 심리학에서 비교된다. 냄새의 뚜렷한 위치-몸속 혹은 몸 밖-는 그 냄새의 지각 방식을 결정한다. 심리학자 폴 로진은 간단한 실험으로 이를 증명했다.[4] 우선 그는 사람들에게 4가지 흔치 않은 과일 주스 냄새를 인식하도록 가르쳤다. 그런 다음 그들의 눈을 가린 상태에서 샘플 냄새를 다시 맡게 했다. 그들은 후각만을 이용하여 정확하게 샘플 냄새를 구분하는 데 성공했다.

하지만 로진이 주사기로 그들의 입 안에 똑같은 주스 샘플을 뿜었을 때에는 제대로 구분하지 못했다. 코로 맡았을 때에는 익히 알고 있었던 냄새를 입 안에선 잘 알아차리지 못한 것이다. 이는 로진에게 장소가 중요하다는 점을 암시했다. 즉 음식은 한 방향인 '저기서', 그리고 다른 방향인 '여기서' 냄새가 난다. 밖에서 안으로, 안에서 밖으로 맡는 냄새의 심리적 차이는 혀의 미각과 결합될 때 묘한 대조를 낳는다. 이 때문에 커피처럼 어떤 음식은 냄새는 좋은데 맛이 없을 수 있고, 또 블루치즈처럼 어떤 음식은 냄새는 별론데 맛은 좋을 수 있는 것이다.

심리학자 데브라 젤너(Debra Zellner)는 시각 및 후각과 관련된 독특한 감각적 착각을 연구했다.[5] 그녀는 투명한 향수를 컵 두 잔에 따르고 그 중 한 컵에 색소를 넣었다. 눈을 가렸을 때에는 두 샘플 모두 냄새가 똑같이 강했지만, 눈을 가리지 않았을 때에는 색소가 든 쪽의 냄새가 더 강했다.

색깔과 냄새 착각에 대한 기존의 연구에서는 액체 냄새를 코로만 맡았다. 젤너는 냄새를 입으로 전달하면 어떻게 될까 호기심을 품었다. 그래서 사람들에게 빨대로 샘플을 마시도록 했다. 액체는 투명 플라스틱 뚜껑으로 덮여 있어서 보이기는 하지만 콧구멍으로 냄새를 맡지 못했다. 이 조건에서 착각은 뒤집어졌다. 색소를 넣은 쪽이 냄새 강도가 더 낮다고 지각됐기 때문이다.

냄새와 맛은 미각에서 떼려야 뗄 수 없을 만큼 밀접한 관계이므로, 한 형태의 경험이 다른 경험에 영향을 줄 수 있다. 예를 들어 어떤 냄새는 대개 맛과 관련된 표현으로 묘사된다. 가령 꿀 냄새는 '달콤하다', 식초 냄새는 '시큼하다'고 표현들을 한다. 오스트레일리아 심리학자 R. J. 스티븐슨(R. J. Stevenson)과 연구진은 냄새가 연상 학습을 통해 맛의 특징을 갖는다는 점을 증명했다.[6] 새로운 냄새가 자당의 달콤한 맛과 몇 번 짝지어지고 나면 그 냄새는 달콤하다고 인식된다. 구연산과 짝지어지면 신 냄새로 인식될 것이다.

이 교차 감각적 관계는 다른 방향으로도 작용한다.[7] 냄새가 맛을 바꿀 수 있는 것이다. 예를 들어 딸기 냄새는 묽은 설탕물의 맛을 더 달콤하게 만들고, 간장 냄새는 소금물의 맛을 더 짜게 한다. 감각 연구가들은 냄새와 맛의 심리적 상호 작용을 이제 막 이해하기 시작했으며, 이 감각들이 어떻게 두뇌에서 신경으로 상호 연결되는지를 연구중이다. 나처럼 냄새에 관심이 많은 사람에게 미각 연구는 더욱 더 흥미로워질 것이다.

대빙하시대의 통구이

육식 동물은 음식의 맛을 거의 보지 않는다. 그저 찢고 씹고 삼킬 뿐이다. 초식 동물은 몇 시간 동안 계속해서 씹는데, 그건 감각적 쾌락을 위해서가 아니라 질긴 섬유질 식물을 소화하기 쉽게 만들기 위해서다. 그에 반해 인간은 음식의 향기를 기대하고 오래도록 감상한다. 음식의 맛을 높이기 위해 요리하고 양념을 넣는 등 갖은 노력을 다한다. 두 번째 후각 방식은 먹는 즐거움을 줄 뿐 아니라, 인간의 후각이 오랜 세월에 걸쳐 어떻게 진화했는지를 알려주는 열쇠다.

전통적으로 문화 인류학자와 사회학자들은 요리를 문화의 표현, 즉 관습과 창조성으로만 추진된 총체적 행동으로 간주했다. 새 세대의 행동 지향적 진화론자들은 현재 이 비생물학적 관점에 도전하고 있다. 예를 들어 하버드 대학교의 인류학자 리처드 랭엄(Richard Wrangham)은 요리를 선택적 행동, 즉 문화적 허례허식이 아니라 생존을 위한 생물학적 필수 조건으로 생각한다. 증거를 살펴본 그는 "규칙적으로 조리된 음식을 먹지 않고 살았던 인간 집단은 알려지지 않았다."는 점을 발견했다.[8] 심지어 생식을 하기로 유명한 북극의 이뉴잇 사냥꾼도 가끔씩 고래 기름을 요리한다.

원인(原人)은 25만 년 전에 분명 불로 요리했다. 랭엄은 무려 79만 년 전에도 요리를 했다는 증거를 발견했고, 요리는 170만 년 전부터 시작됐으리라 추측된다. 어쨌든 10만 년 전 아프리카에서 최초의 해부학적 현대 조상이 출연했을 때 불을 이용한 조리 방법은 널리 알려져 있었다. 인간은 수세대에 걸쳐 많은 마스토돈 스테이크를 구웠다.

요리의 발명은 식사와 사회 행동에 깊은 영향을 주었다. 요리는 영양분을 높이고, 채소를 더 빨리 먹게 만들고, 쉽게 소화할 수 있게 한다. 랭엄은 채식을 하는 55킬로그램의 여성이 하루 2000칼로리를 섭취하기 위해선 5킬로그램의 생과일과 채소를 먹어야 할 것이라고 계산했다. 샐러드 바에서 많은 시간을 보내야 한다는 뜻이다. 의학 연구는 독일의 채식주의자들이 영양학적으로 다른 사람들보다 뒤떨어진다는 점을 증명했는데, 그들은 늘 기운이 없고, 특히 여성은 생리를 하지 않았다. 책상에 앉아 일하고 편리한 슈퍼마켓을 이용하는 유럽 도시인이 생채식으로 건강하게 지내지 못한다면, 수렵 채집인은 어떻게 했던 것일까?

고기를 추가하자 식단이 크게 개선되었다. 야생 침팬지는 원숭이 고기를 몹시 좋아하지만, 그것을 먹는 데엔 꽤 힘들어 보인다. 그 힘센 턱으로도 뼈에서 생살을 갉아먹는 데 몇 시간이 걸리기 때문이다. 들이는 공을 생각하면 침팬지에게 날고기는 일상적인 영양 공급원이 아니다. 초기 원인도 마찬가지였을 것이다. 진화적으로 현대 인류와 가까운 호모 에렉투스 여성이 날고기에서 모든 칼로리를 얻기 위해선 하루 6시간이 걸렸을 것이라고 랭엄은 계산한다. 하지만 익힌 고기는 쉽게 씹을 수 있으며 빨리 먹을 수 있기 때문에 적은 시간에 영양분이 풍부한 칼로리를 얻을 수 있다.

요리 덕에 남은 시간은 인간의 행동 양식을 바꿨다. 몸집 큰 다른 영장류들은 온종일 생과일과 나뭇잎을 조금씩 자주 먹어야 하는 반면, 인간은 단 몇 번 나누어 식사하기 때문에 다른 활동을 할 시간이 많다.

조리가 유행하면서 원인에게 힘센 턱 근육과 큰 치아는 더 이상 중요하지 않았으므로 크기도 작아졌다. 지난 10만 년 동안 인류의 치아와 턱 근육은 더욱 작아져 혀와 턱의 씹는 움직임을 섬세하게 통제할 수 있게 되었다. 더욱 섬세해진 현대인의 입은 음식 덩어리를 쉽게 삼키고 그 과정에서 더 많은 향을 발산하도록 돕는다.[9] 결국 요리는 인간의 얼굴 모양을 완전히 바꾸었다.

요리는 인간의 감각계도 바꾸었다. 새로운 향기 분자와 새로운 종류의 냄새를 경험하게 한 것이다. 홍적세인류가 고기를 굽기 전에는 구운 고기와 볶은 견과류, 익힌 채소의 향긋한 냄새를 거의 맡을 수 없었다. 약 1만 2500년 전, 밀과 그 밖의 곡물을 재배하면서 구운 빵과 끓인 옥수수 죽 같은 더 많은 새로운 냄새가 생겨났다. 약 1만년 전부터는 양과 염소, 돼지, 소를 가축으로 길렀고, 이와 함께 버터 냄새와 요구르트나 치즈의 발효향이 생겼다. 초기 정착민이 발효 기술을 익히면서 맥주와 포도주의 향기도 더해졌다.

인간은 요리하는 종족이고, 음식 냄새는 생활에 스며들었다. 음식 냄새는 행동을 자극한다. 한 입 먹기도 전에 일련의 복잡한 생리적 현상이 일어난다. 침이 나오고, 췌장에서 인슐린이 분비되며, 여러 가지 소화액이 나온다. 의식적으로 식별할 수 없을 만큼 아주 희미한 농도의 베이컨 냄새가 타액 분비를 자극한다는 게 증명됐다.[10] 이 현상은 "커피 내리는 냄새를 제외하고, 아마 아침에 굽는 베이컨 냄새만큼 흥분시키는 건 없다." 고 했던 요리책 저자 제임스 비어드(James Beard)에겐 당연한 일일 것이다.

우리는 식사하러 가는 길에 음식 냄새에 자극 받으리라 예상한다. 음식보다 앞서 예상되는 냄새는 생물학적 필수 조건이 됐다. 이는 완전조리 식품 제조업자에겐 큰 골칫거리다. 전자레인지로 익혀 먹는 완전조리식품에서는 '알맞게 요리된 상태'를 알리는 굽고 볶은 냄새가 나지 않기 때문이다. 식품 회사들은 이 사라진 냄새를 기술적으로 복원하기 위해 많은 돈과 시간을 투자하고 있다.

사람은 음식을 조리할 뿐 아니라 양념도 사용한다. 지역마다 이용하는 양념과 혼합비율은 각각 다르지만, 전 세계 사람들은 관습적으로 양념을 사용한다. 무엇을 양념이라 할 수 있을까? 한 정의에 따르면, 양념은 "말리거나 향긋하거나 톡 쏘는 채소나 식물을 통째로 쓰거나 자르거나 빻은 형태로 사용하는 재료. 기본적으로 영양보다는 풍미를 더하는 역할을 하는 것"이라 하였다.[11] 뿌리, 씨, 말린 잎, 심지어 향긋한 이끼도 이 정의에 맞는다. 신선한 허브를 포함하면 양념 재료는 더 많아진다.

양념의 종류는 많지만, 이 세상에 존재하는 무수한 냄새처럼 자세히 들여다보면 이 뚜렷한 다양성을 단순하게 만들 수 있다. 전 세계 위대한 모든 전통요리에는 기본적으로 사용되는 소수의 양념과 향료가 있다. 조향사는 이 결합을 화음처럼, 즉 향수의 스타일을 결정하는 주성분처럼 생각할 것이다. 요리 전문가였던 고 엘리자베스 로진(Elisabeth Rozin)은 이러한 결합을 '양념의 기본'이라고 했다.[12] "모든 문화권이 몇 안 되는 양념 재료를 가지고 대단히 자주 그리고 지속적으로 조합하기 때문에, 이 혼합된 양념이 특정 요리에 결정적인 요인이 되었다."

로진은 모든 문화권이 2~3가지 주요 양념을 쓴다는 것을 알 수 있었다. 4가지 이상의 양념을 쓰는 문화권은 거의 없었다. 예를 들어 중국 양념의 기본은 간장, 청주, 생강이고, 헝가리 양념의 기본은 파프리카와 돼지기름, 양파다. 나라마다 널리 사랑받고 인정받는 양념의 기본은 음식에서 고유의 민족성을 느끼게 한다. 먼 훗날 헝가리 우주 탐험가가 가공된 녹조류 페이스트를 먹더라도, 파프리카와 돼지기름, 양파로 양념되어 있다면 맛있다고 생각할 것이다.

몇 가지 양념은 여러 문화권에서 애용된다. 양념의 기본은 조미료의 '특정 조합'에 따라 달라진다. 널리 쓰이는 레몬을 생각해보자. 레몬에 시계피와 오레가노, 토마토를 더하면 그리스 양념의 기본이다. 생선 소스와 칠리 고추를 더하면 베트남 양념의 기본이 된다. 양념의 기본이 되는 원료가 거의 비슷하다는 건, 곧 전 세계 모든 전통요리를 단 몇 가지 재료로 만들 수 있다는 뜻이다. 로진이 그녀의 책에 서술한 30여 가지 양념의 기본에는 약 50여 가지 재료가 필요하다. 전 세계 음식의 모든 양념을 시장가방 하나에 담을 수 있는 것이다.

로진의 음식 향기에 대한 이론은 일부 사람들에게 인간의 풍부한 요리를 설명하기엔 너무 한정적이라는 인상을 주었다. 하지만 그들은 몇 가지 기본 향기 성분으로 엄청나게 다양한 양념을 만들 수 있는 조합론의 힘을 제대로 이해하지 못했다. 시카고 요리사이자 레스토랑 경영자인 찰리 트로터(Charlie Trotter)는 이 점을 알고 있었다. "6가지 재료로 40가지 요리를 만들 수 있다."고 말한 그는 창조적인 요리를 즉흥적 재즈 연주에 비유했다.[13] 전통적인 양념의 조합법을 터득한 요리사는 몇 가지 양념만으로도 무수히 새로운 요리를 즉흥적으로 만들 수 있다.

따라서 요리사와 화학자는 비교적 적은 수의 재료로 감각적 다양성을 이룰 수 있다는 똑같은 진리에 이른다. 화학자는 1000가지 미만의 냄새 분자로 모든 음식 냄새를 재현할 수 있고, 요리사는 수십 가지 양념으로 전 세계 모든 음식을 만들 수 있다. 화학적 수준뿐 아니라 미적 수준에서 놀랍도록 다양한 인간의 요리는 기본 주제와 무한한 변화의 문제다.

코넬 대학교의 진화 생물학자 폴 셔먼(Paul Sherman) 역시 식습관의 모든 변화가 문화적이라는 가설을 연구하는 과학자다. 셔먼은 양념 사용이 어떻게 인간의 생존과 관계가 있는지를 연구한다. 그의 공동 연구가 제니퍼 빌링(Jennifer Billing)은 양념에 항균성 특성이 있다는 사실에 호기심을 느꼈다. 양념에 박테리아와 균을 죽이는 천연 화학물질이 포함되어 있는 것이다. 요리에 약간의 양념을 넣으면 부패와 음식 관련 질병을 줄일 수 있을까? 이를 시험하기 위해 셔먼과 빌링은 36개국에서 93권의 요리책을 수집했다.[14] 그러고 나서 그 중 육류를 기본으로 하는 4578가지 요리법을 선별해 각각의 요리에 어떤 양념이 쓰였는지 꼼꼼하게 기록했다.

전 세계적으로 93퍼센트에 달하는 모든 육류 요리에는 한 가지 이상의 양념이 들어간다. 하지만 그 결과물은 나라의 기후에 따라 다양했다. 요리법당 양념의 숫자는 연평균기온과 함께 증가했다. 예를 들어 핀란드와 노르웨이의 요리 중 3분의 1은 양념을 전혀 쓰지 않는다. 반대로 에티오피아와 케냐, 그리스, 인도, 태국에선 모든 요리에 한 가지 이상의 양념을 사용한다.

셔먼과 빌링은 또 다른 통계 분석을 통해 연평균기온과 양념을 넣은 요리법의 비율 및 사용된 양념의 총 숫자의 상관관계를 발견했다. 따뜻한 기후에선 냉장시키지 않은 육류가 빨리 상하기 때문에 양념을 많이 사용하면 부패를 더 효과적으로 방지할 수 있다.

셔먼과 빌링은 다양한 양념의 항균력을 시험했다. 그 결과 더운 나라일수록 더 많은 박테리아 종을 그 지역에서 쓰는 양념으로 막는다는 점을 발견했다. 이들은 양념이 음식 맛을 좋게도 하지만, 음식의 병원균을 없애기 때문에 사람들의 건강을 유지시켜주는 생물학적 장점도 있다는 결론을 내렸다. 그들은 잠시 상한 음식의 나쁜 맛을 가리기 위해 양념을 쓰는 게 아닐까 생각했지만, 이내 말도 안 된다고 판단했다. 사람들에게 독소를 섭취하도록 부추기면 생존에 좋을 리 없기 때문이다.

셔먼과 빌링은 육류를 기본으로 하는 수천 가지 요리법 중에서 가장 흔히 쓰이는 양념은 양파(65퍼센트)와 후추(63퍼센트)고, 그 다음이 마늘(35퍼센트), 고추(24퍼센트), 레몬과 라임 과즙(23퍼센트), 파슬리(22퍼센트), 생강(16퍼센트), 말린 월계수 잎(13퍼센트)이라는 점을 발견했다. 그 밖의 35가지 양념은 가끔씩만(총 요리법 중 10퍼센트 미만) 쓰였다. 그리고 전 세계 요리의 대부분을 약 50가지 기본 재료로 만들 수 있다는 점을 알 수 있었다. 이 숫자는 로진의 전 세계 요리 쇼핑 목록 가짓수와 비슷하다. 더욱이 일반적인 육류 요리에는 대개 3.9가지 양념이 들어가는데, 이 숫자 역시 로진이 말한 양념의 기본 개념과 일치한다.

셔먼은 수집한 요리책을 다시 펼쳐 또 다른 2129가지 요리법을 분석했다. 이번엔 채소 요리만 살펴보았다.[15] 육류 요리에 비해 채소 요리엔 더 적은 향신료, 즉 평균 2.4가지만 사용되었다. 하지만 채소 요리 분석 결과 역시 항균성 가설을 뒷받침했다. 더운 기후일수록 더 많은 향신료를 쓰는 것이다. 다만 채소 요리에서 이 관계는 다소 미약했다. 왜일까? 과일과 채소는 이미 미생물에 대한 물리적·화학적 자체 방어수단을 갖고 있어서 향신료를 넣는다고 해도 건강상의 이익이 상대적으로 적기 때문이다.

요리, 음식, 진화

요리와 향신료는 생물학적 결과를 낳는 행동적 적응이다. 이는 인간의 얼굴 모양을 만들었고, 입을 바탕으로 한 냄새 맡기를 결정적인 인간의 특징으로 만들었다. 이상하게 들리겠지만, 향신료를 넣은 요리는 인간의 DNA까지 바꿨다.

한 종의 DNA 암호는 책처럼 읽힌다고 한다. 그렇다면 일부 생물학자들은 DNA 암호를 스포츠 관련 서적처럼 읽을 것이다. 즉, 후각 수용체 유전자의 숫자를 계산하고 그 결과에 따라 인간을 다른 종과 비교해 등급을 매길 것이다. 쥐는 가장 기능적인 수용체 유전자를 갖고 있어서 포유류 리그에서 1위를 차지한다. 개와 생쥐는 몇 게임 조금 뒤처진 반면, 침팬지와 인간은 와일드카드 자격을 갖고 있다. 그리고 물속에 사는 돌고래 팀은 최하위를 차지한다.

영장류 중에서 인간은 가장 높은 비율의 비기능적 수용체 유전자를 가지고 있다. 우리는 유전적 다락방에 쓸데없는 고물을 많이 갖고 있다. 언뜻, 인간의 후각이 좋지 않고(상대적으로 적은 수용체) 더욱 나빠지는(순위가 높은 다른 영장류보다 네 배 빠른 진화 속도로 수용체 유전자를 잃는) 것처럼 보인다. 그래서 과학 전문 작가 니콜라스 웨이드(Nicholas Wade)는 "후각 능력은 문명을 얻은 대가로 엄청나게 퇴화되었다."라고 했다. 하지만 그의 비관적 결론은 정당화되지 못할 것이다.[16]

인간은 계속 진화하고, 유전학자들은 인간 게놈에서 돌연변이 다발 부위, 즉 새로운 유전자가 태어나는 생물학적 기능 부위를 밝혀냈다. 후각이 바로 그런 돌연변이 다발 부위다.[17] 지난 5000~1만 년 동안, 후각 수용체 유전자는 식사 및 신진대사와 관련된 유전자와 함께 그 어떤 생리계의 유전자보다 더 빠르게 진화했다. 한 새로운 연구는 "인간 후각 유전자의 많은 변화는 대단히 최근에 일어났다."는 점을 발견했다. 이 경우 변화는 모든 사람에게 확실한 특성이 된 이로운 유전적 돌연변이다.

인간 게놈은 문화적 변화에 빠르게 반응한다. 예를 들어 고대인들에게 락토오스 흡수와 관련된 유전자는 젖을 뗀 직후 기능을 중단했다.[18] 하지만 낙농업의 출현으로 우리는 성인이 되어서도 그 유전자를 계속 활동시킬 수 있었다. 유제품을 먹을 수 있다는 선택적 이익이 너무나 커서 성인의 락토오스 흡수는 진화 시간에선 눈 깜박할 사이인 5000년 내에 광범위한 특성으로 자리 잡았다. 이와 마찬가지로 조리한 음식 냄새가 인간의 후각 수용체 유전자에 영향을 미치는 충분한 시간이 있었을 것이다. 인간의 내장이 유제품을 소화할 수 있도록 진화했다면, 왜 코가 치즈와 버터, 요구르트 냄새를 식별할 수 있게끔 진화하지 않았겠는가?

최근에 인간은 가장 가까운 친척인 침팬지와 공유하지 않는 후각 수용체 아과(亞科)를 진화시켰다. 어쩌면 이 새로운 수용체는 새로운 냄새, 최근에야 인간의 생존에 중요해진 냄새를 감지하도록 조정되었는지 모른다. 비록 추측이지만, 장담컨대 이 수용체는 유제품뿐만 아니라 맥주부터 와인에 이르기까지 알코올음료의 휘발성 발효 냄새와 함께 연어와 마스토돈 구이 등 구운 고기의 미묘한 차이를 알아낼 것이다. 일상적으로 우리는 미각을 즐겁게 하기 위해 양념을 사용하지만, 결국 우리의 미각은 음식에 맞춰 진화하고 있다.

나는 개 또한 인간의 후각 진화 과정에서 한 부분을 차지한다고 추측한다. 개는 약 1만 5000년 전 인간이 수렵채취 생활 대신 정착 생활을 시작했을 때 시베리아 어딘가에서 처음 길들여졌다. 점차 요리의 복합적인 인공 냄새에 사로잡힌 인류의 조상들은 사냥감의 냄새를 알아내기 위해 사냥개에 의존하기 시작했다. 개 코를 이용하면서 인간의 냄새 추적 능력은 약해지기 시작했다. 그 결과 개는 사람을 대신해 멀리 있는 냄새를 맡게 된 반면, 인간은 입 속의 가까운 음식 냄새를 맡도록 진화되었다.

개와 인간은 보완적인 후각 능력을 갖고 있다. 개에겐 비후강 후각 능력이 거의 없지만 엄청나게 먼 곳의 냄새는 잘 맡는다. 사람은 그 반대다(나는 개의 비후강 후각에 대한 과학 논문을 단 한 편도 찾지 못했다. 동물 사료 제조업자에 따르면, 개는 먼저 냄새를 맡고 나서 먹는다고 한다. 입 안의 음식 맛을 보는 데 많은 시간을 들이지 않는다).

예일 대학교의 신경생물학자 고든 셰퍼드(Gordon Shepherd)는 비후강 후각은 "영장류와 다른 포유동물보다 인간에게 훨씬 많은 냄새를 전달한다."고 주장했다.[19] 나는 더 나아가 인간은 비후강 종이라고 주장한다. 인간의 가장 뛰어난 후각 능력은 먹는 순간에 음식 냄새를 감상할 수 있다는 데 있다. 특히 살아 있는 먹을거리가 아닌 입 안의 음식 냄새를 맡는 데 탁월하다. 사바나에서 가젤 냄새를 추적해야 할 경우, 우리는 사냥개의 경쟁 상대가 되지 못한다. 하지만 가젤을 모닥불로 끌고 오면 분명 맛있게 요리할 순 있다.

전 세계의 모든 문화권이 똑같은 종류의 양념을 택하지만, 그렇다고 해서 다른 문화권의 요리를 똑같이 맛있다고 느끼는 것은 아니다. 향기는 문화권과 그에 수반되는 모든 사고방식에 차이를 준다. 만화 〈사우스 파크*South Park*〉를 잠시 살펴보자. 코스타리카 견학여행 때 스티븐스 선생이 에릭 카트먼에게 "다른 문화를 존중해야지!"라고 주의를 주자, 그는 "전 저들 문화에 대해 아무 말도 안 했어요. 그저 그 도시에서 똥 냄새가 난다고 말했을 뿐이에요!"라고 대답했다. 문화적 차이를 슬며시 외면하는 사람이 만화 속 4학년짜리 학생만은 아니다. 자크 시라크(Jacques Chirac)는 프랑스 대통령이 되기 전 파리 시장이었을 때 무전취식하는 이민 가족들의 '소음과 냄새'가 열심히 일하는 프랑스인들을 괴롭히고 있다는 말로 악명 높았다. 그는 카트먼처럼 황급히 "인종차별적인 발언은 아니다."라고 덧붙였다.

유럽인들만 냄새 편견을 갖는 건 아니다.[20] 펄 벅(Pearl Buck)의 소설《대지*The Good Earth*》의 주인공 왕룽은 중국의 다른 지역으로 이주하게 되는데, 그곳에서 체취 때문에 따돌림을 받았다. 왕룽이 어제 먹은 마늘 냄새를 풍기며 다가가자 사람들은 코를 막으며 "냄새 나는 변발 북쪽 사람이군!"이라고 외쳤다. 그리고 마늘 냄새 때문에 천 가게 주인들은 외국인에게 바가지를 씌우듯 그에게 파란 무명 값을 높여 불렀다.

인류학자들은 후각적 고정관념이 종족 정체성을 결정한다고 말한다.[21] 예를 들어 콜롬비아 아마존 열대우림의 데사나 족은 유전적 형질과 먹는 것 때문에 부족마다 독특한 냄새가 있다고 생각한다. 사냥꾼인 데사나 족은 그들이 먹는 사냥감의 사향 냄새를 풍긴다고 한다. 한편 이웃인 타푸야 족은 어업으로 먹고 살기에 물고기 냄새가 난다고 여긴다. 인근 투카노 족은 농업을 하기 때문에 밭에서 기르는 근채류와 구근 작물, 채소 냄새가 난다고 생각한다.

하지만 전통적인 스코틀랜드 씨족들의 이야기는 조금 다르다.[22] 격자무늬 모직물이 발명되기 전, 각 씨족은 그들의 정체성을 알리기 위해 상징적 향기로 식물을 지니고 다녔다고 한다. 따라서 씨족 간의 다른 냄새는 유전이나 음식 탓만이 아니다. 상업적인 한 후각 과학자는 씨족을 바탕으로 한 향수를 출시하여 그 개념을 재도입하려 하고 있다. 산앵도 열매 향수를 원하는 사람?

문화적 경계에서 음식 냄새는 보이지 않는 향기 울타리가 된다.[23] 한 연구는 가다랑어 채가 일본인에겐 음식 같은 냄새로 느껴지지만 독일인에겐 그렇지 않으며, 마르지판(Marzipan, 아몬드 반죽)은 그 반대라는 점을 증명했다. 사람들은 어릴 때부터 익숙한 음식을 먹는다. 이 연구의 가장 충격적인 결과는 인터뷰한 독일 여성 중 40퍼센트가 코 막힘과 기침을 잠재워주는 연고인 빅스 베이퍼럽(Vicks VapoRub)의 냄새를 음식 냄새로 생각했다는 점이다.

향기 울타리 때문에 태어난 문화권의 음식 냄새에서 벗어나지 못할까? 꼭 그렇지는 않다. 하지만 그 울타리를 뛰어넘으면 많은 위험이 도사리고 있다. 이는 인도 여성 작가 라디카 자(Radhika Jha)의 소설 《다시 사랑할 수 있을까*Smell*》에 잘 묘사되어 있다.[24] 케냐에서 태어난 인도 소녀 리라는 파리에서 인도 식품점을 운영하는 사촌과 함께 살기 위해 파리로 가야 했다. 향기의 역류가 첫 문단에 서술되어 있다. "바람이 몹시 불어대는 봄날이면 으레 그렇듯, 피클과 마살라(Masalas, 인도 향신료)의 톡 쏘는 향기로 가득한 에피세리 마드라스 안으로 갓 구워낸 바게트 빵 냄새가 들어오려고 발버둥을 쳤다."

리라는 후각이 예민하고 전통적인 인도 향신료로 요리를 잘 만든다. 파리 생활을 익히면서 새로운 요리를 즉흥적으로 만들며 일과 사랑에 대한 새로운 가능성을 개척하여 프랑스인과 사랑에 빠졌고 퓨전 요리계에서 큰 인기를 끈다. 하지만 결국 리라는 자신을 이국적이고 매력적으로 만든 냄새가 자신을 이방인으로도 만든다는 것을 깨닫는다.

작가인 라디카 자는 경계를 만드는 냄새의 힘에 탁월한 직관력을 갖고 있다. 그건 아마 그녀 자신이 파리에서 교환학생으로 살았기 때문일 것이다. 한 여인이 어떻게 냄새를 이용해 두 문화권과 자신의 관계를 재정의했는지를 묘사함으로써, 그녀는 향기 울타리를 건널 수 있음을 증명했다.

일부 음식 냄새는 도저히 넘어갈 수 없을 만큼 높은 울타리를 세운다. 예를 들어 스웨덴 사람이 아니면 스트뢰밍을 먹어볼 엄두를 내지 못할 것이다. 스트뢰밍은 발효시킨 청어로, 그 나라 최고의 진미라고 생각하는 사람에게도 끔찍한 악취를 풍긴다. 또 다른 스칸디나비아 특산품으로는 루터피스크가 있다. 루터피스크는 자연 건조시킨 대구를 며칠 동안 물에 담갔다가 다시 이틀 동안 양잿물에 재우고 다시 며칠 동안 맹물에 넣어서 만든다. 고약한 냄새를 풍기는 이 퉁퉁 불고 젤리 같은 생선살 요리는 노르웨이와 노르웨이인들이 많이 이주한 미네소타와 위스콘신에서 인기가 높다.

개리슨 케일러(Garrison Keillor)는 루터피스크를 "비누 맛이 나고 염소까지 숨 막히게 할 만큼 역한 냄새를 풍기는 불쾌한 젤라틴 덩어리!"라고 회상했다.[25] 하지만 자신이 진정한 크누트의 자손이라고 생각하는 사람들은 1년에 최소 한 번은 이 루터피스크를 먹는다. 노르웨이 사람들이 미친 게 아니다. 그들도 루터피스크 냄새가 나쁘다는 것을 알고 있다. 하지만 그 냄새를 특별히 면제해주었다. 그걸 소속의 상징으로 만든 것이다.

심리학자 도널드 E. 브라운(Donald E. Brown)은 음악과 속담, 근친상간 기피, 장례 의식 등 문화적인 보편적 행동 양식에 관한 목록을 작성했다.[26] 나는 그 보편적 행동 양식 목록에 하나 더 추가하라고 제안하고 싶다. 모든 문화권에 존재하는 악취 나는 음식을 말이다.

두부를 발효시킨 취두부를 먹지 않으면 진정한 타이완 사람이 아니다. 삭힌 상어 고기인 하르칼을 먹지 않으면 진정한 아이슬란드 사람이 아니다. 진짜 일본인은 발효시킨 콩으로 만들어 끈적이는 낫도를 먹는다. 그리고 동남아시아에는 악취로 유명한 열매 두리언도 있다. 싱가포르에선 그 달콤하고 케이크 같은 과육을 먹을 수는 있지만, 공공 교통수단으로 옮기는 건 불법이다.

나는 개인적으로 한국의 국민음식인 김치를 정말 좋아한다. 김치는 대표적인 발효식품으로 소금에 절인 배추에 마늘, 젓갈, 고춧가루를 넣어 만든다. 발효의 효과가 얼마나 대단한지, 언젠가 냉장고에 넣어두었던 김치병이 폭발한 적도 있었다. 김치를 먹은 다음엔 더 굉장하다. 유머 작가 P. J. 오루크(P. J. O'Rourke)는 "안경을 뿌옇게 하는 김치 호흡, 목구멍을 얼얼하게 만드는 김치 트림, 바지를 찢는 끔찍한 방귀의 독기"라고 묘사했다.[27]

미국은 현재 감각에 대해 다시 각성하고 있다. 역사상 그 어느 때보다 새로운 음식과 맛, 냄새를 향해 감각을 활짝 열어놓고 있다. 미국인들은 한때 키시(Quiche, 파이 껍질에 구운 베이컨이나 치즈, 양파 등을 얹고 커스터드를 쳐서 구운 프랑스 파이의 일종)를 이국적이라 여겼지만, 지금은 태국의 유명한 볶음국수인 팟타이나 그리스 전통요리인 무사카(Moussaka, 가지와 고기를 올리브유에 볶아 소스와 치즈 등을 얹어 구운 요리) 식당을 흔히 볼 수 있다. 수백만 킬로그램의 마카로니와 치즈를 공급하기로 유명한 크래프트 푸드 사는 최근 망고 치포틀 해물 매리네이드를 선보였다.[28]

감각적 선택권이 더욱 풍부해지는 만큼, 한때 국가적 냄새 풍경에 특징을 주었던 지역적 차이는 사라져가고 있다. 1947년 〈새터데이 이브닝 포스트〉는 "태평양 연안 도넛 밀가루에는 레몬 맛이 두드러지는 반면, 뉴잉글랜드의 것에는 레몬 향은 적고 육두구 맛이 강하다."라고 자신 있게 주장했다.[29] 이러한 지역적 선호도의 흔적은 공기 청정제 판매의 차이로도 알 수 있듯 현대 미국에 여전히 남아 있다.[30] 바닐라와 계피처럼 음식을 연상시키는 향기의 공기 청정제는 중북부 주에선 39퍼센트의 시장점유율을 차지하지만 북동부와 서부, 남부 지역에선 28~29퍼센트만 차지한다. 감귤과 과일 향(레몬과 오렌지, 포도, 만다린, 풋사과)은 반대 양상을 보인다. 이 향기의 공기 청정제는 중북부 주에서는 단 16퍼센트만 판매되었지만 그 밖의 지역에선 22~23퍼센트가 판매되었다.

맥주는 과거 엄격하게 지역적으로 제조 · 판매되었지만, 오늘날 미국 맥주 시장은 밀러나 버드와이저 같은 브랜드가 전국 시장을 지배한다. 지난 50년 동안 일반적인 미국 맥주에서 맥아량이 25퍼센트 이상, 호프량이 50퍼센트 이상 줄어든 건 우연이 아니다. 다시 말해 맥주의 쓴 맛과 향이 줄어든 것이다.[31] 대형 브랜드는 독하지 않은 맥주를 만드는 전략으로 세력을 확장했다. 지역적 특징을 버리고 시장 점유율을 차지했다.

하지만 다행히 소규모 맥주 제조 운동이 번성하고 있다. 이 소규모 생산자들은 진한 맛에 흥미로운 향의 특별한 맥주를 만들었다. 이러한 소위 '수제' 맥주가 인기를 끄는 반면, 미국 전역에 판매되는 무난한 맥주 판매량은 그대로이거나 줄어들고 있다.

미국 대중 시장만이 독하지 않은 향을 선호한다고 생각하기 쉽지만, 사실은 세계적인 현상이다. 프랑스는 전 세계에서 가장 악취가 심한 치즈, 즉 생넥테르, 아미 뒤 샹베르탱, 에푸아스의 본고장이다(에푸아스는 양말과 젖은 개, 퇴비 냄새가 동시에 난다고 한다). 프랑스는 오늘날 그 어느 때보다 다양한 치즈를 판매하고 있다. 매년 약 100여 종의 새로운 치즈가 출시되고 있다. 하지만 이 제품들의 맛은 점점 더 비슷해지고 있다.[32] 저온 살균하지 않은 우유로 만든 전통적 곰팡이 치즈는 숙성되면서 질감과 냄새, 맛이 달라진다. 신제품 치즈는 저온 살균하고 한외(限外) 여과기로 거른 우유로 만든다. 유효기간을 길게 하기 위해서다. 질기고 풍미가 없으며 숙성되지 않은 산업용 브리 치즈가 시장을 점유하고 있다.

프랑스 제조업자들은 새로운 엉터리 치즈가 진짜라는 인상을 주기 위해 갖은 노력을 다한다. 나무 상자에 넣어 인공 짚으로 감싸고 인상적인 역사적 이름을 붙인다. 업계에서는 이런 치즈를 '가짜이되 정확한' 치즈라 한다.

코의 리셋 버튼

조엘 로이드 벨렌슨(Joel Lloyd Bellenson)은 내 앞에 작은 도기 잔을 놓고 그 뚜껑을 열었다.[33] "먼저 후각을 깨끗하게 하셔야 합니다."라고 말했다. 나는 잔을 들여다봤다. "커피콩입니다."라고 벨렌슨의 파트너 덱스터 스미스(Dexter

Smith)가 설명했다. "이건 그들이 향수 가게에서 쓰는 겁니다. 리셋 버튼과 같은 거죠." 나는 그의 말대로 콩 냄새를 맡아 코를 초기화시켰다.

_찰스 플랫(*Charles Platt*), 〈와이어드*Wired*〉

찰스 플랫은 이 짧은 일화로 디지센트 주식회사의 두 창립자에 대한 〈와이어드〉의 커버스토리를 시작했다. 조엘과 덱스터는 컴퓨터의 디지털 신호에 따라 수많은 냄새 화합물을 발산할 수 있는 작은 장치를 제안했다. 스탠퍼드 대학교에서 각각 생명과학과 공학을 전공한 이들은 이전에 게놈 회사로 성공했다. 하지만 둘 다 냄새에 대해선 전혀 몰랐다. 바로 그 때문에 내가 몇 달 전에 고용된 것이다. 새로운 벤처 사업에 감각 과학과 향수 산업의 실용적 지식을 결합하기 위해서였다.

나는 그들의 커피 얘기가 우스꽝스럽다고 생각했다. 무역 박람회에서 커피콩을 본 적은 있지만, 조향사가 그걸 사용한단 얘기는 들어보지 못했다. 하지만 조엘과 덱스터는 정확한 홍보 감각을 갖고 있는 사람들이다. 벤처 기업 사업자에겐 유용한 능력 말이다. 그래서 나는 의자에 깊숙이 앉아 눈을 굴리며 '코의 리셋 버튼'이라는 문화 구성 요소가 디지털 문화에 뛰어드는 것을 바라봤다.

커피콩 문화 구성 요소는 현재 향수 소매에 정착되어 있다. 나는 얼마 전 뉴저지 주 쇼트힐 쇼핑몰을 돌아다니다가 커피콩이 얼마나 철저히 뿌리박혀 있는지를 깨닫고 감탄했다. 노드스트롬 백화점의 앤젤 향수 매장에는 커피콩을 가득 채운 유리병이 술 장식이 있는 금속 탁자 위에 우뚝 서 있었다. 블루밍데일 백화점에서는 커피콩을 칵테일 잔에 담아두었다. 삭스 백화점의 조 말론 향수 매장은 금속 뚜껑이 있는 약병에 커피콩을 담아 디스플레이해놓았다.

재미있는 마케팅이지만, 그 배경은 조금도 과학적이지 않다(볶은 아라

비카 커피에는 27가지 강한 향기 분자가 있다.[34] 이 모든 분자 냄새를 맡는 게 코를 정화시키는 데 어떤 도움을 줄까?). 쇼핑할 때 나는 이 점을 문제 삼지 않았지만, 내가 아는 조향사는 언젠가 매장 여직원과 너무 끈덕지게 커피콩 문화 구성 요소에 대해 논쟁하는 바람에 시애틀의 노드스트롬 백화점에서 쫓겨났다.

코의 리셋 버튼이라는 개념은 오래 전으로 거슬러 올라간다. 19세기 일본 향료 모임(추측 놀이와 시 경연으로 이루어진)에서는 참석자들이 후각을 예민하게 유지하기 위해 가끔씩 식초로 입을 헹구는 게 관습이었다. 1920년대 미국 조향사들은 사무실에서 힘든 하루를 보낸 후 민감도를 회복하기 위해 장뇌 냄새를 맡았다. 선구적인 냄새 분류학자 E. C. 크로커(E. C. Crocker)와 L. F. 헨더슨(L. F. Henderson)은 오랜 냄새 연구중 '코의 원기를 회복하기 위해' 자주 장뇌나 암모니아 냄새를 맡았다.[35] 이렇게 하면 정말로 효과가 있는지, 혹은 그저 후각적 플라시보 효과의 증거에 불과한지는 확실치 않다.

마찬가지로 현대 식품 회사들은 시식하는 이들에게 샘플과 샘플을 먹는 사이에 입을 헹구도록 한다. 그렇게 하면 입 안에 남아 있는 맛이 최소화된다는 이론적 설명은 너무나 상식적이어서 누구도 이를 의심하지 않는다. 그러던 2002년, 마침내 처음으로 이에 대한 실험이 이루어졌고 그 결과는 놀라웠다.[36] 이 연구에서 훈련받은 맛 감정가들은 서로 다른 양의 카페인을 섞은 크림치즈 샘플들의 쓴맛을 평가했다(카페인은 뒤늦게 쓴맛이 느껴지기 시작해 뒷맛이 오래 남기로 유명하다). 샘플들을 맛보는 사이에 맛 감정가들은 입을 헹구기 위해 여러 방법을 시도했다. 최대 여섯 번까지 물이나 소다수로 입을 헹구기도 하고, 당근이나 크래커, 플레인 크림치즈를 먹기도 했다.

결과는 모두 똑같았다. 입을 헹군 다음에도 이후의 쓴맛 평가는 달라지지 않았다. 카페인은 쓴맛을 남기지만, 감정가들은 다른 샘플 맛을 보면서 그 쓴맛을 보완할 수 있었다. 그러니 계속해서 와인을 시음할 때 빵과 크래커를 대접하고, 프랑스 식당에서 코스 요리 중간에 셔벗을 음미하기를. 단 어떻게 해도 미각이 더 예민해지리라 기대하지 말기를!

미식가들에 따르면, 레드 와인과 잘 어울리는 치즈 종류는 따로 있다고 한다. 숙성된 고다와 드라이 잭, 만체고 치즈는 레드 와인을 더욱 맛있게 하지만, 블루치즈와 트리플 크림치즈는 레드 와인의 맛을 방해한다. 어쨌든 그게 정설이다. 많은 요리법이 그랬던 것처럼 와인과 어울리는 치즈 종류의 논리가 과학적으로 시험된 적은 거의 없었다.

감각 전문가 힐데가르드 헤이만(Hildegaard Heymann)과 한 대학원생이 이 의문을 정면으로 다루었다.[37] 이들은 다양한 감각적 특징(다양한 치즈 맛)과 함께 레드 와인을 평가하도록 피실험자들을 훈련시켰다. 레드 와인을 8가지 치즈와 함께 맛보게 하자 실제로 피실험자들의 지각은 달라졌지만 더 나아진 것은 아니었다. 치즈는 와인의 버터 향을 더 두드러지게 했지만 그 밖의 모든 감각적 특징을 둔하게 했다. 값비싼 포도주 코르크 마개를 따고 있다면 이런 일이 일어나기를 원하지 않을 것이다.

와인을 시음할 때에는 올바른 잔을 사용해야 한다는 전통이 있다. 레드 와인은 입술 닿는 부분이 점점 좁아지는 큰 공 모양의 잔에 따라 마셔야 하고, 화이트 와인은 이보다 더 작거나 입술 닿는 부분이 좁아지지 않는 잔에 마셔야 한다고 한다. 꼭 이렇게 해야 하는 이유는 잔의 크기와 모양에 따라 향이 코에 전달되는 방법이 달라진다고 생각하기 때문이다. 이 법칙에 사실 근거가 있을까, 아니면 그저 와인 전문가인 체하는 이들의 허세일 뿐일까?

이 의문을 다룬 연구는 단 세 번뿐이었고, 그 결과는 일관적이지 않다.[38] 한 연구에서 레드 와인인 몬다비 카베르네는 전통적인 큰 공 모양의 보르도 잔보다 다른 모양의 잔에서 더 진한 냄새가 났다. 다른 감각적 평가(과일향이나 오크향 등)는 잔 모양에 영향을 받지 않았다. 다른 연구는 5가지 잔에 따른 레드 와인과 화이트 와인을 맛보게 한 결과, 잔 모양이 거의 모든 평가 척도에서 와인에 대한 지각을 바꾼다는 점을 발견했다.

왜 이렇게 결과가 다른 것일까? 그 이유는 첫 번째 연구가 피실험자들의 눈을 가린 채 이루어진 반면 두 번째 연구는 그렇지 않았기 때문이다. 잔을 볼 수 있을 땐 와인에 대한 감정가의 기대가 바뀐다. 세 번째 연구에서 입술 닿는 부분이 점점 좁아지는 공 모양의 잔은 튤립 모양이나 입술 부분이 좁아지지 않는 공 모양의 잔보다 와인 향이 더 강하다는 인상을 주었다. 하지만 감정가 개개인의 후각 민감도를 고려하자 이 효과는 사라졌다. 후각이 뛰어난 이들만이 잔 모양의 미묘한 영향을 식별할 수 있었다. 분명 이 같은 사실에 와인 전문가는 더 콧대를 세우겠지만, 오히려 웃음거리가 될 수도 있다. 연구진은 똑같은 와인을 여러 모양의 잔에 주었는데 대부분의 감정가는 2~3가지 와인을 마셨다고 생각했기 때문이다.

이 역시 후각보다 시각이 맛을 더 지배한다는 증거다. 와인 잔 선택은 전통일 뿐이다. 마찬가지로 프랑스 조향사들은 끝을 접어 V자 모양으로 뾰족하게 잘라 사용하는 시향지를 미국 조향사들이 선호하는 좁은 직사각형 시향지보다 더 선호한다고 한다. 그러면 향수가 더 정확하게 증발되기 때문이라는 것이다. 하지만 이 또한 객관적으로 증명된 바 없다. 후각의 세계에는 불합리한 믿음으로 가득하고, 때로는 우스꽝스럽기도 하다.

6

악취에 대한 혐오

악의 본질이 부패하면
그로 인해 불쾌한 냄새가 일어나리라.
오랫동안 죽은 사탄과 인간이 그랬던 것처럼
악취는 떼죽음을 부르리라.[1]
_토머스 노턴, 〈연금술 예식서〉

1971년 9월 말 일요일, 나는 캘리포니아 산 라파엘 근처 오크 숲을 향해 먼지투성이 길을 따라 걸어가고 있었다. 기묘한 옷차림의 친구들과 함께였다. 남자들은 타이츠와 짧은 조끼를, 여성들은 긴 소매에 풍성하게 늘어진 드레스를 입고는 원뿔형 모자를 쓰고 있었다. 나는 깃이 하얀 청교도 의상을 입었고 나무 피리를 들고 있었다. 우리는 주차장에서부터 르네상스 축제 깃발이 넘치는 언덕에 이르기까지 시대 의상을 입고서 줄지어가는 사람들 속에 있었다. 수목이 우거진 마린 카운티의 언덕은 이 과거를 향한 여행에 적절한 곳이다. 외설스러운 인형극, 소란스러운 북과 트롬본 소리 속에서는 누구나 옛 시대의 기분에 흠뻑 젖을 수 있다.

엘리자베스 여왕 시대 때 영국의 공기 중에 맴돌던 악취는 질병 때문이라 여겼다. 셰익스피어(Shakespeare)는 《햄릿*Hamlet*》에서 "지금은 마녀가 횡행하는 한밤중. 묘지가 하품하고, 지옥이 이 세상에 전염병을 내뿜는 때"라고 적었다. 1593년 사이먼 켈웨이(Simon Kellwaye)는 《페스트에의 방어*A Defensative Against the Plague*》에서 "질병은 악취 나는 똥덩이, 더럽고 괴어 있는 웅덩이, 고약한 냄새에서 기인한다."고 했다.[2] 실내에 화장실이 생기기 전, 개천이 일반적이던 시절에는 악취 나는 똥덩이가 너무 많아서 누구나 질병에 걸릴 것만 같다고 느꼈다.

하지만 엘리자베스 시대 사람들에게 냄새는 병의 원인인 동시에 치료법이었다. 그들은 좋은 냄새로 질병을 물리칠 수 있다고 생각했다. 그래서 향료 목걸이를 하고 다녔고, 향료와 유황, 화약을 태워 집을 소독했다. 페스트가 돌 때 이로운 향기는 인기가 높아서 가격이 폭등했다. 1603년 한 작가는 "한 아름에 12펜스였던 로즈마리가 지금은 한 주먹에 6실링이나 한다."고 불평했다.

르네상스 축제 12년 후, 마린 카운티 사람들은 한 번 더 중세 시대의 기분을 느꼈지만, 이번엔 즐거운 놀이가 아니었다. 페스트를 일으키는 증기로부터 보호를 요구하며 갈퀴를 휘둘렀던 폭도들처럼, 향기 반대 운동가들은 향수 때문에 자신들이 아픈 거라며 거세게 반대했다. 그들은 향수뿐 아니라 샴푸와 보디로션, 헤어스프레이, 디오도란트, 세탁 세제, 섬유유연제 냄새에도 반대했다. 샌프란시스코에서 열린 향수 업체 회의에서 항의하던 운동가들은 방독 마스크를 하고 '캘빈 클라인과 독성 화학물질'이라고 적힌 통을 들었다. 샌프란시스코 시장실의 상해 보험금 코디네이터도 이 시위에 합류했다. 그는 "앞으로 10년 후에는 공공장소에서 향수를 뿌릴 경우 차별받을 것이다."라고 주장했다.[3] 그런데 의문이 든다. 정말 냄새 때문에 아플 수 있을까?

시위자들은 '화학물질과민증(Multiple Chemical Sensitivity)', 즉 MCS를 앓는 사람들이었다. 그들은 향수의 화학물질에 너무 민감해서 아주 옅은 향수 냄새만 맡아도 증상이 나타난다고 주장했다. 당시 여러 MCS 환자들과 얘기를 나눈 나는 그들이 얼마나 불행하고 괴로운지를 알고 충격받았다. 향수를 뿌린 사람과 냄새가 나는 장소를 피하기 위해 바깥출입을 못하는 경우까지 있었다. 한 여성은 가족과 함께 애리조나 사막으로 이주했다. 사막에서 고립되어 '무독성' 금속과 타일로 주문제작한 트레일러하우스에 살면 문제가 해결될까 싶어서였다. 하지만 그렇지 않았다. 그들은 정말로 괴로워하고 있었고 동정받아 마땅하다는 건 분명했다. 하지만 그 병의 속성을 정확히 알 수 없었다.

세계보건기구 등 보건기구와 의학 전문가의 연구 논문은 많지만, MCS에 대한 뚜렷한 정의는 없다. 〈산업의학*Occupational and Environmental Medicine*〉의 한 논문에서는 "MCS는 제대로 이해되지 못하고 논란의 여지가 있는 증후군이다.[4] 흔한 증상으로는 피로와 집중력 저하, 심장 두근거림, 숨 가쁨, 불안감, 두통, 근육 긴장 등이 있다. 이는 화학적으로 무관한 수많은 화합물에 노출된 데 대한 반응으로 일어나는데, 그 양은 일반인에게 해로운 영향을 준다고 입증된 것보다 훨씬 낮은 양이다. 증상과 서로 관련이 있음을 증명하는 생리적 기능 테스트는 단 하나도 없다."고 했다. MCS를 연구한 미국의학협회는 1991년에 MCS를 공식 진단명으로 인정하지 않기로 결정했다.

한편 MCS는 알려진 원인이 없다는(즉, 특발성이라는) 사실을 반영하여 '특발성환경과민증(Idiopathic Environmental Intolerance)', 즉 IEI로 명칭이 바뀌었다. 원인은 뚜렷하지 않지만 IEI 환자들에겐 한 가지 공통점이 있다. 자신들이 다른 이들보다 훨씬 냄새에 민감하다고 주장한다는 점이다. 이 주장은 쉽게 시험할 수 있으며, 많은 연구가 연령과 성별이 같은 IEI 환자와 건강한 사람들의 후각 민감도를 비교했다. 연구 결과, 두 집단의 냄새 민감도 역치에는 차이가 없었다.[5] 정확히 말해 IEI 환자들이 다른 사람들보다 냄새에 더 민감한 것은 아니었다.

하지만 IEI 환자와 건강한 사람들이 냄새에 반응하는 방식에는 차이가 있다. 예를 들어 IEI 환자들은 페닐에틸알코올의 장미향을 건강한 사람들보다 덜 유쾌하다고 느끼며, 그 냄새에 대한 반응으로 눈과 코, 목이 아프다고 했다. 다른 시험에서는 IEI 환자와 대조군의 냄새 민감도가 비슷한 수준임을 확인했다.[6] 그 다음 10분 동안 냄새가 없는 공기와 거의 감지할 수 없는 수준의 이소프로필알코올(소독용 알코올) 냄새가 있는 공기에 노출시켰다. 건강한 자원자 중 10퍼센트만이 어느 한 조건에서 육체적 증상을 말했다. 반면 IEI 환자 중 30퍼센트가 냄새가 있는 공기와 냄새가 없는 공기 모두에서 증상을 말했다.

이 과장된 주관적 반응은 감각 지각의 변화라기보다는 인지적 처리 과정의 차이를 의미한다. 다시 말해 IEI 환자의 두뇌는 건강한 사람에게는 경종을 울리지 않는 감각적 메시지에서 위험 신호를 직관적으로 읽는 것이다.

냄새 혐오의 발달사를 알면 IEI를 전반적으로 이해하는 데 도움이 된다. 어떤 향이 무해하다 해도 불쾌한 경험을 떠오르게 한다면 싫어질 것이다. 휴 헤프너(Hugh Hefner)의 옛 애인이었던 이자벨라 세인트 제임스(Izabella St. James)의 경우를 보자. 그녀에겐 플레이보이 맨션에서 지낸 시간이 즐겁지 않았다. 헤프너는 자신의 몸에 베이비오일을 발라 침실에서의 축제를 준비하는 취미를 갖고 있었다. 이자벨라는 지금도 베이비오일 냄새를 맡으면 숨이 막힌다고 말한다.[7]

50대 중반에 키가 크고 건장한 롤프 벨(Rolf Bell)도 그랬다. 그는 여섯 살인가 일곱 살 때 가족과 함께 노스캐롤라이나의 래슨 산에 놀러 갔다. 그들은 점심을 먹기 위해 부글부글 끓어오르는 진흙 온천과 김이 피어오르는 분기공이 많아 지열이 높은 곳인 범패스 헬에 멈췄다. 그의 어머니는 점심으로 달걀 샐러드 샌드위치를 준비했다. 썩은 달걀을 연상시키는 유황 증기 속에서 샌드위치를 먹은 후, 어린 롤프에겐 사라지지 않는 후각적 혐오감이 남았다. 그 이후 다시는 달걀 샐러드를 먹지 않았다.

때로는 정말로 나쁜 냄새를 피하기 위해 노력하다가 엉뚱하게 냄새 혐오증을 키우는 경우도 있다. 흔히들 썩은 냄새를 강하고 덜 불쾌한 냄새로 감추려는 충동을 느낀다. 1900년 갤버스턴 허리케인으로 사망한 이들의 시신을 수습하던 사람들은 버번에 적신 손수건으로 얼굴을 가리거나 독한 시가를 피우라는 권유를 받았다.[8] 제2차 세계대전 때 유럽 전쟁터에서 미군의 유해를 찾던 대원들도 비슷한 충고를 들었다. 불행히도 악취를 가리는 냄새가 시체 수습 임무의 정신적 충격과 연결될 수 있음이 경험으로 드러났다. 오늘날에는 군인들에게 악취를 가리기 위해 향수를 이용하지 말라고 한다.

1987년 1월, 로스앤젤레스 북동쪽 샌버너디노 카운티의 마을인 헤스페리아 변두리에는 정체를 알 수 없는 알루미늄 빌딩이 있다. 그 빌딩이 서 있는 아스팔트와 쓰레기 부지 주변에는 철사가 삐죽삐죽 솟아 있는 울타리가 있다. 근처 회사의 사장이 그 건물의 굴뚝에서 불길이 솟아오르는 것을 보았다. 그의 관심을 끈 것은 사실 연기에서 나는 냄새였다. 그 냄새는 40여 년 전, 그의 군대가 독일에서 해방된 포로수용소의 시체 소각실 옆을 지나갈 때 맡아보고는 그 이후로 한 번도 맡아보지 못한 냄새였다. 사람의 살이 탈 때 나는 역겹고도 묘하게 달콤한 냄새였다. 그의 신고에 조사를 시작한 경찰은 캘리포니아 남부 역사상 가장 큰 소각 스캔들에 휩싸였다.[9] 훔친 시체 부위와 치과용 금 충전재, 불법적으로 뒤섞인 유해와 관련된 오싹한 사건이었다.

이런 냄새들은 잊고 싶어도 잊을 수 없다. 치과 진료를 떠올리게 하는 정향유 얘기가 아니라, 인간의 극단적인 경험을 얘기하는 것이다. 깊은 정신적 충격과 관련된 냄새는 지워지지 않는 인상을 남긴다. 한 소방서 구급 의료 보조원의 사례를 살펴보자.[10] 그는 자동차 타이어 폭발로 부상당한 자동차 정비공을 치료해달라는 전화를 받았다. 의료 보조원은 인공 호흡을 하려 했지만, 부상자의 얼굴이 심하게 훼손되어 입을 찾기 힘들었다. 결국 부상자는 그에게 구토를 한 후 사망했다. 의료 보조원은 몇 시간 후 교차로 한복판에 멈춰선 그의 차 안에서 멍하니 앉아 있었다. 냄새와 관련된 정신적 충격은 오랫동안 그를 괴롭혔다. 악취를 맡을 때마다 갑자기 토할 것만 같았다.

보스턴 정신과 의사 데본 힌턴(Devon Hinton)과 동료들은 정기적으로 캄보디아 망명자들을 치료한다.[11] 망명자 중 대부분이 1975년부터 1979년까지 크메르 루주의 공포 정치 때 있었던 잔학 행위를 목격한 이들이었다. 이 생존자들은 자주 후각이 일으키는 공황 발작을 일으켰다. 자동차 배기가스와 담배 연기, 굽거나 튀기는 고기처럼 아무런 해가 없는 냄새에도 불안감과 현기증, 메스꺼움, 빠른 심장 박동을 경험했다. 이 증상과 함께 발사되는 대포 냄새 속에서 일어났던 끔찍한 장면, 불에 탄 시체와 시체 구덩이의 악취가 떠오르기도 했다. 힌턴의 사례는 폴 포트(Pol Pot)가 자국민에게 가했던 만행을 생생하게 기록하고 있으며, 강렬한 정서와 영원한 관계를 맺는 냄새의 힘을 증명한다.

냄새 공포증

오메르 반 덴 베르그(Omer Van den Bergh)는 사람들을 병들게 한다.[12] 벨기에 뤼벤 대학교의 연구원인 그는 일시적인(하지만 해롭지 않은) 생리적 고통을 유발하는 데 확실한 방법을 개발했다. 단지 공기에 이산화탄소 수치를 높이기만 하면 사람들을 불쾌하게 만들 수 있었다. 이산화탄소가 많은 공기를 호흡하게 되면, 20초 만에 가슴이 답답해지고 숨이 막히는 듯한 느낌이 들며 심장이 빠르게 뛰고 땀이 나며 얼굴이 화끈거리고 불안해진다. 이 증상은 이산화탄소를 정상 수치로 낮추면 금세 사라진다.

반 덴 베르그는 이산화탄소를 이용해 냄새 혐오증의 심적 기제를 연구했다. 한 자원자가 이산화탄소 수치를 높이고 냄새를 가미한 실험실 안의 공기를 호흡하자 일반적으로 나타나는 불쾌한 증상을 경험했다. 다음날 이 자원자는 실험실에서 똑같은 냄새가 나지만 이산화탄소 수치를 높이지 않은 일반 공기를 마셨을 때에도 불쾌감을 느꼈다. 신체적으로는 아무 증상이 없는데도 말이다.

종소리를 들으면 침을 흘리는 파블로프의 개처럼, 반 덴 베르그는 피실험자에게 어떤 냄새가 나면 메스꺼움을 느끼는 조건 반사를 일으키게 했다. 놀랍게도, 단 한 번만 육체적 고통을 느껴도 그 냄새에 대한 불쾌감을 일으킬 수 있다.[13] 반 덴 베르그는 이 과정을 '증상 학습(Symptom Learning)'이라고 불렀는데, 생명체가 환경에 반응하는 기본 과정인 연상 학습과 비슷하다. 증상 학습은 유칼립투스처럼 유쾌하고 신선한 냄새보다는 암모니아와 낙산 같은 악취에 더 효과적이다.

학습된 혐오증의 또 다른 특징은 자극 일반화(Stimulus Generalization)다.[14] 이것은 자라 보고 놀란 가슴 솥뚜껑 보고 놀란다는 속담처럼 한 냄새로 인해 불쾌한 감정을 받은 사람은 비슷한 냄새를 맡았을 때 똑같은 기분을 느낀다는 것이다. 예를 들어 반 덴 베르그는 사람들에게 암모니아 냄새에 불쾌감을 느끼는 조건 반사를 일으키게 한 후, 이후 테스트에서 공기에 낙산(발 냄새)이나 아세트산(식초)처럼 또 다른 불쾌한 냄새를 섞어 사람들에게 맡게 했다. 그러자 사람들은 암모니아 냄새를 맡았을 때와 같은 증상을 보였다. 하지만 피실험자들은 감귤처럼 전혀 다른 냄새에는 불쾌함을 느끼지 않았다. 냄새 일반화는 처음 불쾌감을 겪은 후 일주일가량 지속될 수 있다.

냄새 혐오증이 단 한 번만의 경험으로도 형성될 수 있다면, 그리고 냄새를 일반화할 수 있다면, 왜 심리적 연쇄반응이 일어나지 않는 것일까?

왜 모든 사람이 동시에 구역질을 하지 않는 것일까? 그 해답은 소거(Extinction)라는 현상 때문이다.[15] 이산화탄소 수치를 높이지 않은 채 불쾌한 냄새를 반복적으로 맡게 하면, 두뇌가 조건 반사를 잊으면서 결국 파블로프식 반응은 사라진다. 냄새가 더 이상 증상을 일으키지 않으면 반응이 소거됐다고 한다. 치료사는 소거 현상을 이용해 거미나 밀폐 공간 등의 공포증을 극복하도록 도와준다. 그들은 이를 '체계적 둔감화 치료(Systematic Desensitization Therapy)'라고 한다.

파블로프식 조건 형성에 불쾌한 냄새가 가장 적합하지만 유쾌한 냄새도 같은 증상을 일으킬 수 있다. 향수를 뿌린 채 시신을 수습한 군인들의 예를 떠올려보자. 기분 좋은 냄새는 적절히 심리적으로 '조작'하면 그리 인상적이지 않은 상황에서 자극제가 될 수 있다. 반 덴 베르그는 피실험자들에게 실험 전에 미리 화학 오염과 MCS 환자에 대한 팸플릿을 읽도록 했다(환경보호주의 웹사이트에서 퍼온 글이었다).

실험을 시작하자 팸플릿의 부정적인 정보 조작은 불쾌한 냄새뿐 아니라 유쾌한 냄새에 대해서도 이산화탄소가 유발하는 불쾌감을 증가시켰다. 따라서 좋은 냄새라 해도 그 화학 성분이 해롭다고 생각하면 학습된 불쾌감을 유발할 수 있다. 반 덴 베르그는 여기서 뜻밖의 현상을 발견했다. 환경오염에 대한 경고와 캠페인은 환경에 중요하고 유익한 영향을 주는 한편, 의도치 않게 환경 속 화학물질에 대한 증상을 학습하게 하여 사회 발생적 집단 질병인 MCS와 같은 증상을 퍼뜨리게 한다.[16] 다시 말해 "아는 게 병이요, 모르는 게 약이다."라는 속담처럼 지레 겁을 먹는 건지도 모른다.

냄새와 관련된 증상은 오해를 낳기에 충분하다. 만약 특정 냄새 때문에 메스꺼워졌다고 믿는다면, 그 증상이 사실은 전혀 다른 요인 때문에 일어났다 해도 그 냄새에 역겨움을 느낄 것이다.[17] 사람들은 종종 냄새에 대한 잘못된 믿음 때문에 실제 경험보다 더 심하게 역겨움을 느낀다. 믿음이 후각을 조작한다.

마린 카운티에서 시위가 일어난 지 15년 후, 많은 연구원이 그 증상의 특징을 더 정확히 이해하고 그 원인을 밝히기 위해 MCS/IEI 현상에 대해 연구했다. 이 주제에 대한 방대한 논문 평론은 향수 성분이 근본 원인이라는 증거를 찾지 못했다. 오히려 사실 MCS/IEI가 유독한 화학물질에 노출되기 때문에 발병한다는 이론은 의심스럽다는 결론에 이르렀다.[18] 동시에 무해하다는 과학적 증거는 갈수록 늘어나고 있다. 또 다른 평론은 심인성 이론, 즉 건강 상태는 몸만큼이나 정신에 기인한다는 개념이 설득력 있음을 발견했다.[19] MCS/IEI는 그 환자들이 증상 학습과 자극 일반화 때문에 고통받는 심인성 질병일 수 있다. 현실 세계의 사람들에게 일어나는 일은 팸 돌턴과 반 덴 베르그가 실험실에서 발견했던 원칙을 반영할 것이다.

냄새 혐오증의 심리적 속성은 100년 넘게 알려져 있었다. 1871년 유진 리멜(Eugene Rimmel)은 《향수에 대한 책*The Book of Perfumes*》에서 "향수에 해로운 영향이 있다는 가설은 상상과 큰 관계가 있다."고 말했다.[20] 리멜은 한 여성에 대해 얘기했다. "그녀는 자신이 장미 냄새를 견디지 못한다고 '상상'했다. 그리하여 친구가 장미를 갖고 집에 오자 기절했지만, 사실 그 치명적인 꽃은 조화였다." 당대 연구는 이러한 마음의 힘을 입증했다. 냄새에 대한 믿음과 그 냄새에 있다고 생각하는 나쁜 힘은 우리의 감각 지각과 생리 반응을 바꾼다. 이는 놀라운 일이 아니다. 우리는 냄새를 통해 섹시해지거나 마음이 편안해지거나 경계할 수 있다고 생각하기 때문이다.

일부 IEI 환자는 심인성 가설을 인정하지 않는다. 그들은 자신의 문제가 다름 아닌 화학물질 때문이라고 생각하며, 그들의 머릿속에 문제가 있을 수 있다는 주장에 분노한다. 그 말이 사실이라면 자신들의 고통이 가짜라는 뜻이기 때문이다. 그들이 귀를 기울이기만 한다면 희소식은 있다. 심인성 가설은 치료 방법과 더 행복한 삶의 희망을 암시하기 때문이다.

성사(聖事)에서 신성 모독까지

향기에 대한 두려움은 지하수처럼 사회의 저변으로 흘러간다. 선의의 동정심과 순전한 혼란, 세상을 소란하게 하는 선동이 뒤엉켜 향기 공포증은 여기저기서 들끓고 아이러니컬한 결과를 낳는다.

> 왕은 정의를 사랑하고, 악을 미워하시니
> 그러므로 하느님 곧 왕의 하나님이 즐거움의 기름을
> 왕에게 부어 왕의 동료보다 뛰어나게 하셨나이다.
> 왕의 모든 옷은 몰약과 침향과 육계 향기가 있으며…
>
> *–시편, 45:7*

> 향수나 헤어스프레이를 뿌리거나 막 드라이클리닝한 옷이나 섬유유연제로 세탁한 옷을 입은 교인, 혹은 흡연실에 있었던 이들은 분명 실내 공기를 오염시킬 것이다.
>
> *–〈회계 감사에 대한 연합감리교회의 지침서Accessibility Audit for Churches, A United Methodist Resource Book about Accessibility〉*

> 그렇다면 고작 몇 백 년 만에 기독교의 인물이 말뚝과 십자가, 처형까지 경멸했던 당당한 영웅적 자질에서 고약한 냄새 아래 시들고 사라져가는 불쌍한 우유부단함으로 변절할 수 있을까?[21]
>
> *–마크 트웨인(Mark Twain), 〈냄새에 대하여About Smells〉*

해리: 당신에게 아무 일도 안 일어난다면 어떨까. 거기서 평생을 살고 아무 일도 안 일어난다면 어떨까. 당신은 아무도 못 만나고 아무것도 못 되고, 결국엔 죽은 지 2주가 지나서 썩는 냄새가 진동해야 발견되는 뉴욕의 시체가 될 거야.
샐리: 아만다가 당신은 좀 비관적이라고 하더라고.

_〈*해리가 샐리를 만났을 때When Harry Met Sally*…〉

해리는 분명 무언가를 알고 있었다. '뉴욕의 시체'는 대중 신문의 주요 기삿거리였다. 기본적인 이야기는 거의 똑같다. 경찰이 악취가 난다는 이웃의 신고에 출동해보니 며칠 전, 혹은 심지어 몇 주 전에 죽은 시체가 발견된다는 것이다. 이런 이야기가 뉴욕에 흔한 이유는 도시에 깔려 있는 소외감과 비인간성 때문이다. 부패되어야만 누군가가 당신의 부재를 깨닫는다. 뉴욕의 시체는 그 도시의 가장 추악한 면을 드러낸다.

2004년 브롱크스에서 이웃들은 마약과 알코올에 찌들고 여성을 학대했던 전과자의 아파트에서 흘러나오는 사투 소리를 들었다.[22] 아무도 간섭하지 않았다. 경찰에 신고한 사람은 아무도 없었다. 이틀 후 그 건물 관리인이 경찰에 '악취가 난다' 신고했다. 그들은 아파트에서 전과자와 한 여인의 시체를 발견했다. 이는 냄새와 관련된 제노비스 신드롬, 즉 '후각적 방관자 효과'라고 할 수 있을 것이다.

뉴욕의 시체는 어디에서나 발견될 수 있다.[23] 시카고에서 한 노인 부부가 호화로운 하버포인트 타워스 아파트에서 보드카와 수면제로 자살했다. 이들의 시체는 며칠 후 주민들이 악취를 불평한 후에야 경찰에 발견됐다. 휴스턴 부근의 경찰은 한 이웃이 그 집에서 새어 나오는 악취를 맡고 신고한 후사망한 노인 부부를 발견했다. 이들은 몇 주 전, 성인보호서

비스국이 방문했지만 아무도 나오지 않아 그냥 돌아간 무렵 사망했다.

뉴욕의 시체라는 최대 쟁점은 미국인의 의식에 너무나 깊이 뿌리박혀 있어서 난처한 오해를 낳을 수 있다. 전처 니콜(Nicole)과 그녀의 친구 로널드 골드먼(Ronald Goldman) 살해 사건에서 무죄 판결을 받은 O. J. 심슨(O. J. Simpson)은 이후 로스앤젤레스에서 플로리다로 이주했다.[24] 2000년과 2001년에 그는 여러 번 체포되어 신문을 장식했다. 또한 크리스티 프로디(Christie Prody)라는 매혹적인 금발 미녀와 사귀기 시작했다. 2002년 1월, 이웃집 여자는 프로디의 아파트에서 흘러나오는 악취를 맡고는 약 한 달 동안 그녀를 못 봤음을 깨달았다. 여러 가지 정황으로 미루어보아 프로디에게 무슨 일이 생긴 게 틀림없다고 생각하고는 마이애미 경찰에 전화했다. 최악의 사태를 두려워한 경찰은 소방관에게 아파트에 침입하도록 했다. 집 안에는 프로디의 흔적이 없었고, 대신 심하게 부패된 그녀의 고양이 사체를 발견했다. 신고를 받은 실종자 수사대는 심슨을 조사했다. 경찰이 있는 자리에서 심슨이 여자 친구와 통화한 결과, 이 사건은 어이없는 해프닝으로 끝났다. 프로디가 한 달 반 동안 집을 비운 탓에 고양이가 굶어 죽은 것이다.

악취 나는 사체에 대한 이야기는 엄청나게 많다. '침대 속 시체'라는 도시 전설에 따르면, 라스베이거스 모텔에 투숙했던 손님은 방에서 나는 악취 때문에 밤새 괴로워하다가 다음 날 아침에야 침대 안이나 밑에 숨겨진 시체를 발견했다고 한다.[25] 하지만 불행히도 이 도시 전설이 전혀 근거 없는 이야기는 아니다. 지난 20년 동안, 라스베이거스뿐 아니라 뉴저지 주 애틀랜틱시티와 캘리포니아 주 패서디나, 버지니아 주 알렉산드리아, 뉴욕 주 미네올라, 미주리 주 캔자스시티에서 모텔 투숙객의 냄새 불평으로 피살자가 발견된 것이다. 씬 시티(Sin City)를 제외한 모든 곳에서 이런 일이 벌어지는 듯하다.

침대 속 시체 사건의 공통적인 특징은, 살해 후 며칠이 지나서야 냄새가 나타난다는 것이다. 대표적인 경우가 HBO 텔레비전 다큐멘터리에서 다룬 전설적인 암살자 '아이스맨' 리처드 쿠크린스키(Richard Kuklinski)와 관련된 것이다.[26] 추리소설 작가인 캐서린 램스랜드(Katherine Ramsland)에 따르면, 쿠크린스키는 뉴저지 주 노스 버겐에 있는 링컨 터널 근처의 모텔에서 피해자 중 한 명을 죽였다. 쿠크린스키는 그 사내에게 청산칼리를 넣은 햄버거를 먹였고, 공범자는 확실히 하기 위해 전등선으로 그의 목을 졸랐다. 이들이 침대에 숨긴 시체는 그 방에 투숙한 네 번째 커플이 냄새에 대해 불평했을 때 발견됐다.

왜 그토록 많은 투숙객이 머문 후에야 악취의 정체를 깨닫는 걸까? 그 답은 어느 정도 생물학에 있다. 1960년대 초, 클렘슨 대학원 학생인 제리 페인(Jerry Payne)은 현재 과학 수사의 토대가 된 시체 부패의 자세한 시간표를 작성했고, 사망 시간을 파악하는 데 도움을 주기 위해 알과 애벌레, 성체 등 벌레의 성장 단계 감정법을 개척하기도 했다.[27] 엘리자베스 퀴블러 로스(Elisabeth Kübler-Ross)가 죽어가는 사람의 단계를 밝힌 것처럼, 페인은 사후 부패의 여섯 단계를 정의했다. 죽어가는 사람이 부정, 분노, 협상, 우울, 수용 단계를 겪는다면, 시체는 혈색, 팽창, 진행 부패, 전진 부패, 마른 부패, 유골 단계를 거친다.

첫 단계만 제외하고, 페인이 말한 각 단계에는 특유의 냄새가 있다. 두 번째 팽창 단계는 사후 이틀째 시작되어 환경 조건에 따라 1~2일쯤 지속된다. 장내 박테리아는 이산화황을 배출하고, 스컹크 같은 그 냄새는 천연가스 누출로 오해받곤 한다. 이 때문에 뉴욕 시체 이야기에서 집주인이 수리공을 불러 가스가 새는지 확인하는 것이다. 그리고 때로는 아이러니컬한 일이 벌어지기도 한다.[28] 2002년 사우스 브롱크스의 한 아파트 관리인과 전력 및 가스 회사 직원이 가스 누출 부위를 찾으러 냄새를 맡다가

묶인 채 칼에 찔려 죽은 시체 세 구를 발견했다. 하지만 그들이 맡은 가스 냄새는 실제로 가스 때문이었다. 살인자들이 오븐을 열어둔 채 전원을 올렸고, 거실에 촛불을 켜두었기 때문이었다. 폭발로 범죄 증거가 사라지길 바랐던 것이다.

세 번째 진행 부패 단계에는 부패 작용으로 독한 악취가 풍긴다. 피부 조직이 녹고 발효되는 이 과정에선 역설적이게도 달콤한 냄새가 나고 벌이나 나비 같은 벌레가 꼬인다. 6일 무렵이면 전진 부패가 진행되면서 아미노산 분해로 카다베린과 푸트레신이라는 화학물질이 생성되고, 부패물의 지독한 악취는 암모니아 같은 냄새로 바뀐다. 카다베린은 때로 입 냄새의 원인이기도 하다.[29] 사후 일주일경 시작되는 마른 부패 때에는 젖은 털과 낡은 가죽을 연상시키는 냄새를 풍긴다. 첫 단계처럼 마지막 단계에는 거의 냄새가 나지 않는다. 치아와 뼈, 머리카락만 남는다.

이 악취의 시간표를 고려하면, 왜 모텔 투숙객들이 며칠 지난 후에야 불평하는지 이해가 된다. 린 나카무라(Lynn Nakamura)와 그녀의 형제 데니스 와카바야시(Dennis Wakabayashi)는 1996년 7월 캘리포니아 주 패서디나에서 모텔 체인점인 트레블로지에 투숙했다. 그들은 처음 배정받은 방이 마음에 들지 않았다. 두 번째로 본 방에서도 불쾌한 냄새가 났지만 또 다른 방을 달라고 하기가 내키지 않아 그냥 머물렀다. 이틀 후 그들이 체크아웃을 했을 때, 모텔 매니저는 트윈 베드 아래에서 살해된 젊은 여인의 시체를 발견했다. 새 방을 달라고 할 정도로 까다롭게 굴었던 사람들이 어떻게 사체 냄새를 참을 수 있었을까? 간단하다. 그들은 문제를 합리적으로 해석했던 것이다. 데니스는 자신에게 "이 방에선 김치 같은 냄새가 난다."고 말하며 위안을 삼았던 것이다.[30]

범죄 현장에 사는 살인자에게 부패하는 피살자의 악취는 특히 참기 힘든 고통이다.[31] 대부분의 범인은 이틀 후 항복한다. 〈뉴욕 데일리 뉴스〉

에는 "어제 경찰 관계자는 남편에게 사살된 예순다섯 살의 노파 사체가 이틀간 그들의 스태튼 섬 자택 지하실에서 방치된 채 부패되고 있었다고 말했다. 아내를 살해한 예순일곱 살의 남편은 부패되는 시체 악취를 더 이상 참을 수 없다며 어제 경찰에 전화했다."와 같은 기사가 실렸다. 앨라배마 주 폴리에선 서른아홉 살의 정신장애 남성이 모친과 계부에 의해 10년간 어두운 방에 갇혀 있다가 영양실조로 사망했다. 부부는 며칠 동안 시체를 방치하다가 더 이상 냄새를 참지 못해 911에 전화하여 살인죄로 체포됐다.

일부 범인들은 더 독하다.[32] 애리조나 주 투스컨의 한 남자는 거의 2년 동안 죽은 여성의 시체와 아파트에 살다가 발각됐다. 짐작하겠지만 경찰은 이웃 사람들이 악취를 고발한 후 조사했다. 남자는 죽은 여인의 수표장으로 집세를 내고 있었다. 그는 참견 많은 관리인에게 그 냄새는 정전됐을 때 상한 음식에서 나는 것이라고 둘러댔다. 이 사내는 노먼 베이츠상 후보에 추천될 만하다. 또 다른 후보로는 플로리다 주 팸 코스트의 월마트 점포에서 체포된 여인을 꼽을 수 있을 것이다. 보안관 대리는 주차장에 세워진 차에서 나오는 악취 때문에 쇼핑객들의 신고를 받았다. 그녀와 예순다섯 살의 어머니는 오클라호마 주 코빙턴에서부터 여행을 하고 있었다. 검시관에 따르면 모친은 5일 전에 사망했지만, 그녀는 계속 운전했던 것이다.

내 생각에 가장 무시무시한 시체 부패 이야기에 수여하는 에드거 앨런 포(Edgar Allan Poe) 상은 젊은 도보여행자 아론 랠스턴(Aron Ralston)에게 수여해야 할 것 같다.[33] 그는 암벽을 오르다가 돌에 팔이 깔리는 부상을 당했다. 황무지에서 꼼짝할 수 없었던 그는 자신의 팔이 썩는 냄새를 맡는 끔찍한 경험을 해야 했다. 그는 스스로 팔을 잘라내는 고통을 겪어야 했지만 다행히 살아남아 이 이야기를 전했다.

7

냄새와 창조적 천재

대상이 아닌 대상의 해석,
여인의 향기는 여인 자신의 것이 아니다.
_ *월리스 스티븐스, 〈순수하고 좋은 이론〉*

사회생활 초반에 후각 심리학을 연구하고 싶었던 나는 자유 연상 실험을 하기로 했다. 테스트는 간단했다. 피실험자들은 눌러 짜는 플라스틱병의 냄새를 맡고는 제일 먼저 생각나는 것을 말해주면 되는 것이었다. 이 실험을 계획할 때 내 주요 관심사는 데이터 정리, 즉 예상되는 무수한 말을 녹음하고, 필사하고, 암호화하는 법이었다. 나는 정서적인 내용과 심상의 표현을 제대로 평가해줄 감정단을 상상했다. 하지만 곧 감정단에 대한 나의 기대가 컸음을 알았다. 레몬 냄새가 담긴 병을 주면 대부분의 사람들은 "레몬 냄새가 납니다."라고 말하는 것이 고작이었다. "특히 어떤 종류의 레몬이요?"라고 물으면 "글쎄요. 그냥… 레몬이요."라며 말끝을 흐렸다.

그저 의욕만 앞선 나는 언어 장벽을 과소평가했다. 평범한 사람들은 냄새를 묘사하려 할 때 말문이 막히게 된다. 그 이유는 냄새에 대한 어휘가 제한되어 있기 때문이다. 냄새를 가리키는 단어가 더 많았더라면 더 잘 묘사할 수 있었을 것이다. 하지만 이걸로는 충분히 설명되지 않는다. 타르, 생선, 포도 등 이 세상에 냄새가 나는 것은 모두 형용사가 될 수 있다. 이런 단어에 특유의 냄새를 가진 상표명을 더해보자. 플레이도(Play-Doh, 유아용 칼라 점토), 빅스 베이포럽(Vicks VapoRub, 기침 감기약), 더블 버블(Double Bubble, 과일향이 나는 껌), 윤활유인 WD-40 등을 말이다. 분명 냄새를 가리키는 단어는 무수히 많다. 따라서 냄새를 언어로 제대로 표현하지 못한 것은 단순히 어휘 문제가 아니라 인지 문제라는 뜻이다. 단어는 존재하지만 그 단어를 떠올리기가 힘든 것이다.

심리학자들은 이를 '코 끝(tip-of-the-nose)' 현상이라고 한다. 어떤 냄새를 알아챘지만 그 명칭을 떠올리지 못한다. 코 끝 현상은 실생활에서 일어나지만, 자주 있는 일은 아니다. 연습 없이, 맥락 없이, 자극 없이, 다항 선택 없이 무작위적인 냄새의 이름을 대라고 강요받는 일은 거의 없다. 하지만 감각 심리학자들은 늘 사람들에게 바로 그렇게 하라고 강요한다. 당연히 딱 잘라 냄새의 이름을 대야 하는 테스트 점수는 형편없이 낮을 수밖에 없다(연구원들은 스트로베리를 라즈베리라고 부르는 것은 '아까운 실수' 때문이라고 하지만, 전반적인 결과는 바뀌지 않는다).

무작위로 선택된 냄새의 이름을 생각해내기란 어렵다. 하지만 코 끝 현상 때문에 정말 화나는 점은 자신이 냄새의 이름을 알고 있음에도 불구하고 말하지 못했다는 것을 '알고 있다'는 것이다. 감각 심리학자 해리 로리스(Harry Lawless)와 트리그 엥겐에 따르면, 이름을 떠올리게 할 언어 정보를 검색하지 못하는 게 문제다. 이 코 끝 현상 상태에 빠진 사람은 50퍼센트가량 비슷한 냄새의 이름을 댈 수 있지만, 냄새 명칭과 비슷한 의미를 가진 단어는 생각하지 못한다. 로리스와 엥겐은 냄새 나는 재료의 정의를 읽히게 하여 70퍼센트가량 정확한 이름을 댈 수 있게 했다. 의미론적 정보를 이용하면 코 끝 현상에서 벗어날 수 있다.

나는 우리가 냄새를 묘사하는 능력이 형편없다는 게 지나친 과장이라고 확신한다. 이 기분 나쁜 소문은 냄새에 맥락을 없애고 병에 담아 코드 번호를 붙이는 심리학 실험실에서 흘러나온다. 비슷한 상황에서 색깔을 말로 묘사하는 게 얼마나 어려운지 생각해보자. 실내 장식가들에겐 하얀색을 가리키는 57가지 단어가 있지만, 보통 사람들은 밝은 흰색과 잿빛 도는 흰색으로 그럭저럭 이야기한다. 하지만 몇 가지 이유 때문에 비평가들은 색깔 어휘수가 적다고 불평하지 않는다. 두 경우 모두 일반인들에겐 임무를 완수하기에 충분한 단어와 맥락이 있다.

후각 천재의 3가지 특징

애석하게도 과학자와 전문가 모두 평범한 사람들은 냄새를 제대로 말로 표현하지 못한다고 강조한다. 대부분의 사람들은 정신생활에 냄새가 차지할 자리가 없다고 여기며 예술과 문학에 대한 냄새의 공헌을 부정하는 듯하다. 하지만 일부 저술가와 예술가는 후각 경험을 인식하도록 하는 작품을 만든다. 그들은 냄새에 의미를 부여한다. 냄새를 상징, 즉 등장인물의 성격이나 시공간의 분위기에 대한 단서로 바꾼다. 이 예술가들에게는 평범한 사람들에게 없는 무언가가 있는 것일까?

나는 동료 학자들에게 더 이상 심리학 실험실에서 대학생들에게 무작위로 고른 냄새를 주지 말고, 대신 자연스러운 상황에서 창조적인 사람들이 냄새에 적극적으로 관여할 때 얼마나 유창하게 냄새를 말로 표현하는지 관찰하라고 권하곤 한다. 그들이 완성된 작품에서 후각 경험을 어떻게 표현하는지, 창조 행위에서 냄새가 어떤 역할을 하는지를 새롭게 바라봐야 한다. 후각 천재의 특징을 설명하기 위한 첫 단계로, 후각에 관심이 많은 예술가의 심리적 특징을 살펴볼 수 있다. 나는 우선 그 중 3가지, 즉 의식과 공감, 상상을 제안할 것이다.

의식부터 시작해보자. 찰스 다윈이 위대한 현장 생물학자일 수 있었던 것은 면밀히 관찰하고 냄새에 집중했기 때문이다. 이 두 재능 모두 동물의 사향을 묘사한 다음 구절에서 증명된다. "수컷 염소는 고약한 냄새로 유명하고, 어떤 수컷 사슴의 냄새는 놀랄 만큼 강하고 지속적이다.[1] 라플라타 강둑에서 나는 800미터 떨어진 곳에서 바람을 타고 오는 수컷 체르부스 캄페스트리스의 냄새로 오염된 공기를 느꼈다. 당시 내가 집으로 가져간 실크 손수건은 계속해서 쓰며 세탁했지만, 1년 7개월 동안이나 처음 펼칠 때마다 그 냄새를 풍겼다." 다윈에게 냄새는 시간과 장소, 종처럼 기록할 수 있는 사실이었다.

행동을 잘 살펴보면 냄새를 의식하는 사람을 식별할 수 있다. 오래 전 포르투갈에서 나는 옛 성을 우아한 식당 겸 호텔로 개조한 포우사다에서 저녁식사를 하고 있었다. 옆 테이블에는 키가 크고 나이 지긋한 미국인과 그의 아내 그리고 포르투갈 신사가 있었다. 왠지 키 큰 사람이 낯설지 않았다. 대화를 조금 엿들어보니, 그 미국인은 바로 경제학자이자 외교관인 존 케네스 갤브레이스(John Kenneth Galbraith)였다. 그날 밤 갤브레이스는 식당에서 손님들을 뒤따라갔다. 그는 문 근처에 놓여 있던 커다란 빨간 장미 꽃다발 앞에 멈춰 서서 상체를 굽히고는 오랫동안 생각에 잠긴 듯 향를 맡았다. 그는 내게 장미 향를 맡기 위해 잠시 멈춰 서는 사람이라는 깊은 인상을 주었다.

예술가가 냄새를 설득력 있게 묘사해 정서에 호소하기 위해서는 현실 세계의 냄새에 민감해야 한다. 냄새를 의식하는 예술가는 선천적으로 사물과 장소, 사람들의 냄새에 매력을 느끼는 향기 탐구자다. 그는 냄새에 대해 생각하고, 냄새를 희미하고 투명한 게 아니라 뚜렷하고 거의 손으로 만질 수 있는 것처럼 느낀다.

냄새를 의식하기 위해 아주 민감한 코가 필요한 게 아니다. 그저 평범한 코만 있으면 된다. 19세기 프랑스 작가 에밀 졸라(Emile Zola)가 좋은 예다. 그의 소설은 냄새에 대한 풍부한 언급으로 유명하다. 말년에 그는 창조적 천재성을 '신체적' 요인으로 밝혀내고자 하는 내과의사와 심리학자들에게 검사받는 데 동의했다. 특히 그들은 졸라의 후각을 정밀 검사했다. 졸라의 민감도는 약간 평균 이하였지만, 50대 중반의 나이를 감안하면 나쁘지 않다는 게 드러났다. 비교적 코가 둔하기는 했지만, 그의 후각은 꽤 섬세했다. 그는 냄새를 비교하고 분석하기를 좋아했고, 늘 제자들을 놀라게 할 만큼 자신 있게 표현했다.[2] 졸라의 냄새 기억력은 특히 뛰어나서, 색깔이나 모양보다 더 생생하게 떠올릴 수 있었다. 연구진은 졸라의 소설 속에서 표현된 냄새가 후각 능력보다는 유연한 후각적 상상력에서 나온 산물이라는 결론을 내렸다.

진정한 냄새를 의식하는 일은 그리 흔한 일이 아닐 것이다. 누구나 냄새에 무관심한 사람을 알고 있다. 냄새는 정서적으로나 지적으로 그들의 관심을 끌지 못한다. 세제 냄새에도 관심이 없고, 향수에 돈을 쓰지도 않는다. 소비자 조사에 따르면 총인구의 23퍼센트가 향수에 무감각하다고 한다.[3] 정반대로 총인구의 11퍼센트는 향수광이다. 그들은 계절과 분위기에 따라 뿌리는 수많은 향수를 갖고 있다. 예술적 재능과 후각적 의식이 통계적으로 무관하다고 가정해보자. 설문 조사 결과를 바탕으로, 모든 예술가의 4분의 1가량이 냄새에 무관심하고 따라서 작품에 냄새를 이용하지 않으리라 예상할 수 있다. 마찬가지로 예술가 10명 중 한 사람만이 냄새광일 것이다.

냄새 의식 자체가 후각 천재를 만들지는 않는다. 그런지 록(Grunge Rock, 시애틀에서 유래한 시끄러운 록 음악의 일종) 가수인 커트 코베인(Kurt Cobain)의 짧고 지저분한 삶을 생각해보자. 비평가 톰 아펠로(Tom Appelo)

에 따르면 "코베인의 일기는 냄새의 이미지로 가득했다.[4] 예를 들면 애인의 '옵세션', 즉 그의 베게에 남아 있는 커트니 러브(Courtney Love)의 향수 냄새가 묘사되어 있었다."고 말했다. 전기 작가 찰스 크로스(Charles Cross)는 "코베인이 냄새에 마음을 빼앗겼다."고 생각했다. 코베인은 쥐스킨트의 《향수》를 좋아해서 두 번 읽었다고 한다(소설 주인공의 자살이 냄새만큼이나 그를 매료시켰을까?).[5] 그가 냄새에 얼마나 강하게 매혹됐든, 그의 음악에는 냄새가 거의 드러나지 않는다. 니르바나(Nirvana)의 '스멜 라이크 틴 스피릿(Smells Like Teen Spirit)'은 예외다. 이 노래는 친구들이 그에게서 애인의 디오도란트 같은 냄새가 난다며 코베인을 놀렸던 사건에서 영감받아 만들어졌다. 코베인은 냄새광이었을지언정, 그렇다고 해서 후각적 예술가가 되진 않았다.

창조적인 후각적 천재의 두 번째 특징은 공감이다. 다른 사람들이 냄새를 어떻게 경험하고 거기 반응하는지를 직감적으로 느끼는 것이다. 조향사가 이에 능숙하다고 생각할지도 모르지만, 꼭 그렇지는 않다. 조향사는 왕처럼 고립되어 일한다. 마케팅 담당자는 공손히 최신 경향 예측과 테스트 상품에 대한 소비자 그룹의 의견, 소비자 테스트 자료를 들고 들어간다. 조향사가 일반 대중을 만나는 경우는 거의 없다.

한편 에릭 버가머(Eric Berghammer)는 대중을 좋아했다. 그는 냄새로 전혀 새로운 예술 매체를 만들었다. 그는 전 세계 최초의 '아로마 자키(Aroma Jockey)'다.[6] 오도7이라는 예명으로 통하는 이 젊은 네덜란드 예술가는 유럽 전역의 클럽과 음악회, 광고 행사에 생생한 냄새를 풍겼다. 그의 도구는 간단하다. 화로와 공기에 향기를 발산하기 위한 온수 욕조 그리고 향기를 관객에게 보내기 위한 선풍기가 전부다. 댄스 클럽에서 오도7은 2시간 30분 동안 자신의 퍼포먼스를 DJ가 선곡한 음악에 일치시킨다. 그는 현장 경험으로 후각적 공감의 대가가 됐다. 무대에서 관중이 어떻게 반응하는지를 관찰하고 댄스플로어의 분위기를 마음대로 바꿨다. 격정적인 상황에서도 냄새의 의미를 이용하는 방법을 찾았다. 헤비메탈 음악이 흐르는 동안에 베이비파우더 냄새를 풍겨 관중에게서 웃음을 끌어낼 수 있었다. 원래 그래픽디자이너이자 삽화가인 오도7은 패러다임을 완전히 바꿨다. 그는 현재 기분과 의미를 이미지 대신 냄새로 바꿔 표현했다. 조향사는 감히 그처럼 대중 앞에서 공연하지 못할 것이다.

후각적 천재의 세 번째 특징은 잘 발달된 후각적 상상력이다. 냄새에 관심이 많은 예술가는 상상력을 통해 감각들을 해석하고, 냄새가 정신과 감정에 호소할 새로운 방법을 만든다.

후각적 상상력의 핵심에는 심상 능력이 있다. 우리는 눈에 보이는 풍경을 상상할 때와 똑같은 방식으로 냄새를 떠올릴 수 있다. 나는 동료 세라 켐프(Sarah Kemp)와 멜리사 크라우치(Melissa Crouch)와 함께 이 능력을 측정할 방법을 찾았다.[7] 우리는 정당성이 입증된 시각적 심상 테스트를 후각적 용어로 바꿨다. 특정 풍경(예를 들어 숲속의 호수)을 상상할 때 얼마나 생생하게 떠오르는지를 평가하는 대신, 사람들에게 냄새(예를 들어 바비큐)를 생각할 때 얼마나 생생하게 떠오르는지를 평가하도록 했다. 평범한 사람들과 비교해보니, 조향사와 다른 향수 전문가들은 후각적 심상뿐 아니라 시각적 심상도 더 생생하게 떠올렸다. 다른 연구원들은 우리의 테스트 방법을 이용해 후각적 심상 능력이 뛰어난 후각과 관계가 있음을 증명했다.[8] 아마 후각적 상상력과 실제 지각은 비슷한 두뇌 부위에서 일어나는 듯하다.

예술가는 후각적 효과를 상상한 다음, 대중이 경험할 수 있도록 만들어야 한다. 무대는 언제나 후각에 관심이 많은 예술가가 좋아하는 실험 놀이터였다. 혁신적인 미국 연출가이자 무대 디자이너인 데이비드 벨라스코(David Belasco)는 일찍이 후각의 특수 효과를 채택했다.[9] 1897년에 그는 샌프란시스코의 차이나타운에서 연극을 연출했다. 그의 공연은 〈뉴욕 타임즈〉에 깊은 인상을 주었다. "시각과 청각, 후각은 환영을 만들기에 충분한 호소력을 지녔다. 중국 마리화나 냄새가 극장에 가득하고 음악은 최대한 중국풍이었기 때문이다." 하지만 〈뉴욕 저널〉의 비평가는 그렇게 생각하지 않았다. "지난밤의 연극은 하수구 때문이 아니라 분위기를 내기 위해 태운 역겹고 구역질 나는 냄새로 시작됐다…. 극장엔 불쾌한 마리화나 냄새로 가득했고, 긴 공연 시간 동안 점점 더 어지러워졌다."

벨라스코는 포기하지 않았다. 1912년에는 당시 유명했던 뉴욕의 체인점 차일드 레스토랑을 무대에서 정확하게 재현했다. 공연하는 동안에 화로에서 그 레스토랑의 특제품인 팬케이크를 실제로 구워 현장감을 주었다. 캐나다 북서부의 숲에서 벌어지는 멜로드라마의 무대를 위해서는 무대 바닥에 솔잎을 뿌렸다. 배우들이 솔잎을 밟을 때면 향기가 퍼졌다.

오늘날 무대의 냄새는 벨라스코식의 사실주의를 뛰어넘지 못한다. 마리화나와 조리중인 음식 냄새는 대중적인 효과지만 창조적인 냄새는 거의 없다. 영국의 국립 오페라단이 〈세 개의 오렌지에 대한 사랑*Love for Three Oranges*〉 공연 전 긁어서 냄새 맡는 카드를 나누어줬을 때처럼 냄새가 진부하게 사용되자 일부 연출가들은 저질 작품으로 취급될까 두려워 냄새를 피하게 되었다. 향기 아이디어는 여전히 연극의 흥미로운 가능성이다. 연출의 모든 요소처럼 독창적일 수도 있고, 진부할 수도 있다.

부부 디자이너인 찰스 임스(Charles Eames)와 레이 임스(Ray Eames)는 20세기의 가장 아름다운(불편하긴 하지만) 가구를 만들었다. 하지만 아쉽게도 이들이 후각적 멀티미디어의 개척자라는 사실은 널리 알려지지 않았다.[10] 1952년 임스 부부는 조지아 대학교를 위해 '커뮤니케이션'에 대한 쇼를 기획했다. 〈타임〉의 윌리엄 하우랜드(William Howland)는 "오랜 세월 내가 보고, 듣고, 맡았던 것 중 가장 재미있는 쇼였다."고 극찬했다.

쇼에는 세 대의 슬라이드 프로젝터와 두 대의 녹음기, 사운드트랙이 있는 영화 그리고 쇼가 진행되는 동안 공기조절장치 송수관을 통해 객석에 공급될 합성 향수들이 이용됐다. 찰스 임스는 관객을 최대한 자극하고자 했다. “우리는 많은 소리를 사용했고, 때로는 실제로 진동을 느낄 만큼 아주 큰 소리로 전달했다. 소리와 냄새, 다른 종류의 심상을 처음 경험하게 했다는 점에서 우리는 멀티미디어를 도입한 것이다. 그건 의식을 높이고 싶었기 때문이다.” 임스는 결과에 매우 만족했다. “냄새는 대단히 효과적이었다. 냄새는 2가지 역할을 했다. 시기적절하게 흘러나왔고, 환상적인 느낌을 고조시켰다. 냄새 단서가 없고 대본에 냄새 단서만 있는 일부 장면에서 몇몇 사람들이 무슨 냄새, 가령 기계의 기름 냄새를 맡았다고 느꼈기 때문에 대단히 흥미로웠다.”

에드윈 E. 슬로손은 자랑스러워했을 것이다. 시각과 청각으로 신호를 보내면 관객은 머릿속에서 냄새를 만들 것이다.

냄새에 관심을 가진 예술가가 가장 창조적으로 냄새를 표현할 수 있는 분야는 문학이다. 누구나 문자에는 그걸 읽는 동안 이미지를 떠올리게 하는 힘이 있음을 알고 있다. 하지만 글자로 적힌 묘사가 비례적으로 빛과 소리, 냄새를 떠올리게 한다는 사실은 잘 알려져 있지 않다.[11] 예를 들어 ‘아주 아주 밝은 빛’이라는 글을 읽으면 ‘희미한 빛’이라는 글을 읽을 때보다 더 밝은 심상이 생긴다. 마찬가지로 글로 적힌 묘사를 통해 냄새의 강도와 특징을 정확히 상상할 수 있다. 더 나아가 냄새와 관련된 단어를 읽기만 해도 두뇌의 후각 부위가 활성화된다. 한 fMRI(기능성 자기공명영상장치) 뇌영상 연구에 따르면, “냄새와 관련된 단어는 무의식적으로 그리고 즉각적으로 두뇌의 후각 피질의 의미 네트워크를 활성화시킨다.”고 했다. 언어 장벽이 많이 논의되긴 했지만, 후각적인 문장은 중요한 의사소통의 경로를 여는 듯하다.

누구나 냄새와 관련된 진부한 표현을 넣어 이야기할 수는 있다. 하지만 작품에 진정한 후각적 감수성을 표현할 수 있는 작가는 많지 않다. 1914년 영국인 교수 헬렌 매카피(Helen McAfee)는 편지에 당대 미국 소설 속에서 표현된 냄새는 모두 진부하다고 한탄했다.[12] "예를 들어 뉴잉글랜드 노처녀 소설에는 라벤더 냄새가, 캠프 생활이야기에선 소나무 냄새가, 여름날 사랑이야기에서는 장미 냄새가 나온다." 그녀는 체호프와 도스토예프스키 같은 러시아 작가들을 칭송했다. 그들이 얘기한 냄새는 "형식적으로 끄집어낸 게 아니라… 날카롭고 신선하다." 냄새가 이렇게 사용되면 "마찬가지로 독자에게 깊은 인상을 줄 수 있다."

매카피 교수처럼 당당히 코 중심적인 관점으로 물어보자. 작품에 후각적 차원을 끌어들인 작가는 누구인가? 그들은 어떻게 성공했는가?

> 이 모든 일이 5월의 어느 토요일 아침, 깨끗한 리넨 냄새가 나는 따뜻한 봄날에 시작됐다.[13]

앤 타일러(Anne Tyler)의 소설 《때로는 낯선 타인처럼*Ladder of Years*》은 이렇게 시작된다. 이 소설은 휴가 동안 가족의 곁을 떠나 메릴랜드에서 새롭게 익명의 가정생활을 시작한 여성의 이야기다. 타일러는 사람과 장소, 인생 등을 바꿀 수 있다는 주제를 다루면서 특유의 냄새로 그 분위기를 더했다. 한 병원에선 '마룻바닥 왁스와 이소프로필알코올이 뒤섞인' 냄새가 났고, 마을 도서관에선 '오래된 종이와 풀 냄새'가 넘쳤다. 여주인공은 익숙한 냄새를 이야기하지만, 그 냄새가 그녀의 감정에 호소하진 않는다.

제이 매키너니(Jay McInerney)의 《밝은 도시, 큰 도시*Bright Lights, Big City*》에선 코카인 흡입과 비강 합병증의 계속된 언급 속에 갓 구운 빵 냄새가 표류한다. 소설은 현재 전처인 옛 애인과 함께 썼던 맨해튼 웨스트빌리지의 아파트에서 이탈리아 빵집 냄새에 눈을 떴던 주인공의 추억으로 시작된다. 그 냄새는 어머니에 대한 구절에도, 그리고 인정 많은 동료 메건이 코카인으로 인해 점점 악순환에 빠지는 그를 돕기 위해 빵 한 덩어리를 사주었을 때에도 다시 묘사된다. 주말 내내 마약을 즐긴 끝에 기진맥진한 그는 빵집 배달부에게 값비싼 선글라스 대신 하드롤 한 봉지를 받는다. 그 향기는 이 책의 유명한 마지막 문단에 다시 나타난다. "무릎을 꿇고 봉지를 뜯는다.[14] 따뜻한 반죽 냄새가 몸을 휘감는다. 한 입 크게 베어 무니 목이 막혀 숨이 막힐 듯하다. 천천히 가야 할 것이다. 모든 것을 처음부터 다시 배워야 할 것이다." 의심 많은 독자들은 볼리비아 코카인을 남용했으니 주인공의 후각이 손상되지 않았겠느냐고 이의를 제기할 것이다. 어쨌든 오랫동안 마약을 흡입하면 코를 훌쩍거리게 되고 궤양이 생기며 출혈과 후비루(Postnasal Drip, 축농증이나 비염 따위로 콧물이 목 안으로 자주 넘어가서 인후부를 자극하여 기침이 자주 나타나는 증상)가 발생하고 천공성 격막 등이 생긴다. 코카인 남용자의 후각에 대한 유일한 연구에 따르면, 11명 중 10명의 후각이 정상적이었고, 천공성 격막 환자도 냄새를 잘 맡을 수 있었다.[15]

미국 작가 너대니얼 호손(Nathaniel Hawthorne)은 후각 천재가 가진 3가지 특징을 모두 가지고 있었다. 그의 소설 《일곱 박공의 집*The House of the Seven Gables*》은 냄새로 가득하다. 다음은 그 집의 완성을 축하하는 뉴잉글랜드 마을 축제를 그린 글이다. "부엌의 연기를 내뿜는 새 집의 굴뚝은 향기로운 허브와 풍부한 양파로 향긋하게 섞어 만든 육류와 닭고기, 생선 냄새를 온 공기에 스며들게 했다.[16] 모든 이들의 콧구멍을 자극하는 축제의 냄새는 곧 유혹이자 식욕이었다." 분명 호손은 먹는 걸 좋아한 사람이었을 것이다.

호손은 《주홍글씨*The Scarlet Letter*》에서 독립전쟁 대령의 아들이었던 세관 검사관을 다음처럼 묘사했다. 검사관은 "먹는다는 것이 그의 행복한 삶에 적지 않은 부분을 차지했던 훌륭한 저녁식사를 회상하는 능력"으로 유명했다. 그는 감각적 세부 묘사를 회상할 수 있을 뿐 아니라, 다른 이들도 감상할 수 있도록 생생히 묘사할 수 있었다. "아무리 오래 전에 먹었다 하더라도 맛있는 음식에 대한 그의 기억은 콧구멍 바로 아래서 돼지고기나 칠면조 냄새를 풍기게 하는 것 같았다." 우리는 바로 눈앞에 있는 검사관을 보고, 그에 대한 글을 읽기만 해도 식욕을 느낀다.

《라파치니의 딸*Rappaccini's Daughter*》은 냄새를 바탕으로 한 미국 문학 중 최고의 소설일 것이다.[17] 17세기 전환기에 이탈리아 파두아를 무대로 한 호손의 이야기는 라파치니 박사의 아름다운 딸에게 반한 의대생이 등장한다. 완고한 의사는 독초를 길렀고, 고의적으로 딸을 독초와 가까이 접촉시키며 길렀다. 그렇게 해서 딸은 독에 면역되었을 뿐 아니라 그 독이 온몸에 쌓였다. 그녀는 매혹적이고도 유독한 향기를 풍겼다. 그녀에게 구애한 학생에게도 그 향기가 희미하게 배었다. 경쟁자인 의사가 연인들에게 해독제를 주면서 소설은 비극적으로 끝난다.

호손은 냄새를 예민하게 의식했고, 냄새가 타인에게 어떤 영향을 주는지를 공감했으며, 그걸 독특한 이야기에서 지속적으로 표현할 수 있었다. 그는 관능을 거부했던 금욕적 뉴잉글랜드 청교도 집안에서 태어났지만, 즐거운 코를 선물받았다.

창조적 불꽃

냄새와 문학적 창조력에 대한 오래된 일화가 있다. 독일의 시인이자 극작가인 프리드리히 실러(Friedrich Schiller)에 대한 이야기다. 어느 날 친한 친구 괴테가 그를 방문했다. 괴테는 실러의 서재에서 오랫동안 기다리던 중 강하고 다소 역겨운 냄새를 느꼈다. 그가 실러 부인에게 그 냄새에 대해 묻자, 그녀는 썩은 사과가 가득한 책상 서랍을 열어 그에게 보여주었다. 그녀는 괴테에게 남편은 썩은 사과 냄새를 맡지 않고는 창조성을 발휘할 수 없다고 말했다. 그녀가 이 말을 할 때 눈을 굴렸는지는 알 수 없다.

이 이야기는 후각이 정신에 주는 영감을 말한다고 여겨지지만 내가 보기엔 다소 억지스러워 보인다. 실러가 유독 사과에 대한 글을 잘, 혹은 자주 썼던가? 그에게 사과 냄새와 영감을 연결시킨 이론이 있었나? 그가 사과가 아닌 썩은 복숭아에서 영감을 얻은 적은 있었을까? 내가 아는 한, 실러는 강박적인 예비 의식처럼 사과 냄새를 맡았을 뿐이다.

냄새와 창조성의 관계를 찾기에 더 좋은 사례가 있다. 우선 미국 시인 에밀리 디킨슨(Emily Dickinson)에 대해 살펴보자. 그녀는 평생 매사추세츠주 애머스트에서 은둔자처럼 살았다.[18] 식물학에 정통하고 꽃을 무척 좋아해서 정원과 실내 온실에 많은 종류의 꽃을 길렀다. 당대 많은 여성들이 취미 삼아 꽃을 길렀지만, 그들과 달리 디킨슨은 화려하고 향기가 없는 난초엔 전혀 관심이 없었다. 오직 향기 나는 꽃에만 애정을 기울였다.

그녀가 좋아하는 꽃들은 프랑스 금잔화, 목서초, 모란, 앵초, 보라색 수레국화, 왕수염 패랭이꽃, 다양한 종의 장미, 라일락, 고광나무, 인동덩굴, 재스민, 헬리오트로프, 향기 알리섬이었다. 디킨슨은 옅은 향기엔 흥미가 없었다. 열대 지방의 재스민과 활짝 핀 부르봉 장미의 짙은 향기를 좋아했다. 그녀의 온실은 향기로 가득했다. 그녀가 살았던 빅토리아 시대의 정서를 감안하면, 이렇게 향기가 짙은 꽃은 응접실에 두기엔 지나치게 외설적이었다. 때문에 그녀는 이 꽃들을 응접실 대신 침실과 책상 옆에 두었다.

당연히 꽃은 그녀 작품의 주요 주제였다. 시 다섯 편 중에 한 편은 어떤 식으로든 꽃이 등장한다. 그녀는 마을 사람들에게 집에서 기른 꽃으로 만든 꽃다발에 단편 시를 묶어 보내기로 유명했다. 그렇게 해서 그녀의 시 대부분이 살아 있는 동안 유명해졌고 발표되지 않은 시는 거의 없었다.

1955년에 전집이 발행되자, 디킨슨의 시는 강렬한 정서를 세련되게 묘사한다며 호평받았다.[19]

캐밀 파야(Camille Paglia)는 1990년에 디킨슨을 타인의 강렬한 정서를 먹고 사는 죽음에 사로잡힌 흡혈귀로 묘사해 이 찬양 여론에 도전했다.[20] 디킨슨을 '여자 사드'라고 지칭한 파야는 시인의 '무의식적인 살인과 상해 욕구'를 지적하면서 그녀의 시를 '누군가가 고문받고 죽어가는 모습을 미화한 고통과 황홀경의 시나리오'라고 묘사했다.

디킨슨에 대한 이 재평가가 너무나 가혹해서 나는 처음엔 믿지 못했다. 하지만 그녀의 시를 다시 찬찬히 살펴보니, 파야의 말대로 디킨슨의 시는 꽃 외에도 대부분 벌과 죽음을 다루고 있었다. 1175편의 시 중 약 400편이 꽃에 대한 것이다. 하지만 향기를 직접적으로 언급한 시는 단 두 편이었고(향긋한 카네이션과 향기로운 분홍색), 그 외에 향을 암시한 시는 몇 편에 불과하다. 묘한 일이다. 그녀의 인생은 향기 나는 꽃 재배를 중심으로 이루어졌고, 그 꽃에 둘러싸인 시를 썼다. 심지어 꽃을 창조성의 은유로 삼기도 했다. 그런 그녀가 왜 시에 향기를 묘사하지 않았을까?

그것은 디킨슨이 보통 사람처럼 향기를 들이쉰 게 아니라 마셨기 때문이다. 그녀의 시에서 꽃 냄새는 자양분이었다.[21] 봄 냄새를 묘사할 때에는 자신을 '기쁨을 마시는 사람'이라고 지칭했다. 그녀는 향기에 취했다. "나는 공기에 취하고 이슬을 탐닉한다." 그녀는 부르고뉴 포도주를, 벌은 클로버 과즙을 마시며 살았다. 그녀는 향기를 마시기 위해 꽃을 길렀고, 향기는 그녀의 창조력을 자극했다. 이건 틀림없는 사실이다. 디킨슨은 향기 흡혈귀였다.

애머스트에서 어느 날, 디킨슨은 향수박하 몇 송이를 꺾고 재스민 화분을 비오는 밖에 두었다. 이 순수한 행동을 눈치 챈 사람은 아무도 없었다. 하지만 그녀의 상상 속 사도마조히즘 온실 안에서는 이 행동이 바뀌었다. "박하를 죽여라. 그러면 그 냄새가 그대를 축복할지니. 재스민을 폭풍에 내놓아라. 그러면 가장 짙은 향기를 뿜을지니. 아마 그대의 여름밤은 아름다워지리." 다시 말해 죽음과 폭력에 노출되면 축복받고 밤은 황홀해진다는 것이다.

디킨슨의 꽃은 죽음의 행위에서 향기를 내뿜는다. "죽어가는 순간에도 내뿜는 신성한 향기. 초라한 향신료처럼 누워 자는, 혹은 감송처럼 말라 죽는…" 디킨슨은 죽어가는 꽃에서 나는 향기이자 영혼을 마시고는 시를 썼다. "거기엔 냄새가 거의 없네. 사라지는 가장 짙은 향." 애머스트의 엽기녀에게는 죽음의 순간에 추출된 향기가 가장 맛있는 것이었다.

나는 지금 파야가 제대로 이해했다고 생각한다. 디킨슨에겐 살인과 상해 욕구가 있었다. "정유는 착유 과정을 거치지. 장미 기름은 태양으로만 짜내어지지 않네. 이는 압착의 선물." 저런! 디킨슨은 꽃에서 향수를 억지로 짜냈던 것이다!

이 같은 사실은 하버드 휴턴 희귀 박물관의 에밀리 디킨슨 전시실에 잘 보존된 그녀의 눌러 말린 꽃 앨범을 사악하게 보이도록 한다. 학자들은 그 앨범을 꽃에 대한 그녀의 열정이 아름답게 담긴 기록이라고 찬양했다. 하지만 나는 그 앨범이 소름끼치는 것이라고 생각한다. 연쇄 살인범의 전리품이 간직된 앨범이니까.

작곡가 리하르트 바그너(Richard Wagner)도 향기광이었다. 그는 매일 목욕할 때 많은 양의 향수를 썼고 화려한 비단과 모피 옷에 향긋한 파우더를 뿌렸다. 사적인 편지에는 향수에 대한 얘기가 가득하다. 학자 마크 웨이너(Marc Weiner)는 바그너의 '냄새에 대한 도착적 매혹'이 그의 오페라에도 스며들어 있다고 지적한다.[22] 오페라 가사에 '향기(Duft)'라는 단어가 나올 때 마다 그 맥락은 거의 언제나 자극적이고 위험하며 에로틱하다. 아름다운 향기는 〈발퀴레*Die Walküre*〉에서 지그린데와 지그문트가 처음 만났을 때처럼 남매간 근친상간을 암시하면서 공중에 냄새를 풍긴다. 〈명가수*Die Meistersinger*〉에서 에바와 발터 폰 슈톨칭의 부르주아 결혼처럼 사회적으로 인정받는 결합이 이루어질 때에는 향기가 없다. 바그너는 〈니벨룽겐의 반지*Der Ring des Nibelungen*〉에 나오는 난쟁이 알베리히와 미메나 〈명가수〉에 나오는 구두수선공 베크메서처럼 중요하지 않은 인물에게는 불쾌한 냄새를 주었다(베크메서는 구두닦이로 쓰는 피치의 고약한 냄새를 풍긴다. 이 냄새는 그가 악의적인 인물임을 가리킨다). 〈니벨룽겐의 반지〉에서 피콜로의 떨리는 주제 음악은, 바그너의 세련된 표현에 따르면 미메에게 '복부 호흡을 위한 주악상' 역할을 한다.

내게 에로틱한 냄새들

> 밤은 서늘하다. 약간 한기가 느껴진다.[23]
> 공기 중엔 꽃과 숲 냄새가 진하다. 그것에 취한다.
>
> _*레오폴트 폰 자허마조흐(Leopold von Sacher-Masoch),*
> *《모피를 입은 비너스Venus in Furs》*

평범한 냄새가 에로틱하게 느껴질 수도 있다. 향기와 금지된 섹스의 관계는 19세기에 인기 있는 문학적 주제였다. 레오폴트 폰 자허마조흐의 이름은 채찍을 휘두르는 여인을 다룬 1870년 소설 《모피를 입은 비너스》 덕에 마조히즘의 어원이 되었다.

소설의 초반부에서 화자 제베린은 자신이 반다에게 빠져 있고 그녀에게 복종하고 싶은 판타지가 점점 깊어진다고 이야기한다. 반다에 대한 그의 에로틱한 중독은 향기로 가득하다. 하지만 일단 제베린이 반다의 노예가 되는 데 동의하자 모든 것이 바뀐다. 둘은 피렌체로 여행을 떠난다. 기차역으로 가는 마차에서 그녀는 쾌활하지만, 그녀의 온기와 향기는 이미 희미해지고 있다. "그녀는 내게 입을 맞추기도 했지만, 그 차가운 입술은 어린 가을 장미의 신선하고 싸늘한 향기를 풍겼다. 가을 장미는 벌거벗은 줄기와 노란 잎 속에서 홀로 피어나고, 그 꽃받침에는 조그만 얼음 다이아몬드처럼 생긴 첫 서리가 맺힌다."

거만한 반다가 더 냉담해지면서 냄새는 제베린에게 천박하고 불쾌해진다. 반다는 1등석 기차 칸에 타지만, 제베린을 사관학교 신입생과 앉힌다. "그때 그녀는 내게 고개를 끄덕이고 나를 내쫓았다. 나는 천천히 3등석 칸으로 올라갔다. 거기엔 하데스 입구에 있는 아케론 강의 안개 같은 지독한 담배 연기로 가득했다." 여기서 그는 폴란드 농부와 유대인 행상인, 졸병과 똑같이 양파 냄새가 나는 공기를 마셔야 했다.

빈에서 내린 후 둘은 피렌체로 향한다. "리넨 옷을 입은 마조비아 사람과 머리에 기름을 바른 유대인 대신, 내 동행들은 이제 곱슬머리의 농부, 최초의 이탈리아 근위대의 당당한 하사관, 가난한 독일 화가다. 담배 연기는 더 이상 양파 냄새가 아니라 살라미와 치즈 냄새를 풍긴다." 일상생활의 톡 쏘는 냄새는 복종적 판타지에 대한 제베린의 짜릿한 냄새를 밀어낸다.

소설이 끝날 무렵, 그는 이상적인 애인의 원래 이미지, 즉 메디치의 비너스 조각 앞에 선다. 절망한 그는 그 조각상에서 이마 양쪽의 작은 뿔을 감춘 것 같은 향긋한 곱슬머리를 본다. 그는 자신의 영혼을 냉정한 악녀에게 주었다. 자허마조흐는 에로틱한 판타지에서 복종, 이후 절망으로 몰락하는 제베린의 이야기를 위해 후각적 부속물을 만들었다.

작가들은 냄새를 에로틱하게 묘사할 때 자신을 드러낸다. 미국 소설가 윌라 캐더(Willa Cather)를 예로 들어보자.[24] 그녀는 결혼하지 않고 오랫동안 여자 친구들과 살았다. 그녀의 성적 정체성은 지금도 확실치 않으며,

동성애 연구 분야에서 많은 추측을 낳는다.

그녀의 1913년 소설 《오 개척자여!*O Pioneers!*》는 네브래스카 국경의 도덕적으로 인정받지 못한 사랑과 불행한 정사를 그렸다. 냉정한 여주인공 알렉산드라 베르그송은 남자를 동료로 대하고 결혼을 하지도, 연애를 하지도 않는다. 《오 개척자여!》에서 실내에서 나는 많은 냄새-독한 술, 파이프 담배, 눅눅한 모직물, 등유, 독한 멕시코 시가-는 모두 불쾌하고 남성적이다. 반대로 실외 냄새는 전적으로 정서적이고 에로틱하다. 야외에는 '간절하게 쟁기에 몰두하는' 봄날 갈색 대지의 '강하고 깨끗한 냄새'와 비온 후 야생 장미의 향긋한 냄새, 잘 익은 옥수수와 밀 밭, 달콤한 클로버, '야생 목화 냄새가 짙은' 밤공기, '여름밤의 강렬한 향기'가 있다.

알렉산드라에게는 강한 익명의 남자 때문에 흥분하는 낭만적 판타지가 있다. "그녀는 그를 본 적이 없지만, 눈을 감으면 그에게서 햇빛처럼 노랗고 잘 익은 옥수수 밭 냄새가 나는 것을 느낄 수 있었다." 캐더의 인간적인 에로티시즘은 그녀가 에로틱하게 묘사한 자연과 비슷하다. 동성애 연구가들은 그 의도를 잘못 이해한 것이다. 후각 단서는 캐더의 성적 취향이 너무나 두루 퍼져 있어서 남성이나 여성 어느 한 쪽이라고 딱히 말할 수 없음을 암시한다.

윌리엄 포크너(William Faulkner)는 말년에 한 학생으로부터 왜 그의 글에는 유독 냄새와 관련된 표현이 많은지 대해 질문을 받았다. 포크너는 "아마 내 후각이 시각보다 더 예민하기 때문일 것"이라고 대답했다.[25] 나는 포크너가 학생이 듣고 싶어 하는 답을 했다고 생각한다. 하지만 그의 후각이 예민하다는 말은 좀 의심스럽다. 그에 대해 알려진 다른 얘기와 앞뒤가 맞지 않기 때문이다.[26]

옷차림이 말쑥했던 그는 향수를 뿌리지 않았다. 그의 초기 낭만시는 라일락에 대해 형식적으로만 언급했다. 그의 후각이 뛰어나다는 것을 암시하는 내용은 많지 않다. 더욱이 그는 사실적인 냄새에 대해 쓰지도 않았다. 그는 냄새를 많이 이용했지만, 대단히 인위적이었다. 포크너는 미국 소설사에서 가장 급진적인 혁신가로 알려져 있다.[27] 그가 이 명성을 얻은 것은 '예민한 후각'의 정확한 관찰이 아니라 대단히 독창적인 냄새의 은유 때문이었다.

포크너 소설의 배경은 남부다. 그는 진부한 등나무와 인동덩굴의 달콤하고 낭만적인 냄새를 슬픔과 '남부 역사에 내재된 비극'의 상징으로 바꿔놓았다.[28] 그는 남부 동맹군 장교를 아버지로 둔 젊은이 베이어드 사르토리우스에 대한 소설 《패배하지 않는 자들*The Unvanquished*》에서 새로운 가능성을 열었다. 포크너는 처음에는 냄새를 감정과 관습적인 방법으로 결합시킨다. 화약은 갈등과, 시든 장미는 살해된 할머니와 연결된다. 마지막 장 '버베나 냄새'가 되어서야 포크너는 후각적 상징성을 드러낸다. 사실 진짜 버베나는 거의 냄새가 없다. 포크너는 마치 버베나에 향기가 있는 것처럼 말함으로써 그 향기를 용기와 폭력의 상징으로 보도록 독자를 설득한다.[29]

포크너는 각 장면마다 버베나 냄새를 다양한 강도로 묘사한다. 베이어드는 아버지를 죽인 사람과 대결하러 가는 길에 재킷에서 '버베나 잔가지의 짙은 냄새'를 맡는다. 그는 남부의 명예에 따라 아버지에 대한 복수를 위해 결투 신청을 해야 했다.[30] 상대가 무기를 갖지 않은 베이어드를 일부러 빗맞히며 두 번 총을 쏜 덕분에 그는 유혈 참사 없이 명예를 지켰다. 베이어드는 집으로 돌아가 이제는 아버지의 자리에서 희미해진 버베나 꽃 냄새를 맡을 수 있었다. 더 이상 폭력이 필요 없음을 이해하게 된다. 용기에 대한 의무는 충족됐다. 냄새는 현실 세계에서 짙어졌다 희미해진다. 포크너는 감각과 상징을 일치시키는 재능을 갖고 있었다.

포크너는 미시시피의 콤프슨 가문의 몰락을 다룬 《음향과 분노*The Sound*

and the Fury》에서 냄새를 가장 폭넓게 이용했다.[31] 포크너는 시간을 무시한 장에서 여러 등장인물의 시점으로 각자가 가진 냄새를 이야기한다.

지적 장애가 있는 벤지는 세상을 혼란스럽고 여러 감각이 관여하는 난장판으로 인식한다. 그는 자신의 보호자, 특히 누이 캐디의 체취에서 편안함을 느낀다. 벤지는 캐디에게선 "나무 냄새가 난다."고 계속해서 말한다. 캐디에 대해 강박적인 죄책감을 느끼면서도 에로틱한 생각을 품는 벤지의 형 퀜틴은 '어스름한 색의 인동덩굴 냄새'와 짝을 이룬다. 퀜틴이 자살을 기도할 때, 소설의 분위기는 바뀌고 인동덩굴은 가솔린의 불쾌한 냄새로 바뀐다. 제이슨은 감정이 없는 냉혹하고 시니컬한 콤프슨 형제다. 그의 이야기에는 코를 찌르는 가솔린과 장뇌 냄새만이 등장한다.

이 소설의 마지막 장에서 전지적인 목소리는 답답한 향기, 즉 축축한 대지와 고무의 희미하고 향기로운 냄새, 싸구려 화장품의 희미한 냄새, 배꽃의 쓸쓸한 향기, 널리 퍼지는 장뇌 악취를 배경으로 이야기를 마무리한다.

포크너는 이 모든 냄새가 예민한 후각에서 비롯되었으며 자신의 작품에 냄새의 역할을 일부러 크게 만든 것은 아니라면서 감수성이 예민한 학생을 설득하려 했다. 하지만 나는 거짓말이라는 걸 알고 있다. 뛰어난 은유는 저절로 생기지 않는다.

오페라의 밤

1993년 초, 나는 보스턴의 뉴 오페라 극장 앙상블의 단장 롤런드 텍(Roland Tec)에게서 편지를 받았다. 텍은 〈블라인드 트러스트*Blind Trust*〉라는 새 작품을 연출하고 있었다. 소년이 눈먼 소녀를 만나면서 일어나는 사건을 다룬 이 이야기는 즉흥적으로 작곡된 음악과 대본으로 이루어졌다. 공연이 깜깜한 어둠 속에서 진행되기 때문에 현장감을 주기 위해서 장면에 냄새를 곁들일 예정이었다. 이를 도와줄 수 있느냐는 것이었다.

나는 지보당 루르 향수회사의 상사에게 이건 흥미롭고 창조적인 도전이라고 설득했다. 이 공연에 참여하게 되면, 돈 들이지 않고도 홍보할 수 있고 우리 회사가 예술을 후원한다는 인정을 받을 수도 있다고 말이다. 〈블라인드 트러스트〉는 공식 프로젝트가 됐고, 우리는 피자 가게와 꽃 가게, 세탁소, 극장 분위기를 내기 위해 향수를 만들기 시작했다.

몇 가지 향수 개발은 쉬웠다. 꽃 가게는 기본적인 꽃향기 제조법에, 줄기와 잎을 암시하기 위해 과장된 초록 노트를 곁들이기만 하면 되었다. 우리에겐 이미 세탁소에 어울릴만한 막 다린 리넨 향이 있었다. 피자와 버터 바른 팝콘은 조금 힘들었다. 나는 다른 회사에 도움을 요청했다.

기본적인 향수 제조법이 있으니, 다음 단계는 그 향이 큰 공간에서 제대로 냄새를 풍길 수 있도록 조정하는 것이었다. 피부에 뿌리는 향수라면 아무 상관이 없지만, 방향제 향 개발에선 중요한 단계다. 시향지에서는 냄새가 좋았던 오일이라도 분무기를 이용하거나 방향초로 방 안을 가득 채우면 전혀 다른 특징을 나타내기 때문이다. 향기는 분열될 것이다. 한 성분이 다른 성분들을 압도하거나 완전히 파괴되기 때문이다. 따라서 향수가 실제로 사용됐을 때 어떤 냄새를 풍길지 파악하기 위해 작은 방이나 스테인리스 부스에서 테스트하기로 했다.

약 일주일 후, 나는 〈블라인드 트러스트〉에 사용될 향수에 대해 간단한 부스 평가를 실시했다. 주로 이런저런 시골 초원 방향제를 평가해달라고 부탁받았던 직원은 피자 냄새를 판단할 때는 즐거워했다. "마늘 냄새는 더 많이요.", "바질은 줄여요.", "좀 더 좋은 치즈 냄새를 찾아보세요."라는 그들의 의견은 유용했다. 어느 날 오후 우리가 버터 바른 팝콘 냄새를 테스트하고 있을 때 사람들은 건물 곳곳을 돌아다니며 누가 팝콘을 전자레인지에 돌렸냐고 물어봤다.

〈블라인드 트러스트〉는 1993년 6월 5일 보스턴 과학박물관 천문관에서 처음 공연됐다. 텍은 관객이 모든 것을 맹인처럼, 즉 귀와 코로만 경험하기를 원했다. 그래서 천문관을 완전한 암흑 상태로 만들었다. 그리고 점잖게 환영의 말을 하기보다는 프로그램에 실린 해설문을 처음부터 끝까지 크게 읽었다. 음악이 시작되고 가수들은 천문관 중앙의 별자리 영사기 옆에 있었다. 냄새를 관리하는 네 사람은 벽의 머리 높이에 있는 홀의 공기 흡입구 옆에 몰래 자리를 잡았다.

분무기 통으로 무장한 그들은 방향제를 뿌릴 큐 사인을 기다렸다. 얼마 지나지 않아 네 통을 한꺼번에 분사해도 천문관 홀에는 역부족이라는 게 드러났다. 거실에서는 강했던 냄새가 이 큰 홀에선 희미했다. 게다가 큐 사인의 타이밍도 계속 맞지 않았다. 무대가 정돈되기도 전에 냄새가 풍기곤 해서 관객들이 당황하기도 했다. 후각 효과는 여러 감각이 관여하는 사실주의를 확립하기는커녕 혼란을 낳았다. 칠흑 같이 깜깜한 홀에선 장면이 언제 끝났는지 알기 힘드니 관객들은 박수쳐야 할 시점을 자꾸 놓쳤다. 이 길고 실망스러운 공연이 끝날 무렵, 텍이 공연에 기여한 사람들의 이름을 모두 읽는 바람에 그나마 관객들이 느꼈던 공감마저도 모두 사라졌다.

"블라인드 트러스트, 코를 틀어막도록!"

〈보스턴 글로브〉의 비평은 혹독했다.[32] 그 신문은 음악이 필립 글래스(Philip Glass) 풍을 모방하고 기계적일 때는 쓸모 있었으나, 즉흥적인 노래는 언어와 음성, 조화의 진부한 표현으로 이루어졌고, 냄새는 혼란스럽고 불쾌했다고 혹평했다.

결국 지보당 루르는 기대했던 것만큼 호평을 받지 못했다. 이후 롤런드 텍은 극본을 쓰고 영화를 감독했다. 하지만 내가 지난 번 검색해보니, 〈블라인드 트러스트〉는 그의 약력에 포함되어 있지 않았다.

8

할리우드 후각심리학

이 영화의 제작자들은 오늘날의 관객들이
생에 악취를 풍기는 무언가가 있다는 사실을
인정할 만큼 성숙하다고 믿는다.
_〈폴리에스터〉

나는 1981년에 첫 개봉된 존 워터스(John Waters)의 영화 〈폴리에스터〉를 사람들이 가득한 필라델피아의 한 극장에서 보았다. 〈폴리에스터〉를 보는 관객들은 '오도라마 카드(Odorama card)'라는 걸 가지고 극장에 들어가고, 스크린에 번호가 뜨면 카드의 해당 번호를 문지른다. 그렇게 되면 영화 내용에 해당하는 냄새가 나는 '냄새 나는 영화'가 된다. 프랜신 피쉬포라는 등장인물(엄청나게 뚱뚱하고 엉뚱한 디바인이 연기한)이 침대 커버 밑에서 방귀를 낄 때에도 다른 관객처럼 나 역시 오도라마 카드를 긁고 냄새를 맡았다. 관객은 투덜거렸다. 무슨 냄새가 날지 알면서도 모두들 숨을 들이쉬었다. 오늘날까지 워터스는 영화계에서 얻은 성공을 즐거워한다. 그는 내게 "전 세계 관객들이 방귀 냄새를 맡으려고 내게 돈을 지불했다."고 말한다.[1]

냄새 나는 영화를 만든다는 아이디어는 오랫동안 웃음거리였기 때문에, 향기 나는 영화가 한때 뉴욕과 시카고, 로스앤젤레스의 큰 극장에서 상영된 적이 있었다는 사실을 놓치기 쉽다. 역사적으로 스멜 오 비전이나 그 라이벌인 아로마라마는 인정받지 못해서, 《예술과 엔터테인먼트 일시적 유행*Arts & Entertainment Fads*》과 《저런: 미국을 형성한 대실패의 20가지 교훈*Oops: 20 Life Lessons from the Fiascoes That Shaped America*》 같은 책에나 나온다.[2]

〈런던 타임즈〉의 편집장은 스멜 오 비전과 아로마라마를 '영화적 악취'와 '역사적 큰 실수'라며 혹평했다. 〈타임〉은 스멜 오 비전을 남성 전용 미장원과 레저 슈트, 뉴 코크와 함께 금세기 최악의 아이디어 100가지 목록에 넣었다. 평론가 마이클 메드베드(Michael Medved)와 해리 메드베드(Harry Medved)는 스멜 오 비전을 황금칠면조 상의 '할리우드 역사상 가장 어리석고 달갑지 않은 기술 발전' 분야에 추천했다.

나는 이들의 조롱을 2가지 이유에서 비열하다고 여긴다. 첫째, 내가 할리우드 역사에서 냄새나는 영화와 정서적 유대관계를 느끼기 때문이다. 그건 아마 내가 〈블라인드 트러스트〉의 후각적 시도가 실패하는 데 어떤 역할을 했기 때문이거나, 인터넷 회사가 인기를 끌던 시절 PC와 연계된 향기 발생기를 통해 인터넷에 냄새를 일으키려 했던 디지센트 사의 창업에 관여했기 때문일 것이다. 왜 비평가들은 사람들이 냄새를 풍기는 오락의 가능성에 진심으로 관심이 있다는 것을 믿지 못하는 걸까?

둘째, 잡지와 언론학 교수들이 중요한 점을 놓치고 있다는 의혹이 사라지지 않기 때문이다. 그게 정말 그토록 나쁜 아이디어라면, 왜 대중은 여전히 거기 매혹된단 말인가? 나는 직접 살펴보기로 결심하고서, 방대한 양의 마이크로필름을 읽고 스멜 오 비전과 아로마라마를 경험했던 사람들과 얘기하기 시작했다. 내 목표는 혹평가들이 주장하는 것 외에 또 다른 이야기가 있는지 알아내기 위함이었다.

영화에 냄새를 첨가하기 위한 최초의 시도는 초창기 무성영화 시절로 거슬러 올라간다.[3] 그것은 리알토와 스트랜드 같은 뉴욕 극장을 운영했던 전설적 영화 흥행주이자 '록시'라는 별명을 가진 새뮤얼 로서펠(Samuel Rothafel)의 창작품이었다. 자신의 별명을 따서 록시라고 이름 붙인 화려한 영화관은 그가 직접 지었으며 미국 전역에서 영화의 대명사가 되었다. 그는 할리우드를 지금의 모습으로 만드는 데 공헌했지만, 그의 냄새 나는 영화 이야기에는 몇 가지 흠이 있다.

〈필름 데일리〉는 "로서펠은 1906년 펜실베이니아 포레스트 시에 있는 그가 운영하는 무성 영화관에서 장미 냄새를 풍기려 했다.[4] 패서디나 로스 볼 경기의 뉴스를 위해 그는 탈지면을 장미 에센스에 담갔다가 선풍기 앞에 두었다."라는 기사를 실었다. 이 재미있는 이야기는 영화사에 대한 여러 책에서 거듭 인용되었다.

문제는 1906년엔 로스 볼 경기가 없었다는 것이다.[5] 첫 번째 경기는 1902년에 있었고, 그 행사는 엉망이어서(스탠퍼드는 미시간에게 49 대 0으로 지면서 3쿼터에서 패배를 인정했다) 로스 토너먼트는 미식축구를 포기하고 몇 년 동안 마차 경주를 개최했다. 미식축구 경기는 1916년에야 다시 열렸다. 그렇다면 록시는 어떤 영화에 장미 에센스를 뿌린 것일까? 패서디나는 1890년부터 로스 퍼레이드를 주관했고, 비타스코프 사는 1900년에 그것을 처음 촬영했다. 아마 록시가 꽃향기를 입힌 것은 1906년 로스 퍼레이드에서 뉴스 화면이었을 것이다.

록시는 즉흥 묘기를 반복하지 않았지만, 다른 사람들은 그것을 모방했다.[6] 1929년 보스턴의 펜웨이 극장장은 환기 장치에 약 0.5리터의 라일락 향수를 부었다. 그는 〈라일락 시간*Lilac Time*〉이라는 영화 제목이 화면에 나타날 때 관객이 그 냄새를 맡을 수 있도록 시간을 조절했다. 같은 해, 로스앤젤레스에 있는 그로먼의 중국 극장에서 MGM(미국의 영화제작·배급회사)의 〈할리우드 리뷰*Hollywood Review*〉를 상영하는 동안 오렌지 향기가 발산됐다. 그 냄새는 '오렌지 꽃 시간'이라는 음악이 나올 때 풍겼다.

냄새 나는 예술 형식의 엔터테인먼트는 드라이버와 향수 플라스크를 든 영사기사보다 더 많은 것을 요구한다. 이 무렵 다른 사람들은 냄새의 예술적·극적 가능성을 진지하게 생각하고 있었다. 올더스 헉슬리Aldous Huxley는 1931년에 쓴 자신의 소설 《멋진 신세계*Brave New World*》에서 그 가능성을 약간 내비쳤다.

> 방향 오르간이 유쾌하고 참신한 허브 광상곡을 연주하고 있었다.[7] 백리향과 라벤더, 로즈메리, 바질, 은매화, 개사철쑥의 잔물결이 일어나는 아르페지오를 말이다. 향료의 건(鍵)을 통해 연속해서 용연향으로의 대담한 조바꿈이 일어났다. 백단과 장뇌, 삼나무, 갓 벤 건초를 통해(가끔씩의 미묘한 불협화음의 가락, 즉 확 풍기는 콩팥 푸딩이나 아주 희미한 돼지 똥 냄새와 함께) 서서히 처음 시작되었던 단순한 향으로 돌아갔다. 마지막으로 내뿜은 백리향의 강한 냄새가 잦아들었다. 박수가 쏟아졌다. 조명이 밝아졌다.

위대한 환상이다. 냄새가 정확한 박자로 코에 도착했다가 마찬가지로 빠르게 사라진다니. 하지만 내가 〈블라인드 트러스트〉의 경험을 통해 배운 것처럼, 넓은 공간에 향기를 이동시킨다는 건 부정확한 예술 형식이다. 선풍기로 날려 보낸 공기는 서서히 움직이고 오랫동안 사라지지 않는다. 결국 후각적 진창으로 끝나기 쉽다.

또 다른 문제는 방향 오르간이 헉슬리의 상상대로 상쾌하고 정확하게 냄새를 발산한다 해도 청중이 그 속도를 따라가기 힘들다는 것이다. 향기 아르페지오는 인간의 코가 뚜렷하게 지각하기에는 너무 빠르기 때문이다(한편 생쥐는 이해할 것이다. 쥐는 매번 냄새를 맡을 때마다 냄새 풍경의 새로운 인상을 받을 것이다. 1초에 여러 번 냄새를 맡기 때문에 쉽게 따라

잡을 수 있다). 인간의 코는 더 긴 시간을 필요로 한다. 코는 귀가 선율을 따라 흐르는 것처럼 냄새의 선율을 따라 흐를 수 없다. '느리게 그러나 너무 지나치지 않게'보다 빠른 것은 무엇이든 관객을 혼란하게 만들 것이다.

미국 작가이자 저널리스트인 빌 버포드(Bill Buford)는 이탈리아 식당에서 요리사로 일했을 때 전형적으로 차분한 후각적 템포와 마주쳤다.

> 많은 준비가 이루어지는 아침나절이면 그들은 빠르게 계속해서 요리했고, 음악소리 같은 냄새의 파도가 교대로 밀려왔다.[8] 그 속에는 고기 냄새가 포함돼 있었고, 부엌은 냉동 양고기의 강하고 불쾌한 냄새에 압도됐다. 그러다 몇 분 후 금속 사발에 녹이는 초콜릿 냄새가 풍겼다. 초콜릿 냄새에 이어 빠르게 뭉근히 끓이는 소 내장 냄새가 코에 들어왔다. 그 다음엔 잘 익은 생선 냄새 같은 것-뜨거운 물에 데친 문어-이 지나치게 추출한 파인애플 냄새의 뒤를 이었다. 그렇게 차례로 왔다.

후각적 영화의 또 다른 걸림돌은 향기 사이와 사이에 다른 향기가 나지 않도록 공기를 정화하는 일이다. 영화산업의 베테랑 아더 메이어(Arthur Mayer)는 1933년 최초로 진정한 극장 내 냄새 시스템을 설치했을 때 이를 발견했다. 그가 브로드웨이에 있는 파라마운트의 리알토 극장을 막 인수했을 때, 한 발명가가 그에게 접근해 자신이 관객에게 영화와 일치된 향기를 전달할 수 있다고 주장했다. 젊은 연인에 대한 그의 데모 필름에는 갖가지 냄새가 곁들여져 있었다. 하지만 문제가 있었다. 메이어는 당시를 이렇게 회상했다.

> 냄새를 정확하게 풍겨야 하는 송풍장치는 똑같이 효과적으로 냄새를 빨아들여야 했다.[9] 하지만 불행히 발명품의 이 부분은 아직 완전하지 않았다. 관객석

에는 인동덩굴과 베이컨, 리졸 냄새로 가득했으며, 환기시키는 데 무려 한 시간이 넘게 걸렸다. 이후 며칠 동안 극장 안은 잘 익은 사과 냄새가 났고, 그 냄새가 너무 강했는지 한 친구가 내게 사과 브랜디를 만들고 있느냐고 물어봤다. 결국 나는 오랜 시간 동안 냄새 나는 영화에 대한 자신감을 잃었다. 그와 나는 성공적으로 냄새를 빨아들일 수 없다는 데 인정했다.

메이어는 끝까지 후각적 공범자의 이름을 말하지 않았다. 하지만 그의 책에 있는 만화가 실마리를 준다. 그 만화에서 메이어는 영사실에 앉아 객석을 내려다보고 있다. 영사기 옆에는 관에 장미, 인동덩굴, 리졸, 잘 익은 사과 등의 라벨을 붙인 커다란 장치가 있다. 방향관은 극장 쪽을 향한 통풍관과 연결되어 있다. 이 장치는 바로 메이어가 무명 발명가를 만나기 3년 전, 특허를 받은 존 H. 리벨(John H. Leavell)이 묘사한 시스템이다.[10] 리알토에 향기를 설치한 사람이 정말 리벨이었다면, 비록 메이어와의 협력 관계가 짧긴 했어도 그는 냄새 나는 영화의 개척자로 인정받을 만하다.

어쨌든 냄새 나는 영화라는 아이디어는 점차 확대되었다. 월트 디즈니는 1938년 〈판타지아*Fantasia*〉를 기획할 때 그 아이디어에 흥분했다.[11] 〈호두까기 인형 조곡*Nutcracker Suite*〉을 위해선 꽃향기를, 〈아베 마리아*Ave Maria*〉를 위해선 향료를, 〈마법사의 제자*Sorcerer's Apprentice*〉 시퀀스 중 마성(魔性)의 소리를 위해선 화약 냄새를 생각했다. 지휘자 레오폴드 스토코프스키(Leopold Stokowski)는 특히 열심이었다. 하지만 디즈니는 결국 비용 문제 때문에 이 아이디어를 포기했다. 1944년 워너브라더스 사의 만화 〈늙은 회색 토끼*The Old Grey Hare*〉는 벅스 버니와 엘머 퍼드를 따라 먼 미래로 갔다. 나이 지긋한 퍼드는 2000년에 '스멜 오 비전이 텔레비전을 대신하다'라는 신문 헤드라인을 읽고 있었다. 미국의 또 다른 냉전 과학 기술의 도전을 감지한 소비에트 연방도 이 행렬에 참여하려 했다. 러시아 영화감독 그리고리 알렉산드로프(Grigory Alexandrov)는 1949년에 소비에트 영화 산업이 "냄새 나는 영화의 제작을 눈앞에 두고 있다."고 주장했지만, 실제로 그랬다는 기록은 없다.[12]

스멜 오 비전으로 가는 길

스위스계 미국인인 무명 사업가이자 향기광인 한스 E. 라우베(Hans E. Laube)는 평생 동안 스멜 오 비전을 추구했다. 이야기는 1939년에 시작된다. 키가 크고 안경을 썼으며, 서른아홉 살의 광고국 간부인 취리히 출신에, 발명 능력이 뛰어나고 향수를 좋아했던 라우베가 영화가 상연되는 동안 다양한 냄새를 발산하는 극장용 향기 시스템을 개발했을 때였다. 그는 자본가 로베르트 바르트(Robert Barth), 영화제작자 콘라트 A. 슈랩퍼(Conrad A. Schlaepfer)와 함께 오도레이티드 토킹 픽쳐라는 회사를 설립했다.

세 동업자는 그 새로운 기술의 시연을 위해 3만 스위스프랑(오늘날의 약 10만 1000달러)을 들여 〈나의 꿈*My Dream*〉이라는 장편 영화를 제작했다. 영화 줄거리에는 20가지 냄새가 포함됐다. "젊은이는 공원에서 아름다운 여성을 만났다.[13] 그녀는 사라졌지만, 향수 냄새가 배어 있는 손수건을 남겼다. 남자는 이 냄새를 토대로 여인을 찾기 시작한다. 관객도 냄새를 맡을 수 있다. 장미 향, 병원 냄새, 자동차 배기가스, 마지막으로 고딕 성당에서 결혼식이 열리는 동안의 향 냄새도."

오도레이티드 토킹 픽쳐의 동업자들이 1939년 12월 2일 베른의 기자 회견에서 발표한 시스템은 1940년 2월에 〈뉴욕 타임즈〉에도 언급됐다. 뿐만 아니라 뉴욕 만국박람회의 스위스 전시관에서 〈나의 꿈〉을 선보였다.[14]

1940년 10월 19일 토요일 밤, 라우베의 냄새 나는 영화가 미국에서 처음이자 마지막으로 대중에게 공개됐다.[15] 영화 역사학자 에르베 두몽

(Hervé Dumont)은 그 일을 다음과 같이 묘사했다. "상영이 끝났을 때 오도레이티드 토킹 픽처 장치는 하나밖에 없는 영화 카피본과 함께 이미 특허권을 받은 비슷한 시스템이 미국에 존재한다는 이유로 미국 경찰에 압류됐다.[16] 창립자들은 도시에 머물러 장치를 되찾기 위해 여러 건의 소송을 강행했다. 하지만 소용이 없었다. 바르트는 슈랩퍼처럼 모든 투자금을 잃은 후 그곳에서 사망했다."

이런 불행에도 불구하고, 라우베는 향기 시스템에 대한 도전을 중단하지 않았다. 그는 제2차 세계대전 때 미국에 머물며 자신의 발명품을 판촉했다.[17] 그는 음식 냄새를 곁들여 슈퍼마켓 광고 효과를 높였다. 그리고 텔레비전 방송 화면에 맞춰 냄새를 발산할 수 있는 장치를 개발했다. 시청자의 거실에 2000가지가 넘는 냄새를 보낼 수 있다는 것이다. 하지만 영화나 텔레비전과의 거래는 이루어지지 않았다. 환상에서 깨어난 그는 결국 1946년에 유럽으로 돌아갔다.

냄새 나는 영화의 개발

조용하고도 감성적인 발명가 라우베는, 마이클 토드(Michael Todd)라는 외향적인 성격의 브로드웨이 흥행사를 만나지 못했더라면 성공하지 못했을 것이다. 모험가이자 혈기 왕성한 토드는 자신의 쇼에 많은 청중을 끌어들이기 위해 특수 효과에 많은 돈을 들였다.[18] 그리고 화려한 세트로 무대 효과를 노린 그의 뮤지컬은 그의 예상대로 성공했다.

하지만 토드는 이에 만족하지 않았다. 그는 특수 효과에 대해 깊은 관심을 갖고 있었던 만큼 여러 영화 제작 과학 기술을 발명하고 상업화하는 걸 도와주었다. 토드의 브로드웨이 히트작 〈섹시한 미카도*The Hot Mikado*〉는 1939년 만국박람회에서 상영됐다. 그는 쇼를 보던 중 바이타라마

(Vitarama)라는 열한 대의 영사기로 광각 영화 시스템을 선보였던 프레드 월러(Fred Waller)를 만났다. 특별한 모양의 스크린에 투사된 세 대의 카메라와 와이드스크린 형태의 시네라마(Cinerama)는 월러의 또 다른 발명품이었고, 토드는 거기 투자했다.

비용과 복잡한 과학기술은 토드에게 걸림돌이 아니었다. 그는 열정과 판매 수완으로 영화 배급업자를 설득해 새로운 장비를 매입하고 설치하도록 했다. 그는 〈이것이 시네라마다*This is Cinerama*〉로 유명해졌다. 관객은 코니아일랜드의 롤러코스터에서 찍은 시퀀스에 전율했다. 이는 당대의 아이맥스였고, 오늘날 파나비전 시스템으로 이어졌다.

마이클 토드는 만국박람회에서 전도유망한 또 다른 과학기술을 발견했다. 그것은 다름 아닌 한스 라우베의 오도레이티드 토킹 픽처였다. 토드와 라우베가 실제로 거기서 만났는지는 확실치 않지만, 아무튼 토드가 냄새광을 만난 것은 분명하다. 1954년 무렵 라우베는 미국에서 영화와 텔레비전에 향기를 더하기 위해 노력하고 있었다.[19] 그해에 그는 토드에게 데모 필름을 주었고, 제작자는 새로운 시스템에 투자하기로 결정했다.

1954년 라우베는 냄새 깡통이 회전반에 있는 장치에 대해 미국 특허를 신청했다. 영화의 전자 향기 트랙은 턴테이블을 돌리게 했고, 턴테이블은 분사구 아래 해당 깡통을 돌렸으며, 이는 좌석 뒤에 부착된 튜브를 통해 극장에 향기를 빨아들이고 분사했다. 액체 향수는 짙은 냄새를 없애고 향기가 너무 오랫동안 남아 있지 않도록 여과되었다. 냄새 사이에 공기를 정화하는 데 도움이 되도록 한 깡통에는 '냄새 중화제'가 담겨 있다. 냄새는 일정한 시퀀스에 분사될 수도 있었고, 향기 트랙이 턴테이블을 해당 깡통으로 나아가게 할 수도 있다. 라우베의 아이디어는 극장에 냄새의 기본 세트를 보낸다는 것이었다. 영화에 독특한 향기 효과를 주면, 맞춤 세트는 영화 필름과 함께 수송될 것이다.

1955년 무렵, 라우베는 성공하기 시작했다. 뉴욕의 시네라마 워너 극장에서 짧은 버전의 〈나의 꿈〉으로 자신의 시스템을 비공개로 실험했다. 그 결과 시네라마의 권리를 가진 스탠리 워너 사를 추가 개발에 투자하도록 설득하는 데 성공했다. 자기 발명품에 대한 국제적 권리를 확보하기 위해 그는 유럽의 특허와 두 번째 미국 특허를 출원했다.[20] 5월에 라우베는 한 달간 연애 끝에 두 번째로 결혼했다. 7월에는 센토비전이라는 신생 기업의 주식을 받았다.

1956년 9월, 센토비전은 뉴욕에 있는 마이클 토드의 워너 시네마에서 기업 간부들을 위해 한 번 더 비공개로 시연했다. 16미리 필름이 8분 30초간 돌아갔고, 17가지 냄새가 이용됐다. 〈모션 픽쳐 데일리*Motion Picture Daily*〉는 라우베의 시스템이 9개월 내에 일류 극장에 설치될 것이며, 센토비전은 그 기술을 이용하고자 하는 영화 제작자들과 협상하고 있다고 암시했다.[21] 1957년 11월, 라우베와 동업자는 '냄새 방사와 일치된 영화'에 대해 미국 특허 2,813,452번을 획득했고, 〈뉴욕 타임즈〉에 그 기사가 실렸다.[22]

1956년 마이클 토드의 첫 영화인 〈80일간의 세계 일주*Around the World in 80Days*〉는 대대적으로 선전한 제한 개봉 마케팅 전략과 부속물로 크게 성공했다(이 영화의 사운드트랙 앨범은 뮤지컬을 제외하고는 큰 수익을 올린 최초의 영화 사운드트랙이었다). 1957년 초 그는 엘리자베스 테일러Elizabeth Taylor와 결혼했고(둘 다 세 번째 결혼이었다), 한 달 후 이 신혼부부가 참석한 아카데미 시상식에서 〈80일간의 세계 일주〉는 작품상 부분 오스카상을 수상했다. 영화 수익이 늘어가자 토드는 다음 프로젝트를 찾고 있었고, 냄새영화를 추진하기에 좋은 시기라고 생각했다.

센토비전에겐 모든 일이 순조로워 보였다. 한스 라우베에겐 특허권과 원형 시스템 그리고 그걸 판촉할 회사가 있었다. 마이클 토드는 그 기술에 자금을 대겠노라 약속했고 중요한 영화에 이용할 생각이었다. 그러던

1958년 3월 21일, 토드는 전용비행기를 타고 가다가 뉴멕시코 그랜츠 상공에서 폭풍을 만나 추락 사망했다.

장례식 후, 스물여덟 살의 마이클 토드 2세는 부친의 제작사를 물려받았다. 이미 오래 전부터 일하던 회사였다. 아버지만한 카리스마와 욕망은 없었지만 나름의 야망을 가진 명석하고 사교적인 청년이었다. 새로운 블록버스터 영화로 인정받기를 원했던 마이클 토드 2세는 〈위험의 향기 *Scent of Danger*〉라는 냄새영화 프로젝트에 참여하고 자금을 댔다.[23] 그는 한스 라우베와 독점 장기 계약을 맺고, 라우베가 장치를 설치해 직접 실험할 수 있도록 시카고의 시네스테이지 극장을 빌려주었다. 당시 토드의 뉴욕 사무실 비서였던 글렌다 젠슨(Glenda Jensen)은 라우베가 영화 제작에 직접 관여했다고 회고한다.[24] 그는 1958년 봄과 여름에 마이클토드 2세와 시나리오 작가인 윌리엄 루스(William Roos)와 오드리 루스(Audrey Roos)를 자주 만나 자신의 냄새 효과를 선보이게 될 대본에 공을 들였다. 〈80일간의 세계 일주〉를 배급했던 유나이티드 아티스트는 그 영화에 투자하는 데 동의했다. 남편을 잃은 엘리자베스 테일러는 미스터리의 중심에 있는 여인 역할을 맡아 10초 동안 카메오 출연했다.[25]

여름이 끝나갈 무렵 〈필름 데일리〉는 찰스 와이스(Charles Weiss)라는 홍보 수완가가 자신만의 냄새 나는 장편영화를 계획하고 있다고 보도했다.[26] "와이스 스크린센트 사는 극장의 공기 조절 장치 시스템으로 냄새를 관객에게 전달하기 위해 유명한 향수 회사 로디아와 제휴했다. 1959년 3월 26일에 제작이 시작될 것이며, 1959년 말에 뉴욕과 로스앤젤레스, 시카고, 필라델피아, 디트로이트에서 개봉될 예정이다." 감독이나 제작자, 배우, 스튜디오에 대해선 아무런 얘기도 없었다. 토드와 라우베는 이 위협이 얼마나 확실한지 알 수 없었다.

토드는 1959년 3월 30일에 스페인에서 촬영을 시작했고, 토드의 홍보 담당자 빌 돌(Bill Doll)은 언론 매체에 이목을 끌기 위한 작업에 착수했다. 〈필름 데일리〉에 배역과 새로운 제목(미스터리의 향기*Scent of Mystery*), 방법의 새로운 명칭(스멜 오 비전), 그리고 개봉일(시카고에서 8월)이 공개됐다.[27] 기사엔 향기 발생기의 인공두뇌 양 옆에 서 있는 마이클 토드 2세와 라우베의 사진이 함께 실렸다. 〈로스앤젤레스 타임즈〉는 영화의 광고 문구를 폭로했다.[28] "처음엔 움직였고(1893), 다음엔 말했고(1927), 지금은 냄새를 풍긴다(1959)."

한편 라우베는 시카고의 시네스테이지에 자신의 시스템을 설치하고 시험하기 시작했다. 그의 기계 속 냄새는 40개의 400cc짜리 실린더, 즉 '방'에 담겨 있었다.[29] 주사기 같은 분사구는 방으로 내려가고, 향수 2cc를 뽑아내 송풍기에 주입했다. 냄새 나는 공기는 플라스틱 관을 통해 극장으로 전달되고 좌석 뒤에 설치된 구멍 난 실린더에서 분사되었다.

라우베는 몇 달 동안 매주 뉴욕과 시카고를 오고갔다.[30] 그는 비행기 여행을 싫어해서 매번 편도 17시간씩 걸리는 기차를 탔다. 6월경, 라우베는 친한 친구이자 동업자인 버트 굿(Bert Good)과 함께 브로드웨이 1700번지의 창고에서 기나긴 실험을 시작했다. 매일 그곳의 임시 실험실에서 실물 크기의 모형 극장 좌석으로 냄새를 섬세하게 조정하며 방사했다.[31] 당시 토드 제작사의 신입 직원이었던 할 윌리엄슨(Hall Williamson)은 마이클 토드 2세가 자주 그 실험에 참관했다고 회상한다. 마침내 그 시스템은 사장 로버트 벤저민(Robert Benjamin) 등 유나이티드 아티스트 관계자들에게 선보일 준비를 갖추었다. 당시 토드의 재산을 소유하고 그 프로젝트에 투자했던 엘리자베스 테일러는 저녁 공개 실험을 보기 위해 비행기를 타고 날아갔다. 많은 위험이 있었지만, 스튜디오 간부들은 새로운 기술에 깊은 인상을 받아 계속 후원하기로 결정했다.

촬영은 예정보다 너무 늦은 7월 4일에 완료됐다. 예정되었던 8월 개봉

일은 연말로 미뤄졌다. 마이클 토드 2세는 〈뉴욕 타임즈〉에게 사운드트랙과 향기트랙을 마무리하기 위해선 시간이 더 필요하다고 말했다.[32] 라우베는 맹렬하게 일했다. 다행히 9월에 두 번째로 미국 특허를 받아냈고, 이 일로 그와 마이클토드 2세는 다시 언론에 언급됐다.[33]

스멜 오 비전이 인기를 끌었다면, 그들은 미국 전역의 영화관에 설치할 충분한 냄새 발생기를 제작하기에 바빴을 것이다. 하지만 거래는 아틀라스 미사일과 폴라리스 미사일의 유도 장치를 공급했던 벨록 인스트루먼트 사와 이루어졌다. 벨록은 그 과학기술의 소비 시장을 찾고 있었으며, 냄새 기계를 제작하고 최첨단 8채널 스테레오 사운드도 제공하는 데 동의했다. 이 회사는 1959년 10월 연례 보고서에 스멜 오 비전의 사진을 실었다.

토드 사는 1959년 당시 할리우드에서는 어마어마한 금액이던 약 200만 달러(오늘날의 1400만 달러)를 영화 제작에 쏟아 부었다. 스페인 로케이션 촬영뿐 아니라 70mm 와이드스크린 카메라와 8채널 사운드 사용 비용이 많이 들었기 때문이다. 또한 〈카사블랑카*Casablanca*〉와 〈말타의 매*The Maltese Falcon*〉로 유명해진 피터 로어(Peter Lorre) 같은 배우의 출연료도 한몫했다.

토드 사는 동시판매 마케팅에도 많은 투자를 했다. 스키아파렐리 사는 엘리자베스 테일러가 분한 인물이 뿌렸고 극장에서 관객들이 맡았던 것과 똑같은 '미스터리의 향기' 향수를 한정판으로 출시했다. 극장에서 판매했던 30페이지짜리 기념 프로그램에는 음반이 포함되어 있었다. 구슬픈 목소리의 에디 피셔(Eddie Fisher)가 부른 영화 타이틀 송은 LP 사운드트랙 앨범 및 낱장 악보와 함께 싱글 앨범으로 발매되었다. 시나리오 작가 윌리엄 루스와 오드리 루스가 영화를 소설화한 보급판 책에는 영화의 스틸 사진이 실렸다.

홍보 담당 빌 돌은 영화를 선전하기 위해 개인적으로 자막을 넣은 40장

이상의 홍보 스틸 사진을 준비하여 배포했고, 많은 스틸 사진이 신문과 전국에 판매되는 잡지에 실렸다. 이만한 수준의 비용과 노력은 스멜 오 비전 팀이 싸구려 장치에 빠진 게 아니라, 막대한 투자에 대해 큰 이윤을 기대했음을 암시한다.

도 전 자 의 등 장

1959년 10월 17일, 〈뉴욕 타임즈〉는 "월터 리드 2세(Walter Reade Jr.)가 시카고에서 토드의 영화가 개봉될 12월 22일 이전에 그만의 냄새 시스템을 공개하기 위한 계획을 서두르고 있다."고 보도했다.[34] 마흔두 살의 리드는 부친이 설립한 극장 체인과 영화 배급회사 콘티넨탈을 운영했다. 그는 전에 개봉됐던 이탈리아인의 중국 여행담 판권을 30만 달러에 사들여 재편집하고 향기 효과를 넣었다. 리드는 기자회견에서 〈만리장성 뒤에서 *Behind the Great Wall*〉라는 자신의 영화에 '아로마라마(AromaRama)'라는 새로운 방법을 이용할 것이라고 명백하게 밝혔다.[35] "믿기 위해선 향기를 들이마셔야 합니다!"

토드와 라우베에게 가장 위협적이었던 리드의 영화는 스멜 오 비전이 시카고에서 처음 공개되기 3주 전인 12월 2일에 뉴욕에서 개봉될 예정이었다. 〈뉴스위크〉는 "리드가 토드보다 먼저 개봉하기 위해 서두르고 있는 것이 분명한 만큼 토드는 간발의 차이로 패배할 것이다."라고 공언했다.[36] 이렇게 해서 스멜 오 비전과 아로마라마 사이에 어마어마한 경쟁이 시작됐고, 〈버라이어티〉는 이 결투를 '냄새영화의 전쟁'이라고 지칭했다.[37]

리드의 기자회견 자료집에 따르면, 아로마라마는 기존의 극장 공기 조절관을 통해 향기를 발산하는 한편, 전자 공기 정화장치가 객석에 냄새의 축적을 막는다고 했다. 미리 섞어 놓은 갖가지 향기 배터리는 영화가 스물한 번 상영될 때까지 지속될 것이라고 주장했다. 설치비용은 극장마다 3500~7500달러가 들었다.[38]

자세히 말하자면, 리드의 아로마라마는 당시 그 팀의 일원이던 찰스 와이스가 열세 달 전에 발표한 시스템이었다. 여기서 의문이 생긴다.[39] 리드가 와이스로부터 독립 사업을 인수한 것일까? 아니면 와이스가 처음부터 리드를 대신해 위장한 것일까?

1959년 12월 2일 뉴욕의 드밀 극장에서 발표된 〈만리장성 뒤에서〉는 상업적으로 개봉된 최초의 냄새영화가 됐다. 리드가 토드의 워너 시네마 바로 길 건너편의 극장을 택했다는 건 우연이거나 아니면 도전적인 마케팅 행동이었다. 개봉은 특별히 멋진 행사는 아니었다. 조앤 디디온(Joan Didion)은 〈내셔널 리뷰〉에 그 행사의 취재 기사를 기고했다.

> 아로마라마의 영광은 극장이 어두워지기도 전에 시작됐다.[40] 밖에선 타타르 족 매사냥꾼 옷을 입은 신사가 팔에 박제 매를 올리고 7번 가를 거닐었다. 로비엔 밀짚모자를 쓴 여드름 나고 변발을 한 젊은이들과 메이블린 화장품으로 눈초리를 올리고 레이온 문직에 무릎까지 내려오는 원피스를 입은 여자 안내원으로 들끓었다. 드밀의 모든 사람이 순수 백인이라는 이상한 사실만 제외하면, 분위기는 거의 샌프란시스코의 오래된 싸구려 술집 인터내셔널 세틀먼트 같았다.

영화의 반응은 어떠했는가? 얇게 썬 오렌지가 등장하는 영화의 오프닝 장면은 관객의 마음에 들었다. 〈뉴욕 타임즈〉는 그 밖의 냄새는 "뚜렷하지도 유쾌하지도 않았다."고 언급했다.[41] 러즈 군스버그(Luz Gunsberg)도 같은 반응을 보였다.[42] 그녀의 남편 셸던 군스버그(Sheldon Gunsberg)는 리드의 조수로 아로마라마에 깊이 관여했다. 그녀는 "영화가 시작되자 그는 짧은 프롤로그에서 오렌지를 잘랐다. 그리고 때마침 풍겨오는 오렌지 향은 실로 대단히 놀라웠다. 굉장하고 그저 놀라울 뿐이었다. 하지만 영화가 계속 진행되면서 여러 냄새가 뒤섞이자 장면에 맞는 냄새를 구분할 수조차 없었다. 끔찍한 상황이었다."라고 회상했다.

머리 위의 환기관에서 쏟아져 나오는 냄새는 강력했다. 〈타임〉은 그 냄새가 "후각이 예민한 경찰견 블러드하운드에게 두통을 일으킬 만큼 강했다.[43]"고 보도했고, 〈뉴요커〉는 그 경험은 "후신경에 대한 엄청난 공격"이라고 했다.[44] 군스버그는 "남편이 집에 오면 우리는 냄새를 없애기 위해 그의 양복을 온 집 안에 걸어두고 창문을 모두 열어야 했다. 그 냄새는 사실 곳곳에 스며들었다."며 한숨을 쉬었다. 토드 사의 직원 할 윌리엄슨(Hal Williamson)은 경쟁사의 영화를 살펴보기 위해 티켓을 구입했다. "공기 조절장치에서 쏟아지는 냄새에 노출된 후 옷은 악취를 풍겼다.[45] 심지어 옆은 안개까지 있었던 게 생각난다."며 진심어린 미소를 지었다.

로디아 사의 조향사 셀마 바이덴펠트(Selma Weidenfeld)가 만든 그 냄새는 섬세하지 못하다고 비판받았다.[46] 〈타임〉은 "훈련받지 못한 평범한 코에게도 가짜처럼 보일 것이다. 예를 들어 북경의 아름다운 소나무 숲은 소독한 날의 지하철 화장실 같은 냄새가 났다."고 보도했다. 나는 바이덴펠트를 위로하고 싶다. 테스트 시향지에선 좋았던 냄새가 방 안을 온통 채우면 고약해질 수 있으니 말이다. 그녀에게 관객석 구석구석까지 풍기는 향수를 만들어달라고 요구하는 것은 쌀 알갱이에 이름을 새기는 사람더러 비행기를 타고 공중에 문자를 쓰라는 것과 같다.

아로마라마 냄새의 개수와 범위는 재스민, 초원, 향, 양념, 간장, 호랑이, 특히 악취 나는 선창가 등 어마어마했다. 〈뉴욕 타임즈〉와 〈버라이어티〉, 〈뉴요커〉의 많은 비평가들은 그 냄새가 현실성을 높이기는커녕 혼란스럽게 만들었다고 했다.

또한 냄새와 화면을 일치시키는 데에도 문제가 있었다. 〈버라이어티〉는

"기계로 만든 냄새는 화면과 일치하지 않았다."고 말했다.[47] 〈타임〉은 "냄새는 화면이 요구하는 만큼 빠르게 없어지지 않았다. 관객이 고비 사막 한가운데에서 뚜렷한 풀밭 냄새를 맡기도 했다."고 불평했다. 리드 밑에서 광고와 홍보를 담당했던 폴 베이스(Paul Baise)는 이를 직접 경험했다. 그는 내게 아로마라마는 "단기적으로는 효과적이지만, 장기적으로는 효과가 없었다.[48] 얼마 후 모든 냄새가 한데 뒤섞여 서로 중복되어 엉뚱한 화면에 분사되었다. 냄새와 화면이 일치하지 않으니 실패할 게 뻔했다."고 말했다.

이 냉소적인 비난 외에도 문제가 있었다. 리드의 아로마라마라는 명칭은 마이클 토드의 시네라마를 조롱한 것이었다. 그리고 리드는 영화에 추가한 유일한 원본 장면에서 〈이것이 시네라마다〉에 나오는 로웰 토머스(Lowell Thomas)의 도입부 출연에 정면으로 맞섰다. 〈만리장성 뒤에서〉의 오프닝 장면에서 리드는 NBC 텔레비전의 뉴스 앵커 쳇 헌틀리(Chet Huntley)에게 오렌지를 반으로 잘라 아로마라마를 설명하도록 했다. 〈만리장성 뒤에서〉란 장르 선택 또한 토드 사에 대한 또 다른 조롱이었다. 토드 사는 여행이야기를 주로 다뤘기 때문이다. 예를 들면 〈시네라마 홀리데이*Cinerama Holiday*〉와 〈시네라마 남태평양 모험*Cinerama South Seas Adventure*〉이 있다.

리드의 전략은 마이클 토드 2세의 심기를 건드렸다. 1959년 크리스마스카드에서 그는 "따뜻한 망각이 다른 모든 스코프와 라마를 능가하도록 하라.[49] 이 많은 불화의 세계에서 나는 네게 아주 새로운 차원의 즐거움을 준다."라고 시작되는 시를 인쇄했다.

리드의 행동은 대박을 기대하는 사람의 행동이 아니었다. 〈버라이어티〉에 따르면, 그는 영화를 여섯 극장에서 동시에 상영할 정도로만 필름을 인화했다.[50] 부가 상품도 제작하지 않았고 오프닝에는 토드와 달리 유명인도 없었다. 그리고 영화가 개봉되기 일주일 전까지도 아로마라마 사를 법인으로 만들지도 않았다. 리드는 영화보다는 자신의 향기 시스템을 더 적극적으로 홍보했다. 그 같은 사실은 'AROMARAMA'라는 글자를 광고 맨 위에 커다랗게 쓰고 영화 제목은 그 밑에 4분의 1 크기로 쓴 데서 찾아볼 수 있다(스멜 오 비전은 영화 제목 아래 작은 글자로 적혀 있었다).

〈만리장성 뒤에서〉가 전반적으로 받은 부정적인 반응은 개봉을 앞둔 〈미스터리의 향기〉도 위협했다. 〈버라이어티〉는 "아로마라마의 뉴욕 티켓 판매율은 썩 나쁘지 않았지만, 리드 측도 엄청난 매상을 기대하지 않은 게 분명하다."고 말했다. 〈버라이어티〉는 스멜 오 비전이 발표되기도 전에 냄새영화라는 아이디어를 무시할 태세였다.

내가 할 윌리엄슨에게 리드와 와이스가 스멜 오 비전에 준 영향력에 대해 묻자, 그는 "돌이켜보면 그들은 생각보다 더 심각하게 우리 목적을 방해했다. 뉴욕에서 개봉된 리드의 영화는 언론에 나쁜 인상을 남겼다."고 말했다. 리드 팀은 문제를 인정했다. 폴 베이스는 "시작하기도 전에 실패할 게 뻔했지만, 우리는 그래도 진행했고 새로운 혁신으로 그걸 선보였다. 아로마라마는 실험실의 것일 뿐, 돈을 내는 대중의 것은 아니었다."고 말했다.

토드 2세의 반격

〈미스터리의 향기〉는 토드의 기계가 줄 수 있는 이점을 대대적으로 홍보하면서 1960년 1월 12일 시카고에서 첫 상영됐다. 엘리자베스 테일러는 전세기로 언론인들과 함께 뉴욕에 도착했다. 제작자는 연예계 사교장인 프리츨에서 보도 관계자를 대상으로 칵테일파티를 열었다.

본 영화에 앞서 15가지 스멜 오 비전 향기가 있는 만화 영화이자 버트 라(Bert Lahr, 〈오즈의 마법사〉 중 겁쟁이 사자 역으로 유명한 배우)가 목소리 출연한 〈오랜 연기이야기*The Tale of Old Whiff*〉가 먼저 상영됐다. 영화에 이어 늦은 밤 디너파티에는 밀턴 베를(Milton Berle)과 헤니 영맨(Henny

Youngman), 모트 살(Mort Sahl) 등 250명이 참석했다.[51] 이 디너파티에서 사회를 본 사람은 얼마 전 토드 2세의 연예계 동료 에디 피셔와 결혼한 엘리자베스 테일러였다. 2월 18일 뉴욕 개봉일 당시 테일러가 참석한다는 소식에 팬과 기자가 모여들었다.

영화는 열광적일 정도는 아니었지만 그래도 호의적인 평을 받았다.[52] 대부분의 비평가는 이국적인 풍경과 액션 장면을 좋아했다. 〈버라이어티〉의 반응이 대표적이었다. "재미있는 이야기가 코를 즐겁게 하는 냄새와 함께 펼쳐졌다." 반면 드물게 〈뉴욕 타임즈〉의 비평가 보슬리 크라우터(Bosley Crowther)는 우스꽝스러운 줄거리에서부터 아주 형편없고 아마추어 같은 연기에 이르기까지 마음에 드는 점은 단 한 곳도 없는 영화"라고 혹평했다.[53] 그는 냄새에 익숙해지지 못한 것 같았다. "별로 인상적이지도 않고 그리 두드러지지도 않았다. 이따금 희미하고 빨리 지나가는 무언가를 알아차렸을 뿐이다."라고 말했다.

스멜 오 비전의 향기는 재치 있게 분사됐다. 화면에서 피어 로어가 커피를 마시면 관객은 커피 속 브랜디 냄새를 맡았다. 덴홀름 엘리오트가 시장에서 미끄러져 넘어질 뻔했을 때 관객은 보이지 않는 바나나 냄새를 맡았다. 눈에 보이는 낡은 몸 개그를 냄새로 뒤바꾼 것이다. 무엇보다 피터 로어의 담배 연기는 줄거리 속 미스터리의 열쇠를 쥐고 있었다.

승자는 누구?

홀리스 앨퍼트(Hollis Alpert)는 〈새터데이 리뷰〉에 스멜 오 비전과 아로마라마를 공평하게 비교했다. "특별히 성공적이거나 매력적이지도 않다. 기술적으로는 다르지만 냄새는 둘 다 똑같이 합성적이고 엉뚱하다."라고 냉정하게 말했다. 대부분의 다른 평론가는 미학이라는 점에서 스멜 오 비전에 손을 들어주었다. 〈타임〉은 "그 냄새가 대체로 아로마라마가 쓴 냄새보다 더 정확하거나 확실하지는 않았지만, 최소한 심한 악취를 풍기지는 않았다."고 했고, 〈버라이어티〉는 "스멜 오 비전의 냄새는 훨씬 뚜렷하고 인식할 수 있는 듯했고, 아로마라마의 냄새만큼 오래 남아 있지 않았다."고 했다. 〈뉴요커〉의 존 맥카튼(John McCarten)은 "오랫동안 냄새를 다시 생각해보니, 스멜 오 비전이 아로마라마보다 더 창조적이며 유쾌했다. 라우베 교수는 빠른 변화에 정통한 듯하다. 어쨌든 그는 화면에 신선한 빵이 나오기 전에 커피 냄새를 없앨 수 있다."고 말했다.

하지만 라우베의 노력만으로 스멜 오 비전이 이긴 건 아니었다. 오랜 후, 마이클 토드 2세는 앞선 냄새의 잔존량을 줄이기 위해 향기를 분사한 후 향기 펌프를 역류시키는 아이디어를 제안한 홍보담당자 빌 돌에게 공을 돌렸다. "빌 돌은 세 번째 상영 후 이 아이디어를 떠올렸다.[54] 효과적이고 완벽했다. 하지만 그 당시 이미 배는 출발한 상태였다."

1939년으로 거슬러 올라가 한스 라우베는 오도레이티드 토킹 픽처스를 판촉하면서 장편 영화에는 10가지 냄새면 충분할 것이라고 했다. 그 이상의 냄새는 대중의 코를 혼란시킬 뿐이기 때문이었다. 그랬던 그가 1956년 특허 신청서에는 최적의 냄새 숫자를 12가지에서 24가지로 늘였다. 〈미스터리의 향기〉는 30가지의 냄새로 개봉됐다. 새 시스템을 돋보이게 하려는 과열 경쟁 때문에 토드와 리드 두 사람은 관객에게 지나치게 많은 향기를 퍼부었던 것이다.

냄새영화의 전쟁에서 드는 또 다른 의문은 이른 바 '두 사람의 인격에 대한 의문'이다. 마이클 토드 2세는 부친만큼 열정적이지 않았다. 예의 바르고 신중했던 그는 웃음거리가 될까 두려워 스멜 오 비전에 대해 성실치 않은 태도를 보여 비평가와 배급업자들에게 진지하지 못하다는 인상을 주었다. 영화 평론가 홀리스 앨퍼트 2세(Hollis Alpert Jr.)는 그를 '다소

소심한 혁명가'라고 생각했다.[55]

토드 1세는 자기 재능에 도박걸기를 좋아했다. 토드 2세는 자신의 아버지에 대해 "그는 자신에게 상황이 불리하거나 곤경에 처했을 때 최선을 다했고, 모든 열정과 재능을 발휘하기를 원했다."고 회상했다.[56] 또한 "그는 압력을 받았을 때 그 자리에서 최상의 생각을 떠올렸다."고 덧붙였다. 또한 토드 1세는 막판에 가장 강했다. 리허설이 끝난 후 기여하기 시작했고 시외 시사회 때에야 전력을 다했다. 그는 쇼의 막판에 조정하고 의심스러운 소도구로 성공을 이끌어냈다. 그리고 특히 다른 사람들에게 동기를 주는 사람이었다. 쇼에 어울리는 효과를 만들기 위해 기술적 천재를 어떻게 자극할지 알고 있었다.

이렇게 묻고 싶을지도 모르겠다. 마이클 토드 1세가 살아 있었다면 스멜 오 비전은 어땠을까? 그라면 조향사들을 한계까지 몰아붙이고, 냄새가 최대한 잘 전달되는지 알아보기 위해 개봉일 전에 시네스테이지 바닥을 서성거렸을 것이다. 토드 1세의 연예사업 감각이 발휘되었을 것이다. 영화의 향기는 더 강하고 냄새 효과는 더 세련되어졌을 것이다. 광고에 대한 그의 재능이 발휘되었을 것이다. '미스터리 향기'라는 향수를 매력적인 스타 아내의 도움을 받아 선전하는 그를 상상해보라. 그는 언론에서 코가 막힌 보슬리 크라우터와 그 동료들과 한담을 나누었을 것이다. 무엇보다 그는 리드의 전략에 발 빠르게 대처해 유리하게 이용했을 것이다.

할 윌리엄슨은 "우리에게 두 달만 더 있었다면, 더욱 꼼꼼하게 조절했을 것이다. 하지만 그때 비평가와 대중의 반응 때문에 마이클과 엘리자베스는 서두르기로 결심했다."며 당시 어쩔 수 없었던 상황에 대한 아쉬움을 표현했다.

스멜 오 비전은 결과적으로 볼 때 승산이 없긴 했지만, 결과적으로 볼 때 냄새영화의 더 나은 발전을 위해 추진했던 진지한 도박이었다. 반면 아로마라마는 진지하지 않았다. 기술적, 사업적, 미학적으로 냉소적인 뒤통수 치기였다.[57] 스멜 오 비전은 단순한 장치 이상이었지만, 아로마라마는 야비한 계획이었다. 월터 리드는 마이클 토드 2세를 숨어서 기다리다가 매번 그를 괴롭혔다. 기질적으로 난폭한 연예계에 맞지 않았던 토드 2세는 훨씬 공격적인 라이벌에게 책략을 쓸 여지를 너무 많이 주었다.

냄새영화는 한낱 주목받기 위한 장치에 불과했을까? 존 워터스는 그렇게 생각한다고 말했다. 그는 윌리엄 캐슬에게서 오도라마에 대한 영감을 떠올렸다고 내게 말했다. 캐슬의 홍보는 곧 1950년대 할리우드의 새로운 장치였다. 예를 들어 캐슬은 빈센트 프라이스(Vincent Price)의 공포 영화 〈팅글러*The Tingler*〉가 상영되는 동안 객석 밑에 숨겨둔 진동 전자 모터를 작동시켰다. 캐슬의 묘안은 값싸고 쉬웠다. 그걸 완벽하게 만들기 위해 실험실에서 시간을 보낸 발명가도 없었고, 특허권을 얻고 회사로 만들며 계약서를 작성한 변호사도 없었다.

나는 워터스에게 냄새영화가 단순히 주목받기 위한 장치 외에 다른 의미를 지닐 수 있느냐고 물어봤다. "내용에 사실감을 주느냐고요? 아뇨. 그건 어디까지나 이목을 끌기 위한 장치에 불과합니다. 영화에 몰입하지 못하게 만드니까요. 〈폴리에스터〉를 효과적으로 만든 것은 악취였습니다. 모든 영화는 좋은 냄새를 갖고 있습니다. 보통은 좋은 냄새로 시작해 좋은 냄새로 끝맺었지만, 우리는 영화 내내 나쁜 냄새를 풍겼고 그 덕에 성공했습니다. 냄새가 좋았다면 결코 성공하지 못했을 겁니다. 그건 지루합니다. 나쁜 냄새는 재미있습니다. 다시 사용된다면, 코미디에 이용될 것입니다."라고 그는 말했다.

하지만 전적으로 재미를 위한 것이라고 주장했던 그도 2003년에 오도라마 카드를 제공하는 장편 만화영화 〈러그래츠 고 와일드*Rugrats Go Wild*〉가 개봉됐을 때 화가 나서 길길이 날뛰었다. 그의 스튜디오 뉴 라인 시네마의 변호사들은 소송에 착수했고, 러그래츠와 니켈로디온과 비아콤의 법인 소유주들은 즉시 오도라마라는 명칭을 삭제했다.

모든 장치에는 지킬 가치가 있는 아이디어가 있다. 냄새 나는 오락-영화, 무도회장, 오페라, 콘서트홀을 막론하고-이라는 개념은 여전히 매력적이고 대단히 인기 있다. 냄새는 추가된 차원으로서 압도적인 사실주의, 충격, 황홀감뿐 아니라 은밀한 설명, 코미디, 역설 등 시각과 청각에 모든 가능성을 준다. 충분한 후각적 재능을 가진 감독이라면 분명 훌륭한 냄새 영화를 만들 수 있을 것이다. 그런 사람에게 필요한 과학 기술까지 개발하라고 하는 건 부당하다. 무선 디지털 세상 어딘가에는 냄새를 관객에게 분명하게 전달하는 좋은 방법이 있을 것이다. 그게 실현되고 창조적인 적임자의 손에 들어가면, 스멜 오 비전의 새로운 시작을 볼 수 있을 것이다.

냄새 나는 영화의 종말

냄새 나는 영화의 황금기는 짧았지만 눈부셨다. 이 황금기는 1958년 봄에 시작되어 1960년 여름에 끝났다. 스멜 오 비전도, 아로마라마도 다시는 사용되지 않았다. 리드의 아로마라마는 사라졌다. 1994년 시카고에 있던 마이클 토드의 시네스테이지 극장 내부를 해체하기 직전, 영화광 마크 굴브랜드슨(Marc Gulbrandsen)은 마지막으로 그곳을 둘러보기 위해 몰래 들어갔다. 그는 지하실에서 낡은 스멜 오 비전 장치를 보았지만, 이 장치는 다시는 복구되지 않았다.

스멜 오 비전을 발명한 한스 E. 라우베의 딸 카르멘 라우베(Carmen Laube)는 맨해튼 어퍼웨스트사이드에 살고 있다. 아버지가 쉰여섯 살이었을 때 태어났기 때문에 그녀는 〈미스터리의 향기〉에 대한 부친의 흥분을 기억하기엔 너무 어렸다. 하지만 향기에 대한 아버지의 열정과 그의 기업 정신이 결국 사라졌을 때 보였던 실망감을 기억한다.

그녀는 내게 부친의 사진을 보여주었다. 말쑥한 차림에 그의 트레이드 마크인 검은 테 안경을 쓰고 있었다. 아주 오래 전의 스냅 사진들이다. 라우베는 1930년대 스위스에서 경주용 자동차 바퀴 뒤에, 야회복 차림으로 호화 정기선 안드레아 도리아 호의 갑판에, 마지막으로 1939~40년 뉴욕 만국박람회에서 〈나의 꿈〉을 상영하기 위해 오도레이티드 토킹 픽쳐 장비를 취리히에서 플러싱 메도로 운반한 포장 나무 상자 옆에 서 있었다.

카르멘은 기념품 상자를 열어 내게 〈미스터리의 향기〉 시카고 개봉 초대장과 티켓을 건넸다. 초대장 안에는 "에디 피셔 부인과 마이클 토드 2세는 귀하를 초대하게 되어 기쁩니다."라는 문구가 적혀 있었다. 상영 후에 열린 만찬 파티의 메뉴도 있었다. 앰배새더 웨스트 호텔에서 한밤중에 열렸던 이 호화 파티에는 두 밴드가 음악을 연주했고, 연예계 친구들의 즉석 여흥이 있었다. 깔끔하게 접힌 주권에는 법인 도장이 찍혀 있었다. 한스 E. 라우베에게 준 센토비전 법인회사의 200주였다.

나는 현재 플로리다에 살고 있는 한스 E. 라우베의 부인 노비아와 통화했다. 그녀의 강한 에스토니아 억양을 통해 단호한 결단력과 충실함이 전해졌다. 그녀는 내게 키 큰 미남에 지적인 유럽인을 어떻게 만나 결혼했는지, 그가 어찌나 옷에 까다로웠는지 늘 좋은 양복과 맞춤 셔츠만 입었다고 들려주었다. 밤늦게까지 열심히 일한 날이 많았고, 7개월 동안 시카고를 오가며 스멜 오 비전의 첫 등장을 준비했다고 했다. 라우베 부부에게는 스멜 오 비전이 전부였다. 그녀는 내게 "라우베라는 이름이 전 세계에 알려질 거라고들 했어요. 마이클 토드를 비롯해 우리 모두 스멜 오 비전이 크게 성공하리라 예상했으니까요."라고 말했다.

월터 리드와 아로마라마와의 경쟁에 대해 물어보자, 그녀의 목소리가 날카로워졌다. "그는 우리보다 몇 주, 아니 단 한 달 전에 나타났어요. 그가 모든 걸 망쳐놓았죠. 사람들이 그의 영화를 보러 갔다가 고약한 냄새가 옷에 배자 '저런, 이런 걸 원한 게 아닌데…'라고 말했으니까요. 리드는 돈을 벌고 싶어 했고, 우리를 앞지르길 바랐어요. 제 남편의 아이디어를 훔쳐갔어요." 스멜 오 비전의 실패는 라우베에게 경제적 타격을 주었다. 노비아는 "마이클 토드가 남편에게 티켓 한 장이 팔릴 때마다 5센트를 주겠다고 약속했어요. 영화는 몇 달 동안 상영되었지만 그들은 한스에게 한 푼도 주지 않았죠. 몹시 실망했지요. 그들은 약속을 지키지 않았습니다." 라우베는 그 때문에 심리적인 충격도 받은 듯했다. 그녀는 "그 일은 내 남편을 정신적으로 죽였습니다."라고 말했다.

영화가 끝난 후 라우베는 실험 공간을 빌려 베스트에어(Bestair)라는 가정용 전자 방향제품을 개발했지만, 그 장치는 너무 시대를 앞질렀고 시장에 나오지 못했다. 1964년 만국박람회의 미국 전시기획자가 그에게 냄새 나는 영화 프로젝트 얘기를 꺼냈지만, 막판에 취소했다. 그 마지막 결정적인 실망감에 라우베는 모든 걸 포기했다. "12년 동안 남편을 돌봐야 했어요. 그가 완전히 빈털터리가 되었으니 그 후 제가 그를 부양해야 했습니다." 오랫동안 서서히 건강이 악화된 한스 E. 라우베는 일흔여섯 살의 나이로 1976년에 사망했다.

카르멘 라우베의 거실 모퉁이에는 화려한 탁상용 스탠드를 올려놓은 스테인리스스틸 캐비닛이 있다. 거기에 달려 있는 유리문 너머에는 모터와 펌프, 계량기, 다이얼이, 그 위에는 유리병으로 둘러싸인 턴테이블이 보인다. 나는 궁극적인 스멜 오 비전의 인공물을, 그녀의 아버지가 47년 전 마이클 토드의 냄새영화를 섬세하게 조정하기 위해 사용했던 원형을 보고 있다. 한 플라스크 위의 지렛대는 다음 냄새를 끌어낼 태세를 취한 채 양철 나무꾼의 팔처럼 영원히 그 자리에 얼어붙어 있다. 향기는 오래 전에 사라졌다.

9

쇼핑몰의 좀비

전 세계 모든 사람들과 기업이 향기의 힘을 깨닫고 있다.[1]

__마틴 린드스트롬, 《오감브랜딩》

후각적 설득은 어디서나 일어난다.[2] 환기구에 숨겨져 있거나 구석에 놓여 있는 향기 발생기는 가게 상품의 자연스러운 냄새를 과장할 수 있다. 최고급 셔츠 제조업자 토머스 핑크(Thomas Pink)는 갓 세탁한 리넨 냄새를 이용하는 반면, 타임스 광장에 있는 허쉬 판매점은 공기에 또 다른 초콜릿 냄새를 분사한다.

일부 상인은 창조성을 발휘한다. 예를 들어 매사추세츠에 있는 가구점은 아동 코너에 풍선껌 냄새를 채운다. 고유의 향이 없는 제품도 이 대열에 동참한다. 가전제품 분야의 대기업 삼성은 고유의 냄새를 콜럼버스 서클에 있는 본점에 풍기고, 웨스틴 호텔은 로비에 '화이트 티' 향기를 이용한다. 기업들은 저마다 소비자들에게 기분 좋은 경험을 제공하여 판매와 소비자 만족도, 브랜드이미지가 높아지길 기대한다.

광고의 새 시대가 열리려는 것일까? 마케팅의 귀재 마틴 린드스트롬(Martin Lindstom)은 그렇다고 생각한다. 린드스트롬은 다감각적 브랜딩의 미래를 격찬한 《오감브랜딩*Brand Sense*》에서 냄새에 열광했다. 다음에는 냄새가 마케팅에서 크게 유행할 것이라고 생각한다. 향기가 브랜딩의 중심적인 역할이 되든 안 되든 간에, 린드스트롬의 열렬한 예언은 코에 대한 마케팅의 오랜 역사상 최신 뉴스다.[3]

예를 들어 1925년 뉴욕의 〈데일리 뉴스 레코드〉는 "후각, 모든 현대 광고에서 중요한 요소"라는 헤드라인을 뽑았다. 1934년 〈포브스〉는 " '후각을 이용한 판매'가 다음 마케팅의 중요한 표어일 것"이라고 독자들에게 말했다. 1939년 〈경영리뷰〉는 "향기 기술자가 판매 담당자의 컨설턴트로 색채 기술자와 합류하고 있다."고 했다. 1947년 〈새터데이 이브닝 포스트〉는 "약삭빠른 광고업자들은 고객의 지갑을 빠르게 열게 할 방법을 찾았다. 현재 구두약 냄새는 장미 같고, 잉크에선 향기가 나며, 모조 가죽에선 돼지가죽 냄새가 난다."고 경고했다.

오늘날 상인들은 여성을 겨냥해 라벤더 냄새가 나는 자동차 타이어나 오렌지 냄새가 나는 최고급 볼링 공 등으로 여전히 실험을 계속한다.[4] 하지만 실제로는 후각적 특징을 실내 상업 공간에 이용하고 있다. 특히 큰 사업 분야, 즉 도박업계가 이에 적극적이다. 라스베이거스는 이 유행의 중심지로, 스트립 가에 있는 건물의 절반에 향기 시스템이 있다. MGM 그랜드 호텔은 최대 9가지 냄새를 동시에 이용하고, 베네치아 호텔은 '유혹'이라는 고유의 냄새를 분사한다. 카지노는 고객의 기분 좋은 경험을 위해 감각적 기술을 우위 순위에 두었다. 객실은 고객이 오래 머물 수 없도록 서늘하게 유지된다. 복잡한 건물 구조는 손님을 도박장으로 끌어들인다. 도박장에는 시계가 없고 바깥세상의 풍경이 보이지 않는다. 사람들이 더 오랫동안 도박할 수 있도록 새로운 방법을 찾는 데 노력을 다하는 카지노는 앞장서서 냄새를 상업적으로 조작하고 있다.

제품 특유의 냄새를 없앤 반대 사례는 오히려 후각의 중요성을 드러낸다. 스타벅스 회사는 체인점이 늘어나자 뚜껑 없는 용기와 점포에서 간 커피 대신, 향미를 잃지 않는 진공 포장으로 바꾸기로 결정했다. 목적은 볶은 원두의 신선함을 유지하고 커피 만드는 사람을 편하게 하기 위함이었다. 하지만 진공 포장 용기는 예기치 못한 손실을 주었다. 점포에 커피 향기가 나지 않았던 것이다. 매혹적이고 짙은 커피 향이 사라지자 고객들은 경쟁사로 발길을 돌렸다. 스타벅스의 창립자 하워드 슐츠(Howard Schultz)는 "우리는 '가장 막강한 비언어적 신호'를 잃었다."며 한탄했다.[5] 그걸 되찾기 위해 스타벅스는 다시 원두를 직접 갈아 만든 커피를 고객에게 제공하고 있다.

기업은 갑작스러운 공공 정책 변화로 후각적 문제에 빠질 수 있다. 최근 스코틀랜드와 웨일스가 술집과 클럽에서의 흡연을 금지하자, 업주들은 자기네 시설에서 얼마나 악취가 나는지를 알고 충격받았다. 담배 연기가 사라지자, 영국 나이트클럽 체인점을 소유한 루미나는 맥주 냄새와 땀 냄새가 뒤섞인 악취는 더 이상 담배 냄새에 가려지지 않는다는 점을 알게 됐다.[6] 루마나는 불쾌한 현실을 은폐할 방법을 찾기 위해 혈안이 되었다. 제안된 치료책-땀을 흘리고 트림하는 사람들에게 장미 냄새를 분사하는-은 별로였지만, 효과적인 해결책을 찾으리라 기대하고 있다. 미국 전역의 클럽 하우스는 주의를 기울일 것이다.

10년 전, 사회 심리학자 로버트 배런(Robert Baron)은 뉴욕 주 올버니 근처의 쇼핑몰을 살펴보면서, 냄새가 없는 구역뿐 아니라 미세스 필드 쿠키와 시나본 스토어, 커피 비너리 등 자연스럽게 유쾌한 냄새가 나는 곳을 정교하게 표시했다.[7] 그런 다음 배런은 사람들을 보내어 쇼핑객들에게 접근해 '우연히' 펜을 떨어뜨리거나 지폐를 잔돈으로 바꾸어달라고 시켰다. 그는 쇼핑객들의 단순한 반응을 기록했다. 쇼핑객들이 낯선 사람을 도와줄까, 도와주지 않을까?

펜을 집어주거나 잔돈으로 바꿔주는 등 남을 도와주는 행동은 냄새가 없는 지역보다는 좋은 냄새가 나는 지역에서 현저히 많이 일어났다. 배런의 실험은 실험실 밖의 자연스러운 소비자 생태계, 즉 쇼핑몰에서 냄새의 효과를 검사한 최초의 것이었다. 그 결과는 분명했다. 쇼핑객들은 주변 향기에 크게 반응한다. 일상생활에서의 익숙한 냄새는 그 자체만으로 주의를 끌지 못하겠지만, 그 냄새를 맡은 사람들의 행동에 알게 모르게 영향을 준다. 시나몬이 쇼핑몰 손님들을 더 친절하게 만들까? 그렇지 않을 것이다. 친절은 그저 직접 빵을 구울 때 생기는 부차적인 이익일 뿐이다.

올버니 쇼핑몰 연구는 심리학에 관심이 많은 마케팅 담당자들의 흥미를 끌었다. 그들은 향기가 소비자에게 더 유용하거나 이윤을 낼 수 있는 영향을 줄 수 있는지 알고자 했다. 향기를 팔 수 있다는 과학적 증거를 원했고, 무엇보다 향기가 어떻게 작용하는지 알고자 했다. 배런의 연구처럼 몇 가지 예외는 있지만, 그런 의문에 대한 대부분의 과학적 연구는 심리학 실험실에서 소비자 대신 대학생들을 대상으로 이루어진다. 일반적으로 학생들은 실험실에 들어가 컴퓨터 화면에 나타나는 제품 이미지나 모형으로 만든 점포에 전시된 상품을 평가한다. 실험실에는 냄새가 날 때도 있고, 아닐 때도 있다. 대게 연구원들은 향기가 상품에 대한 태도를 바꿀 수 있음을 알아냈지만, 그 인위적인 실험에서 현실 세계의 유용성을 추정하는 건 위험하다. 하지만 연구는 계속되고, 마케팅 담당자들은 과학적 증거가 확실히 존재하는 게 아닌데도 꾸준히 추진하고 있다.

그렇다면 공중의 냄새가 어떻게 행동을 바꾸는 걸까? 사회심리학 문헌을 통해 배런 교수는 긍정적인 사건이 사람들을 일시적으로 기분 좋게 만든다는 것을 알고 있었다. 예를 들어 공중전화에서 동전을 주운 사람은 몇 분 후 동료의 지루한 업무를 흔쾌히 도와줄 것이다. 배런은 커피와 빵 냄새가 사람들을 기분 좋게 해서 더 호의적으로 만든다고 추측했다. 실제로 추가 인터뷰에서도 좋은 냄새가 나는 공간의 쇼핑객들은 냄새가 없는 공간에 있는 쇼핑객들보다 훨씬 즐거워했다는 게 드러났다.

마케팅 담당자들은 배런의 기분 가설을 쉽게 인정할 것이다. 그의 가설은 냄새가 순수한 정서적 감각이라는 통념과 대단히 비슷하기 때문이다. 이는 곧 향기 마케팅이고, 마케팅 담당자들은 자신들이 고객의 기분을 좌우할 수 있다고 생각한다는 뜻이다. 방정식은 간단하다. 좋은 냄새는 곧 좋은 기분을 뜻하고 좋은 기분은 곧 사람들의 소비 욕구를 자극시켜 판매 상승을 불러일으킨다. 배런의 설명은 전문적 허영심에도 호소했다. 향기 마케터가 마술사처럼 냄새에 취한 사람들을 상점으로 끌어들일 수 있다는 것이다. 기분 이론은 모든 향기 마케터의 표어가 되었다. 웨스틴 호텔 앤 리조트의 홍보 이사이자 고유의 화이트 티 향기 뒤에 있는 여성은 이에 동의한다. "우리는 감정의 연결고리를 만들기를 원했습니다."[8]

냄새가 순전히 정서적 감각이라는 개념은 오래된 것이다. 1924년 화학자이자 물리학자이며, 〈사이언티픽 아메리칸〉의 편집자였던 E. E. 프리(E. E. Free)는 "사실상 냄새에 대한 모든 반응은 '무의식'이라는 인간 정신의 부분에 미친 정서적 영향이다."라고 말했다.[9] 프리는 한 남자에 대한 기묘한 일화로 자신의 주장을 뒷받침했다. 그 사내는 서양고추냉이 냄새를 맡을 때마다 이유 없이 화가 났다고 한다.

오늘날의 과학자들은 냄새의 정서적 힘에 대해 거듭 이야기한다.[10] 문화 인류학자 케이트 폭스(Kate Fox)는 "인간의 후각은 감정과 직접 연결되어 있습니다. 냄새는 대단히 강력하고 뿌리 깊은 정서적 반응을 일으킵니다."라고 BBC에 말한다. 독일 심리학자 베티나 파우제(Bettina Pause)는 "냄새는 강력한 정서적 자극제인 듯하다."고 말한다. 영국 심리학자 스티브 반 톨러(Steve van Toller)는 "냄새는 두뇌 가운데 부분의 정서 센터-비언어적 부위-와 곧장 연결되고 감정에 큰 영향을 줄 수 있다."고 〈인디펜

던트〉에 말했다. 미국 심리학자 레이철 헤르츠(Rachel Herz)는 〈랜싯〉에 "코는 정서적 반응을 통제하는 대뇌변연계 부위인 편도체와 직접 연결되어 있다."고 설명한다. 이 같은 인용문이 마케팅 담당자를 흥분시킨다. 자기네 브랜드를 두뇌의 감정 센터로 곧장 연결시키고 싶지 않은 사람이 누가 있겠는가?

하지만 애석하게도 상황은 그렇게 간단하지 않다. 향기 마케팅의 기분 이론에 가장 큰 도전인 '일치'의 문제 때문이다. 향기가 효과적으로 이용되려면 그 상업적 맥락과 일치해야 한다는 점이 연구를 통해 발견되고 있다. 어울리지 않는 짝은 아무 이익을 낳지 않고 심지어 소비자들에게 좋지 않은 가게나 브랜드 이미지를 남길 수 있다. 예를 들어 한 실험에서는 여대생에게 여성용 새틴 잠옷을 보여줄 때 각각 공평하게 '은방울꽃'과 '바다 안개' 향수를 뿌렸다.[11] 둘 다 유쾌한 향수였다. 학생들은 '은방울꽃' 냄새가 풍길 때 비싸더라도 그 잠옷을 살 것 같다고 말했다. 또 다른 실험에서는 '은방울꽃'이 새틴 잠옷과 더 잘 어울린다고 평가했다. '바다 안개'도 마찬가지로 유쾌하지만, '바다 안개'에는 '은방울꽃'의 여성성과 침실 분위기가 없었다. 좋은 냄새가 곧 좋은 기분을 만들고, 그것이 곧 판매 상승과 연결된다는 건 그런 것이다. 사람들은 냄새의 의미에 주의를 기울인다.

일치의 문제는 연구원들이 실제 선물 가게에서 배경 음악과 향기의 복합적 효과를 조사했을 때 다시 수면 위로 떠올랐다.[12] 연구원들은 편안하거나 활기찬 음악을 틀었고 흥분 효과가 높거나 낮은 향기를 이용했다. 흥분 효과가 낮은 라벤더 향기와 편안한 음악을 결합하자 소비자 만족도와 충동 구매율, 상점을 살펴보고 다시 방문하는 데 대한 관심이 엄청나게 높아졌다. 하지만 똑같은 음악과 냄새라 해도 에너지 수준이 맞지 않으면 소비자 행동에 아무 영향을 주지 않았다. 또 다른 연구에서 연휴 세일을 위해 장식한 가게 사진이 크리스마스 분위기를 살린 향기와 음악과 함께 제시됐을 때 호의적인 평가를 받았다.[13] 크리스마스 향기가 연휴와 무관한 음악과 결합되면 사진은 낮은 평가를 받았다. 전반적인 교훈은 분명하다. 사람들은 시각과 후각을 인지적으로 일치시키려 하기 때문에 마케팅에 냄새가 효과를 발휘하기 위해서는 맥락이 중요하다는 것이다.

시장은 이미 다감각적 조정에 대한 필요성에 대처하고 있다. 고유의 냄새와 소리를 만들어낼 시간이나 기술이 없는 소매상인들은 미리 포장 판매되어 있는 조합에서 선택할 수 있다. 상점과 사무실용 배경 음악을 공급하는 뮤잭 LLC는 소매점에 방향 장치를 설치하는 센트에어 테크놀로지와 협력했다. 이 두 기업은 '소매 경험을 극대화하기 위해' 주문 제작된 향기와 음악 조합을 제공한다. 센트에어 사의 CEO는 "우리는 고객의 코를 위한 뮤잭입니다."라고 신문에 말했다.[14]

얼마 전, 워싱턴 대학교의 경영학과 교수 에릭 스팬겐버그(Eric Spangenberg)와 그 동료들은 마케팅 담당자들이 갈망했던 것, 즉 고객의 지갑을 열게 하는 냄새 효과를 연구했다.[15] 스팬겐버그 팀은 학교 밖의 실제 옷 가게를 이용했다. 이 가게는 매장 면적 절반에는 남성복을, 다른 절반에는 여성복을 디스플레이하고 있었다. 2주에 걸쳐 그 매장에 강도와 쾌감이 비슷한 두 향수, 즉 여성스러운 바닐라와 남성적인 로즈 모르코(Rose Maroc, 향긋하고 꿀 같은 노트)를 교대로 뿌렸다.

바닐라 향을 뿌렸을 때에는 여성복 판매가 늘고 남성복 판매가 줄어들었다. 로즈 모르코를 뿌렸을 때의 판매량은 반대로 바뀌었다. 다시 말해, 남성은 남성에 어울리는 향기가 날 때에는 더 많이, 여성에 어울리는 향기가 날 때에는 더 적게 구매했고, 여성은 그 반대였다. 효과는 컸다. 성별에 어울리는 향기를 맡으며 쇼핑하는 사람들은 평균 1.7가지 물건을 샀고 평균 55.14달러를 소비한 반면, 성별에 어울리지 않는 냄새를 맡으며 쇼핑하는 사람들은 겨우 0.9가지 물건을 샀고 23.01달러만 소비했다.

이 현상을 일치라 하든, 맥락이라 하든 상관없다. 그저 중요한 점은 냄새가 소비자의 정서적 직관뿐 아니라 비교와 평가 판단에도 영향을 준다는 점이다. 쇼핑객은 감성이 아니라 이성으로 매장의 냄새와 매장 안의 물건과 음악이 불일치한다는 걸 인식할 것이다. 많은 연구원들이 소비자들은 후각 정보를 인지적으로 처리한다는 점을 발견하면서 더 이상 감정에만 관심을 기울이지 않게 되었다. 마케팅 전문가들은 사람들이 생각한다는 걸 인정하기 시작했다.

예를 들어 캐나다 연구원인 장 샤를르 슈바(Jean-Charles Chebat)와 리샤르 미숑(Richard Michon)은 감정이 지나치게 강조되었다고 생각한다. 몬트리올 근처에 있는 쇼핑몰 냄새를 조작한 두 연구원이 기분이 쇼핑객이 얼마나 많이 구입하느냐에 별 다른 영향을 주지 않는다는 걸 발견했다.[16] 슈바와 미숑은 냄새가 오히려 쇼핑객들이 쇼핑몰의 외관과 그 제품의 질을 어떻게 생각하느냐를 바꾼다고 주장한다. 중요한 것은 기분보다는 인식이다.

심리학 실험실 바깥으로 나가자, 일치라는 개념은 마케팅 담당자에게 별 다른 매력을 주지 않았다. 학자들은 이론상으로는 일치를 알지만, 어떻게 향기가 마케팅이라는 주제와 어울리는지 실질적으로 설명하지 못한다. 현실 세계에서 상업적 맥락과 냄새를 일치시킨다는 것은 언제나 스타일과 취향, 문화의 문제와 관계가 있기 때문이다. 그렇기 때문에 조향사와 향수 평론가가 바로 그 일을 하고, 마케팅 담당자들은 현명하게 이 전문가들과 협력한다.

마케팅 담당자들은 성공의 뚜렷한 기준을 세우길 바란다. 예를 들어 향기 운동의 핵심이 고객을 매장에 더 오래 머물게 할 것인가, 아니면 제품이 최신 유행 물건이라고 인식시킬 수 있을 것인가, 혹은 신제품을 사용하게끔 부추길 것인가? 일단 프로그램을 진행하면, 그 효과를 측정하는 데 유용할 것이다. 향기 전달(자극받은 코의 숫자)과 효과(가령 브랜드 인지도 상승)의 표준화된 기준을 상상할 수 있을 것이다. 그러므로 마케팅 담당자들에겐 닐슨 시청률 조사처럼 코를 위한 시장 조사가 필요하다.

슈퍼마켓의 헤어제품 코너에서 쇼핑객들은 샴푸병뚜껑을 열고 냄새를 맡는다. 그 다음에는 일련의 의사 결정 과정이 일어난다. 향기가 너무 여성스러운가? 포장에 적힌 것처럼 상쾌한가? 효과적인 비듬 예방 제품 같은 냄새가 나는가? 배우자가 좋아할까? 비싼 가격에 어울리는 고급 냄새가 나는가? 두 번 코를 킁킁거리는 동안 이 모든 질문이 제기되고 답변된다. 언뜻 보면 사람들은 샴프 냄새를 맡으면서 순간적인 판단을 내리는 것처럼 보인다. '내 마음에 드나?'라는 정서적 반사 작용인 듯하다. 하지만 그 짧은 순간에 향기는 상태(우아하다, 싸구려다, 유행에 뒤떨어진다)와 기능성(클린싱, 컨디셔닝, 테라퓨틱), 동일성(여성적이다, 독하다, 안전하다)을 이야기한다. 냄새에는 정보가 가득 담겨 있고, 소비자는 그걸 분석한다. 향기는 감정에 호소하지만, 무드음악 이상은 아니다. 향기는 정신에 메시지를 전달할 수 있다. 일단 마케팅 담당자들이 이 복잡한 언어를 익히면, 후각은 완벽한 광고 매체가 될 것이다.

잠재의식을 움직이는 향

냄새를 이용하려 하는 마케팅 담당자는 그 효과를 알고 있기 때문에 그것을 유리하게 이용할 전략을 세울 수 있다. 통념은 새로운 연구 결과를 좀처럼 인정하지 않은 채 여전히 감정을 주요 심리적 기제로 강조하고, 때문에 마케팅 담당자들은 계속해서 감정을 유도할 수 있는 향기를 선택한다. 하지만 향기 수준을 얼마나 강하게 또는 약하게 설정할 것인지를 결정하는 건 다른 문제다. 이는 필연적으로 무의식적인 지각에 대한 문제로 이어진 문제다.

심리학에서 잠재의식에 대한 지각만큼 확실하게 인기를 끄는 주제는 없다. 그 말만 들어도 실험실에만 처박혀 있는 기술자들은 쓸데없는 제품을 한 아름 안은 채 멍하니 계산대로 향하는 소비자를 떠올린다(잠재의식적으로!). 은밀한 냄새가 정말 우리를 좀비 같은 쇼핑객으로 바꿀 수 있을까? 우리가 냄새의 노예가 될 수 있을까?

심리학자에게 '잠재의식'이란 단어는 상당히 건조하고 기술적인 정의를 내포하고 있다. '의식되지 않은 상태'라는 뜻이다. 잠재의식적 자극은 분명하게 지각되기에는 너무 약하지만, 감각에 짧고 가벼운 인상을 남기기에는 강하다. 관심을 끌지 못하는 이 희미하고 순간적인 지각은 전통적인 평가법과 체크리스트 방법으로는 측정하지 못한다. 오히려 다른 심리작용에 대한 간접적 효과로 측정되어야 한다. 예를 들어 관찰자가 읽을 시간이 없게, 심지어 아무것도 볼 수 없을 만큼 빠르게 'DOG'라는 단어를 화면에 보여준다고 해보자. 관찰자에게 그 단어를 판독해보라고 말하는 건 무의미한 일이다. 하지만 깜빡이는 단어는 순간적으로 뇌파를 활발하게 만들고, 남아 있는 그 흔적은 이후의 단어 연상 테스트에 분명히 나타날 것이다.

마케팅 담당자들은 냄새를 가미한 광고가 잠재의식적으로 효과가 있을 것이라는 뿌리 깊은 믿음을 갖고 있다. 예를 들어 웨스턴 호텔 앤 리조트의 수석 부사장 수 브러시(Sue Brush)는 그 체인의 '화이트 티' 향기는 "굳이 널리 알리지는 않지만, 힘든 여정 후 손님들이 긴장을 푸는 데 도움이 되기를 바라는 잠재의식적인 것"이라고 한다.[17] 지지자와 비난자들 모두 향기 마케팅은 잠재의식이라는 어두운 곳에서 소비자의 지갑을 열기까지의 심리적 연쇄 반응을 일으키도록 작용하는 마인드 컨트롤의 한 형태라고 믿는다.

심리학자 앤서니 프랫카니스(Anthony Pratkanis)에 따르면, 잠재의식에 대한 대중의 열광은 파도처럼 밀려왔다.[18] 최초의 파도는 1957년, 제임스 비카리(James Vicary)가 영화 속 잠재의식적 광고를 증명했다고 주장했을 때 밀려왔다. 비카리는 '팝콘을 먹어라'와 '콜라를 마셔라'라는 메시지가 로비의 콜라 판매량을 18.1퍼센트, 팝콘 판매량을 57.7퍼센트가량 높였다고 했다. 군인과 간첩의 세뇌에 여념이 없었던 냉전시대에 비카리의 주장은 많은 매스컴의 주목을 받았다. 하지만 비카리는 구체적인 자료를 만들지 못했거나 만들지 않았다. 더욱이 그는 영화 스크린에 광고를 영사했다고 하는 순간 노출기를 그 누구에게도 보여주지 않았다. 그는 결국 〈애드버타이징 에이지*Advertising Age*〉에 자신의 컨설팅 회사에 이목을 끌기 위해 연구를 조작했다고 인정했다.

두 번째 잠재의식적 파도는 1973년, 윌슨 B. 키(Wilson B. Key)가 《잠재의식의 유혹*Subliminal Seduction*》을 출판했을 때 밀려왔다. 이 책에서 그는 인쇄 광고에는 자극적인 성적 이미지가 숨겨져 있다고 주장했다(이 때문에 1970년대 중반에 잠시 동안 사람들이 눈을 가늘게 뜨고 〈에스콰이어〉의 위스키 광고를 보면서 얼음 속에서 벌어진다는 섹스 파티를 찾는 게 유행이었다). 키가 인용한 연구들은 근거가 빈약했다. 그의 이론은 심리학자들에게 철저히 외면받았지만, 키는 지금도 모든 광고 이미지에는 성적 이미지가 숨겨져 있다고 생각한다.[19]

세 번째 잠재의식적 파도는 1980년대 말과 1990년대 초, 체중 감량부터 자부심 높이기까지 모든 것을 약속하는 자기계발 오디오 테이프와 함께 밀려왔다. 그들이 주장하는 효과에 대한 과학적 증거는 거의, 혹은 아예 없지만 자기계발 오디오 테이프는 5000만 달러에 달하는 사업 분야가 되었다.

우리가 의식하지 않고도 시각적, 청각적 정보를 흡수할 수 있다는 건 분명하다. 하지만 잠재의식 광고 지지자들이 주장하는 것처럼 이 순간적인 지각이 직접적이고 의미 있게 인간 행동에 영향을 주느냐는 전혀 다른 이야기다. 앤서니 프랫카니스는 실제로 그렇다는 증거를 찾지 못했다.

나는 냄새도 마찬가지라고 생각한다. 여기 잠재의식적 후각에 대한 확실한 증거가 있다. 독일 연구가 토마스 훔멜(Thomas Hummel)은 자원자들의 코에 1밀리미터 넓이의 튜브를 약 7센티미터가량 넣었다(사실 그는 자원자들에게 직접 그렇게 하도록 했다. 그래야 부담이 적기 때문이다).[20] 튜브는 계속해서 따뜻하고 축축한 공기와 함께 가끔씩 옅은 냄새를 코의 감각 표면에 직접 전달했다. 튜브 안의 전선은 그 표면의 전기 활동을 모니터했다. 냄새는 의식적으로 지각하기에는 너무 약했지만 코의 감각 세포에 반응을 일으켰다. 연구원들은 다른 기술을 이용해 자원자들이 뚜렷하게 감지하기엔 아주 낮은 수준의 냄새에 두뇌가 어떻게 반응하는지를 관찰했다.[21] 냄새가 코와 두뇌에 잠재의식적으로 인상을 남길 수 있다는 데에는 의문의 여지가 없다.

네덜란드의 심리학자들은 잠재의식적인 시각과 청각의 간접적 영향을 측정하는 데 이용했던 기법을 후각에 응용했다.[22] 사람들에게 익숙한 다용도 세척제의 감귤 냄새를 불시에 노출시켰다. 대부분의 참가자들은 냄새와 실험 목적을 눈치 채지 못했다. 하지만 냄새를 맡은 사람들은 목록에서 세척제와 관련된 단어를 더 빠르게 골라냈고, 일상적인 활동을 묘사하라고 했을 때 청소와 관련된 행동을 얘기했다. 부서지기 쉬운 크래커를 먹으라고 주자, 세척제 냄새에 노출되었던 사람들은 그렇지 않은 사람들보다 더 꼼꼼히 부스러기를 치우고 더 열심히 정돈했다. 잠재의식적 냄새는 청소와 관련된 정신적 네트워크를 활성화시켜 이후 말과 행동으로 표현되었지만, 바로 이용할 수 있는 방식으로 나타나지는 않았다. 사람들이 무의식적으로 상표명을 말하거나 세척제를 사러 달려 나가지 않은 것이다. 마인드 컨트롤로는 빗자루를 사러 가게 만들 수 없을 것이다.

코와 뇌는 엄밀한 실험실 환경에서는 잠재의식적 냄새에 분명히 반응한다. 하지만 실생활에서도 그 영향이 미칠까? 은밀한 판매력에 대한 모범적인 실험은 1932년으로 거슬러 올라간다.[23] 도널드 레어드(Donald Laird)는 콜게이트 대학교의 남학생들에게 시장 조사원인 체 행동하면서 뉴욕 유티카의 모든 가정에 방문하도록 했다. 젊은이들은 똑같은 4가지 실크 스타킹 샘플을 주부에게 건네주고 마음에 드는 걸 골라보라고 했다. 4개 스타킹의 차이는 냄새밖에 없었다. 원래 제품에선 불쾌한 냄새가 약하게 났다. 다른 제품에는 희미한 수선화나 과일, 파우더 향수를 뿌렸다.

레어드 팀은 250명까지 인터뷰하던 중 수상하게 여긴 여성이 경찰에 신고하는 바람에 연구가 중단되었고, 경찰의 조사 내용이 지역 신문에 실리면서 이 연구 결과가 보고되었다. 250명의 여성 중 단 6명만이 스타킹에 향수를 뿌렸다는 걸 눈치 챘다. 하지만 스타킹 선호도에 대한 냄새의 영향은 뚜렷했다. 50퍼센트의 여성이 수선화 냄새가 나는 스토킹을 택했고, 24퍼센트의 여성은 과일 향 스타킹을, 18퍼센트는 파우더 냄새를 택했으며, 향수를 뿌리지 않은 스타킹을 선택한 여성은 8퍼센트뿐이었다.

냄새는 점심시간을 얼마 남겨두고 확 풍기는 냄새 때문에 피자 대신 부리토(burrito, 고기와 치즈 등을 토티아로 싼 멕시코 요리)를 먹는 것처럼, 사소한 의미에서 일상생활에서 우리의 행동을 바꾼다. 잠재의식적인 메시지–피자를 사고 싶다고 의식적으로 생각하기 전에 그 냄새를 맡았느냐–가 중요하지 않은 것처럼, 그날 아침 출근길에 피자 광고 소리를 들었느냐의 여부도 그리 중요하지 않다. 어떤 경우든, 충동–혹은 충동 결핍–은 거의 똑같다.

잠재의식 광고는 여전히 사람들을 위협한다. 후각과 미각 연구원들의 모임인 유럽화학수용연구협회(ECRO)는 얼마 전 몇몇 연구원들이 향기를 연상시키는 단어와 함께 냄새를 제시한 연구 결과를 발표했다.[24] 사람들은 치즈 냄새가 '암내'라는 단어보다는 '체다 치즈'와 짝지어졌을 때 덜 불쾌해한다는 것을 알게 됐다. 연상의 힘은 너무나 강해서 사람들은 '암내'라는 라벨이 붙으면 깨끗한 공기에서도 악취가 난다고 말했다. 예측할 수 있는 이 결과는 ECRO에 경종을 울리기에 충분했다. "불행히 이 사실은 정보를 조작하고 소비자의 선택을 특정 음식과 향수, 세정제로 향하게 할 수 있음을 암시한다.[25] 이는 잘못된 메시지로 이어질 수 있다." 오싹! 광고는 소비자 선택을 조종하려 한다. EU 관료들은 광고에서 냄새 사기를 금지하는 초안을 마련해야 할 것이다.

사람들의 생각과 달리, 연방통신위원회(FCC)에는 냄새 나 그 밖의 잠재의식 광고에 대한 공식적 규칙이 없다. 사실 FCC는 잠재의식적 메시지에 대해 단 한 건의 불만 사항만 조사했다.[26] 1987년, FCC는 댈러스 라디오 방송국인 KMEZ-FM이 잠재의식적 메시지가 포함된 프로그램을 방송했다는 걸 알게 됐다. 어느 비열한 회사가 이런 행동을 한 것일까? 흠…, 사실은 회사가 아니었다. 잠재의식적 메세지는 미국 암협회를 위해 방송된 금연 프로그램에 감춰져 있었다.

잠재의식 광고라는 개념은 계속해서 광고 분야에 자주 나타난다. 배경 향기를 이용하는 상인들은 사람들이 자신을 좀비 조종자로 보기를 원치 않기 때문에 그 얘기를 꺼려한다. 그들은 잠재의식이 지닌 위력의 정체를 폭로하여 논란을 잠재울 수도 있지만 그렇게 하지 않는다. 그건 아마 그 위력을 너무나 신뢰하기 때문일 것이다. 전문가들은 이제 고객들에게 향수를 추천할 때에나 잠재의식적 지각을 이야기한다.[27] 애리레슨스 사의 향수 개발 이사인 미셸 하퍼(Michelle Harper)는 "특히 환경 공간에서는 잠재의식적이어야 한다."고 말한다. 한편 아이에프에프의 수석 마케팅 간부 조 파란다(Joe Faranda)는 "향기는 더 이상 효과를 발휘하기 위해 잠재의식적으로 작용할 필요가 없다."고 말한다. 누굴 믿을까? 내 경험상, 향기가 독점적으로 관심을 끌 때 사람들은 그 냄새를 좋아하는지 싫어하는지를 결정해야 한다고 느끼는 것 같다. 그때 사람들은 가게가 아니라 향기에 집중한다. 청참외를 연상시키는 삼성 기업 고유의 향기가 효과적인 건 거의 감지하기 힘들기 때문이다. 그 냄새가 더 짙었다면, 소비자들은 과일 샐러드 바를 찾기 시작할 것이다. 미묘함과 잠재의식 사이에는 차이가 있다.

인공 향기에 대한 분노

영국 조향사 유진 림멜(Eugene Rimmel)은 1800년대 중반에 대량 판매된 최초의 향수를 만든 한편, 냄새가 나는 인쇄 광고를 통해 그 향수를 판촉할 여러 가지 방법을 개발했다. 그는 향수를 뿌린 연감(年鑑)과 부채를 싸게 팔았다. 그리고 런던 극장 프로그램에 향수를 뿌린 광고를 냈다. 하지만 이런 노력이 많은 칭송을 받진 못했다. 야박한 그의 동시대 사람들은 극장 프로그램에서 코를 돌렸고, 이 '고약한 냄새의 상업주의'는 귀찮고 지독하며 짜증나는 것처럼 느껴졌다.[28] 오늘날에도 잡지에 똑같은 향기 광고가 실린다. 캘빈 트릴린(Calvin Trillin)은 〈배너티 페어*Vanity Fair*〉에서 본 그런 광고를 맹렬히 비난했다. "입안자들이 헌법 수정 제1항에 보장된 표현의 자유가 후각에까지 확대되리라는 낡은 생각을 부활시켰다."

트릴린을 분개시켰던 향기 광고는 로데오 가에서 조르지오 비벌리 힐스 부티크를 시작한 캘리포니아 사업가 프레드 헤이먼(Fred Hayman)과 게일 헤이먼(Gale Hayman)의 유산이다.[29] 1982년에 이들은 자기네 가게 이름을 딴 향수의 마케팅 판촉을 시작했다. 그들은 우선 지역 고객들에게 향수를 흠뻑 적신 시향지를 우편 발송했다. 하지만 전국의 고객들에게 샘플 냄새를 맡게 하기 위해서는 좀 더 값싼 방법이 필요했다. 1983년 〈보그〉에 실린 그들의 조르지오 광고는 최초로 아케이드 마케팅 사의 신제품 센트스트립 샘플러(ScentStrip Sampler)를 사용한 것이었다.[30]

이 방식은 현재 잡지에 부착된 쪽 날개 인쇄물로 흔히 볼 수 있다. 쪽 날개를 펼치면 접착제 속 미량의 방향유가 터져 냄새가 퍼진다. 독자들은 잡지에서 조르지오 냄새가 난다고 불평했지만, 판매는 급등했고 잡지 사업은 향수 광고를 후회하지 않았다(더 많은 사람들에게 향수 냄새를 맡게 하기로 결심한 프레드와 게일 헤이먼은 적극적으로 백화점의 수백만 명에게 향수를 뿌리는 하얀색과 노란색 재킷을 입은 외판원 팀인 '지옥의 스프리처 여인들'을 풀었다). 알코올에 비해 방향유 비율이 유난히 높은 조르지오 향수는 거슬리고 날카로우며 쉽게 눈치 챌 수 있었다. 고급 레스토랑은 그 향수를 금지했고, 그 향수를 뿌린 사람은 전국의 엘리베이터에서 소동 비슷한 것을 일으켰다. 하지만 이 향수는 맨해튼의 어퍼이스트사이드의 최고급 식당 르 시르크와 세련된 지역 바깥에서는 엄청난 인기를 끌었다.

향기가 나는 인쇄 광고는 현재 새로운 르네상스를 누리고 있다. 폭스월든 필름은 최근 〈로스앤젤레스 타임스〉의 향기 나는 전면 영화 광고에 11만달러를 지불했다.[31] 〈월 스트리트 저널〉과 〈유에스에이 투데이〉는 문질러서 냄새 맡는 광고를 고려하고 있다. 향신료 제조회사 맥코믹 앤 컴퍼니 사의 연례 보고서는 매년 독특한 향을 자랑한다. 2006년의 실망스러울 만큼 옅은 육두구 냄새는 잉크의 악취보다 더 두드러지지 않았다. 독일 과학 잡지 〈앙게반테 케미*Angewandte Chemie*〉의 표지는 후각 수용체에 대한 기사에 관심을 끌기 위해 은방울꽃 같은 냄새를 풍긴다. 향기가 나는 광고의 핵심 시장은 언제나 여성들이 보는 패션 잡지였다. 〈얼루어〉의 편집자는 그 독자의 85퍼센트가 즉시 잡지 속 향수 샘플 냄새를 맡는다고 주장한다.

일부 사회 비평가 사이에서 향기 광고는 폭력적인 심상을 일으킨다. '습격'과 '폭력' 같은 단어가 남용되고 있다. 저널리스트 에마 쿡(Emma Cook)에게 소비자들은 무력한 희생자다. "그만 듣거나 보겠다고 결정할 수 있긴 하지만, 신체적으로 냄새를 맡지 않을 수 없다."[32] 영국 소설가 A. S. 바이어트(A. S. Byatt)는 인위적인 향기를 맡으면 기분이 나빠진다. "나는 우리가 끊임없이 지독하고 야한 냄새로 민감도를 잃은 세대를 기른다고 생각한다." 인공 향기를 소리에 비유한다면 "불협화음일 것이다." 바이어트는 워즈워스와 콜리지의 글을 분석하고 런던 대학교에서 미국 문학에 대해 강의한 지식인이다. 그런 그녀가 어떻게 향기 나는 제품에 대한 대중의 불가사의한 욕망을 설명할까? 그녀는 광고를 비난한다.

"텔레비전 화면은 나뭇가지와 제비꽃을 보여준다.[33] 소나무 숲과 떨어지면서 깨끗하고 빛나는 물보라 소용돌이로 마무리되는 물바다를 보여준다. 미나리아재비가 가득한 초원과 신비하고 싱싱한 침엽으로 가득한 소나무 숲을 보여준다. 그 화면은 공기 청정제나 향기 나는 가구 광택제의 분무기 등으로 이 분위기를 당신의 집에 재현하라고 말하면서 유혹한다." 무슨 뜻인지 알 것이다.

바이어트는 윤리적인 근거로 반대한다. "우리의 현대 생활을 침범한 냄새는 좋지도, 나쁘지도 않지만 떳떳하지 못하고 가장하는 냄새다. 체취를 가리기 위해 사용하는 냄새." 분명 향수는 진정한 영장류의 악취를 감추기 때문에 기만적이다.

당연히 바이어트의 소설에는 무시무시한 냄새로 가득하다.[34] 전형적인 예를 들어보자. "기차는 깨끗하지 않았다. 기차의 가구에서는 더러운 바지에서나 맡을 수 있는 눅눅한 냄새가 났다." 또 다른 곳에서 그녀는 남편의 짙고 퀴퀴한 담배 냄새를 묘사했다. 가끔씩 그녀는 평소보다 더 예민했다. "액체 냄새, 버려진 쓰레기통 바닥에 득실거리는 구더기 냄새, 막힌 배수구 냄새, 썩은 달걀과 지저분한 카펫, 오래 전에 더렵혀진 침구와 뒤섞인 빨지 않은 바지 냄새였다." 빨지 않은 바지에 대한 그녀의 선입견은 어두운 면에 맞춰진 코의 인상을 준다.

나이 지긋한 영국 소설가는 그렇다 쳐도 왜 30대 인터넷 칼럼니스트는 공기 청정제에 흥분했을까? 이 일은 〈샌프란시스코 크로니클*San Francisco Chronicle*〉의 SFGate.com 웹사이트에 글을 기고하는 마크 머포드(Mark Morford)가 프록터 앤 갬블 사의 센트스토리 방향 플레이어에 화가 났을 때 일어났다.

> 비열한 마케팅은 어떻게, 누구에 의해서 우리에게 조그만 탁상용 분무식 공기 청정제에서 이제는 엄청난 돈과 막대한 광고, 최대한의 교류 전력, 교환 가능한 화학냄새를 내뿜는 디스크를 요구하는 완비된 토스터 크기의 장치에 우스꽝스럽고 조그만 선풍기가 내장된 글레이드 플러그인 뭐시기라는 전기 제품으로 이동하라고 말하도록 결정했단 말인가?[35]

머포드를 분개하게 만든 건 유래 없이 야심찬 과학 기술뿐만이 아니라 향기에 포함된 함축적 메시지였다.

> 이는 마케팅 전략이다. 각 디스크는 아이와 강아지, 미니밴이 있는 교외 주택단지의 디스토피아에서 당신을 들어올려 곧장 안개 산맥이나 무더운 바하마, 혹은 브라질의 다우림 등지로 데려가기 위해 분명 위생적으로 설계되었다.

머포드와 다른 이들은 특정 냄새가 아니라 향기 마케팅에 분노했다. 향기 분사 장치로 구체화된 소비자 중심주의와 대량 소비, 자유 시장의 월

권이 그의 기분을 상하게 했다.

정신분석학자 G. G. 웨인(G. G. Wayne)과 A. A. 클링코(A. A. Clinco)는 1959년 비슷한 비판을 했다. "예전에는 생존에 꼭 필요한 도구였던 것–원시인에게 길을 안내하고 주의를 주었던–이 이제는 광고의 이중적 어휘를 통해 무관하고 둔감한 자극의 도구로 타락했다."[36] 에마 쿡도 비슷한 주장을 했다. "최근까지 후각에의 호소는 상인과 기업에게 비교적 미개척지였다(쿡은 동향인인 유진 림멜이 1860년대에 향수를 시장에 팔고 있었다는 사실을 모르고 있었다.)"[37]

모든 비평가의 공통점은 그리운 시절에는 상황이 더 나았다고 생각한다는 점이다. 공기 청정제와 텔레비전, 향수 이전의 냄새가 없었던 자연 상태를 갈망한다. 그들의 후각적 낙원은 동굴에서 살던 여인이 다른 원시인에게 "무슨 향수를 뿌렸나요?"라고 묻고는 마스토돈 스테이크를 향기 나는 수지 한 줌과 바꾼 순간 끝났다. 하지만 수백만 명의 사람들은 이들과는 달리 집에 유쾌한 냄새를 풍기는 것을 좋아하고, 일상생활의 다른 영역에서처럼 문명의 이기와 약간의 상상을 누리는 데 기꺼이 돈을 지불한다.

나는 몇 년 전 향수를 비난하는 반자본주의자를 만났다. 다른 전문가들과 함께 냄새의 과학과 역사에 대한 국립 자연사 박물관의 대규모 순회 전시 기획을 돕기 위해 워싱턴의 스미소니언 협회에 초대받았을 때였다. 큐레이터, 전시 기획자, 고위급 직원과 함께 우리는 그날 컨스티튜션 가와 국세청 건물을 마주보는 박물관의 검은 장식 판자를 붙인 회의실에서 보냈다. 평범한 브레인스토밍 회의였다. 우리들은 창조성을 높이기 위해 잡지에서 잘라낸 사진으로 자유 연상을 하기도 했다. 교대로 바닥에 도미노처럼 그 사진들을 배열하고 나중에 패턴을 해석하려 했다. 그 팀은 사진을 '사람'과 '환경'이라는 두 범주로 나누었다(나는 의아했다. 사람도 환경의 일부가 아닌가?). 그때 수석 큐레이터가 배열에서 에스티 로더의 비누 광고를 치웠다. 그게 어느 범주에도 속하지 않는다고 생각했던가 보다. 나는 더욱 어리둥절해졌다.

그 다음엔 여러 팀으로 나누었다. 나는 비누 광고를 치운 사람과 같은 팀이었다. 우리는 10대 방문객들이 흥미를 보일만한 전시 주제를 생각하는 과제를 받았다. 누가 권하지도 않았지만 그녀는 열변을 토하기 시작했다. 기업이 어떻게 냄새로 영향을 주는지를 10대가 깨닫도록 전시해야 한다는 것이었다. 다른 사람들은 그녀에게 점잖게 이의를 제기했지만, 그녀는 감정을 누그러뜨리지 않았다. 그녀의 임무는 향수 광고 뒤에 있는 음흉한 회사의 음모를 경고하는 것이었다. 나는 잠재의식 광고가 대부분 허풍이라고 지적했지만, 그녀는 고집을 꺾지 않았다. 미국의 젊은이가 향기에 조종되는 쇼핑몰의 좀비로 바뀌지 않도록 막기로 결심한 듯했다. 결국 나는 그녀에게 스미소니언은 기업체 광고주들의 기부금으로 전시를 기획하고 있고, 그들이 자기네 사업을 먹칠하기 위해 300만 달러를 지불한 것이 아니라는 점을 일깨워주었다. 스미소니언은 향기 전시를 하지 않았다.

향기 마케팅의 모든 적대자에게는 코를 통해 소비자에게 호소하는 새로운 방식의 감각적 브랜딩과 실험의 이익을 설교하는 수십 명의 낙천적인 마틴 린드스트롬들이 있다. 향기 마케팅이 여러 번 과거의 미래 학자들에 의해 추진된 건 사실이다. 이 영역의 성공은 아직 실현되지 않았다. 인터넷 광고나 그 밖의 새로운 분야도 마찬가지다. 향기 마케팅 전략은 여전히 진화하고 있지만, 그 기술은 빠르게 완성되었다. 오늘날에는 월마트를 뒤덮는 산업 수준의 분사기부터 각각의 소비자에게 향기를 보내는 매장 진열품까지 온갖 향기 분사 장치가 있다. 곁을 지나갈 때 분사되는 수동적인 장치도 있고 다감각적 청각 및 시각, 후각 경험을 주는 쌍방향적 장치도 있다. 마케팅 담당자들은 이 하드웨어를 최대한 활용할 방법을 알게 될 것이다.

이 분야의 미래가 밝다고 여길 만한 또 다른 이유가 있다. 향기 중심적인 젊은 소비자 세대의 성장이 바로 그것이다. 유니레버 사의 액스 보디스프레이는 큰 히트 상품이다. 어떤 고등학교를 지나가도 그 냄새를 맡을 수 있을 것이다. 아로마테라피는 준 민간 요법에서 주요 상품으로 발전했다. 향초가 완비되지 않은 대학 기숙사는 없다. 학생들은 공부할 때나 안정하려 할 때 향초를 이용한다. 향기에 민감한 이 세대에게 프록터 앤 갬블 사의 페브리즈 탈취제 역시 인기 있다.[38] 기숙사마다 이 제품이 자주 보인다. 이 소비자들은 향기 마케팅을 중요하게 만들 것이다.

10

냄새가 이끌어내는 기억

소년 헨리 애덤스에게 여름은 몹시 힘들었다.
감각 중에서 후각이 가장 강했다.
무더운 여름밤의 뜨거운 소나무와 스위트 펀 냄새.
갓 벤 건초와 갈아낸 흙, 회양목 울타리,
복숭아와 라일락, 들정향나무, 마구간과 헛간, 외양간,
바닷물과 습지의 썰물 냄새. 아무것도 달갑지 않았다.
__헨리 애덤스, 《헨리 애덤스의 교육: 자서전》

누구에게나 오래 전에 잊어버렸던 냄새가 갑자기, 너무나 뚜렷하게, 과거의 어느 순간을 떠올리게 했던 경험이 있을 것이다. 그럴 때면 강하고 지속적인 후각 기억에 놀라워하게 된다. 많은 사람들이 내게 그런 경험을 들려주고 싶어 한다. 그들의 이야기를 편집하면 이 나라 모든 코의 방대한 자서전이 될 것이다. 미국 수필가 엘렌 번스 셔먼(Ellen Burns Sherman)도 비슷한 생각을 했다. "그 모든 이야기를 책 한 권에 모은다면, 시와 소설의 소중한 보고가 될 것이다.[1] 우울하고 달콤하며 부드러운 그 무수한 기록은 빠른 후각적 연상 작용으로 모든 이의 과거에서 환기된 것이다."

통념에 따르면, 프랑스 소설가 마르셀 프루스트가 문학에서 냄새와 기억의 관계를 처음으로 묘사한 사람일 것이다. 그의 유명한 이야기가 여러 권으로 이루어진 소설 《잃어버린 시간을 찾아서*Remembrance of Things Past*》의 첫 부분에 등장한다. 차에 담근 마들렌 냄새가 화자 마르셀의 유년기 기억을 일깨웠을 때였다. 마들렌은 조가비 모양의 스펀지 쿠키로,

속에 아무것도 없고 향이 진하지 않은 한 입 크기의 과자다. 프루스트가 그 냄새를 중심으로 3000페이지짜리 소설을 구성했다는 사실 하나만으로도 그의 문학적 재능이 얼마나 뛰어난가를 알 수 있다.

마들렌 에피소드는 후각 기억 경험의 문화적 표준이 되었다. 시인 다이앤 애커먼(Diane Ackerman)은 그를 '후각의 쾌락주의자'이자[2] '기쁨과 기억의 광야를 건넌 냄새 자취의 위대한 선전가'라고 했다.[3] 심리학자 레이철 헤르츠는 "프루스트는 후각과 과거의 감정을 되살리는 현상학적 경험의 관계를 알아차리는 데 선견지명이 있었다."고 주장했다.[4] 과학 평론가 조나 레러(Jonah Lehrer)는 프루스트가 기억, 좀 더 정확하게 말해 후각과 '독특한 관계가 있는' 기억에 대한 '근본적 진실'을 드러냈다고 생각했다. 레러는 그가 과학자보다 먼저 이러한 진실을 깨달았다고 믿었다. 실제로 "프루스트는 신경과학자였다."라고 말했다.[5]

심리학자들은 프루스트를 후각 기억의 마스코트로 삼았다. 심리학 잡지엔 '프루스트의 탁월한 후각. 냄새는 자전적 기억의 좋은 단서다', '냄새와 잃어버린 시간을 찾아서' 같은 제목이 넘쳐난다.[6] 프루스트가 이 분야를 얼마나 철저히 독점하고 있는지 알면 감탄할 것이다. 프루스트 외에는 과학 분야에서 이름을 알린 소설가가 없다. 이 과학의 가치에 회의적인 이들은 프루스트의 통찰력이 이러한 영웅 숭배를 정당화하는지를 의심한다. 그가 정말 냄새와 기억의 관계에 주목한 최초의 작가인가? 그가 정말 현대 신경과학을 예시했을까? 답을 찾기 위해서는 프루스트에 대한 설명을 좀 더 자세히 살펴보아야 한다.

대표적인 마들렌 구절은 1913년 《잃어버린 시간을 찾아서》의 첫 권인 《스완네 집 쪽으로*Swann's Way*》에 묘사되어 있다. 성인이 된 마르셀은 어머니로부터 차와 마들렌을 대접받는다. 그가 차 한 모금을 마시고 나서 쿠키를 입으로 가져갔을 때, 그는 전율을 느끼며 '힘찬 기쁨'을 느꼈다. "뭐라고 형용키 어려운 감미로운 쾌감이, 외따로, 어디서인지 모르게 솟아나 나를 휩쓸었다." 마르셀은 알 수 없는 친밀감에 압도됐다. 마들렌의 냄새와 맛이 그와 관계가 있었지만, 특정한 기억을 일깨우기에 충분하지 않았다. 마르셀은 언젠가 맡은 적이 있었던 것 같은 냄새의 근원을 정확히 알아내려 했다. 그는 다시 마들렌을 맛보고 귀를 막고서 처음의 경험을 되살리려 했다. 오랜 노력 끝에 결국 기억이 떠올랐다. 그가 어린 아이였을 때 레오니 고모는 일요일 아침에 차에 담갔던 마들렌 조각을 주곤 했다.

프루스트는 마들렌 냄새를 맡고서 과거를 떠올리기 위해 힘겹게 노력했지만, 대부분의 사람들은 이렇게 냄새가 일으킨 추억을 쉽게 떠올린다. 우리는 오래토록 힘겹게 추억을 되살리기보다는 셔먼이 말한 것처럼 '빠른 후각적 연상 작용'을 통해 기억을 떠올린다. 후각 학자 댄 맥켄지(Dan McKenzie)는 힘들지 않은 느낌을 묘사한다. "후각에 의한 과거의 이 이상한 부활은… 자동적이다.[7] 자극하는 향이 불시에 우리에게 몰려올 때 가장 분명하고 완벽하게 실현된다. 그 다음 냄새 자체가 특별히 두드러지지 않은 사건이라 할지라도, 꿈속에서처럼 오래 전에 잊었던 모든 사건이 나타난다."

마들렌 일화에 대해 주목할 만한 점이 하나 더 있다. 감각적 묘사가 아예 없다는 점이다. '후각의 쾌락주의자' 프루스트는 4페이지에 걸쳐 냄새나 맛의 형용사를 하나도, 쿠키나 차의 향에 대해 한마디도 쓰지 않았다. 그를 후각의 관능적 시인이라 말하기는 어렵다. 사실 심리학과 무관한 전문가들은 그의 시각적 상상에 더 깊은 인상을 받았다. 예를 들어 인문학자 로저 새턱(Roger Shattuck)은 프루스트의 주요 묘사 방식은 시각적이라고 생각한다.[8] 새턱은 프루스트가 회상, 혹은 부활이라고 지칭했던 무의식적 기억의 분출을 자세히 들여다보았다. 전체 소설의 11가지 예 중에서 단 두 번만 냄새로 유발되었고, 그 중 하나가 마들렌 에피소드다.

빅터 그레이엄(Victor Graham)은 프루스트의 감각적 심상이 대부분 시각적이라는 점을 발견한 또 다른 학자다.[9] 그레이엄은 소설 속 총 4578가지 감각적 인상에 색인을 달고 그 중 62퍼센트가 시각적임을 발견했다. 냄새와 맛은 다 합해 1퍼센트도 안 되었다. 놀라울 만큼 낮은 수치 같지만, 다른 작가와 같은 수준이다. 1898년 강박적인 심리학자 메리 그레이스 콜드웰(Mary Grace Caldwell)은 셸리와 키츠의 시에 나오는 모든 감각적 형용사를 표로 작성했다.[10] 그녀는 시각적 묘사가 우세하다는 점을 발견했다. 셸리는 79.7퍼센트, 키츠는 73.7퍼센트였다. 냄새는 극히 적어 셸리는 1.8퍼센트, 키츠는 2.7퍼센트였다.

그의 명성과 달리, 다이앤 애커먼의 '냄새 자취의 위대한 선전가'는 다른 사람들만큼 그리 후각적이지 않았다. 게다가 냄새에 대해 아주 잘 쓰지도 않았다. 그레이엄이 지적한 것처럼 프루스트는 무의식적 기억이 '시각적 이미지의 홍수'와 감정을 불러일으켰기 때문에 좋아했지만, 그 홍수에 향기는 거의 없었다.[11] 3000페이지를 넘긴 후에도 마르셀이 마들렌 맛을 좋아했는지조차 분명치 않지만, 유념해야 할 것은 프루스트가 복구된 기억을 대단히 자세하게 말한다는 것이었다. 그는 자신의 기억을 불러일으킨 냄새보다는 그 과정에 더 관심이 많았다.

심리학적으로 정확하다는 프루스트의 명성이 의심스럽다면, 그가 후각과 기억의 강력한 연관관계를 깨달은 최초의 작가였다는 통속적 가정은 어떨까? 기록은 분명하지만, 프루스트에게는 불리하다. 미국 문학에서 냄새가 기억을 일깨우는 힘은 《스완네 집 쪽으로》보다 오래 전에 흔히 있었다. 예를 들어 69년 전에 에드거 앨런 포(Edgar Allan Poe)는 "나는 냄새는 연상을 통해 우리에게 영향을 주는 전혀 다른 힘이 있다고 믿는다.[12] 촉각이나 미각, 시각, 청각에 초점을 맞추는 대상의 그것과 본질적으로 다른 힘이다." 라고 썼다.

1851년 너대니얼 호손(Nathaniel Hawthorn)도 《일곱 박공의 집*House of the Seven Gables*》에서 같은 생각을 표현했다. " '아! 보여주세요! 잡게 해 주세요!' 라고 손님은 열심히 꽃을 쥔 채 외쳤다. 꽃은 기억된 냄새에 특유한 그 마법으로 발산하는 향기와 함께 무수한 연상을 일으켰다."

1858년 올리버 웬들 홈스(Oliver Wendell Holmes)는 수필집 《아침 식탁의 독재자*The Autocrat of the Breakfast Table*》에서 냄새 기억에 주목했다. "기억과 상상, 옛정, 연상은 대부분의 다른 경로보다 후각을 통해 더 쉽게 연결된다." 홈스는 자신의 경험을 예로 들어 이를 설명했다. 1825년 이전의 언젠가 매사추세츠 중 케임브리지에서 유년기에 겪었던 감각적 랩소디다.

> 아아! 내가 태어난 옛집의 어떤 벽장을 열자 내 영혼에 글로 적히지 않은 시와 절이 고동치는구나! 그 선반에는 달콤한 마저럼과 페니로열, 라벤더, 민트, 개박하가 놓여 있곤 했다. 사과는 씨가 검게 바뀌어 날카롭고 작은 유치와 만나게 될 행복한 시절이 될 때까지 저장되었다. 복숭아는 슬픔 속에서 천국을 꿈꾸는 성인들의 심장처럼 천사의 숨결 같이 향긋해질 때까지 잃어버린 햇빛을 생각하며 어둠 속에 놓여 있었다. 수많은 죽은 여름의 향기로운 메아리는 아직 그 어두운 구석에 남아 있다.

홈스는 작가이자 내과 의사였다. 의학 공부를 통해 후각의 신경 해부학적 토대를 잘 알고 있었던 그는 독재자의 입을 빌어 그 이야기를 했다.

> 후각과 정신 사이의 묘한 관계에 대한 육체적 이유가 있을 것이다. 후각 신경-내 친구 교수는 내게 그렇게 말했다-은 두뇌 반구, 즉 우리에게 그렇다고 믿

을 만한 모든 이유가 있는 것처럼 인지적 과정이 수행되는 부분과 유일하게 직접 연결되는 곳이다. 좀 더 정확하게 말하자면 후각 '신경'은 결코 신경이 아니라 전엽(Anterior lobe)과 밀접하게 연관된 두뇌 부분이라고 그는 말했다.

그 교수는 왜 냄새가 기억과는 깊은 관계가 있지만 맛은 그렇지 않은지를 설명하기 위해 이를 미각계의 구조와 대비했다. 홈스의 뇌 기능에 대한 지식은 정확하고 현대적이다. 그리고 이 글은 《스완네 집 쪽으로》보다 15년 전에 쓰였다.

프루스트가 소설을 쓰고 있을 때, 다른 작가들은 냄새와 기억의 연관관계를 탐구했다.[13] 1903년 미국의 의사 루이즈 피스크 브라이슨(Louise Fiske Bryson)은 〈하퍼스 바자르*Haper's Bazaar*〉에 "냄새, 즉 향기는 거의 기적처럼 생생하게 다른 날의 밝은 장면을 회상하는 데 도움을 줄 것이다."라고 썼다. 1908년 〈스펙테이터〉는 '냄새와 기억'이라는 짧은 글에서 마술의 양탄자를 탄 이미지로 어떻게 갑작스러운 냄새가 '먼 거리와 수십 년의 세월을 사라지게' 만드는지를 묘사했다. 5년 후 프루스트는 냄새 기억을 아라비안나이트의 요정 지니에 의해 마술적으로 운반되는 것에 비유했다.

철저히 심리학적인 냄새 기억에 대한 엘렌 번스 셔먼의 설명은 《스완네 집 쪽으로》보다 3년 전인 1910년에 출판됐다.[14] 그녀는 연인의 향수 냄새와 함께 한 남자의 기억을 이룬 정서적 순간이 어떻게 '희미한 향수 냄새'를 맡은 지 수십 년 후에 떠오르는지를 묘사했다. 셔먼은 과거의 장면이 '전기 스위치를 켜는 것처럼' 순간적으로 나타난다고 말했다. 1913년 미국의 대중 과학 저자 엘우드 헨드릭(Ellwood Hendrick)은 《애틀랜틱 먼슬리*The Atlantic Monthly*》에서 "냄새로 촉진된 이 순간적인 기억은 경이적이다.[15] 냄새를 통해 우리는 과거의 인상을 받는다."고 말했다.

분명 냄새와 회복된 기억이라는 주제는 20세기 초에 큰 인기를 끌었다. 프루스트는 이 유행에 동참해 그만의 독특한 자기반성적인 문학적 방식으로 다루었다. 하지만 프루스트가 현대 신경과학의 발견을 예견한 최초의 작가는 아니었다.

이 모든 미국인들이 프루스트보다 앞서 똑같은 이야기를 했다면, 어떻게 프루스트가 후각의 혁신자라는 명성을 얻은 것일까? 프루스트가 그 현상에 관심을 가진 최초의 프랑스인이었기 때문일까? 아, 아니다. 프랑스 작가 루이스 프랑수아 라몽 데 카르본니에(Louis-François Ramond de Carbonniéres)는 프루스트 시대에 유명했다.

그는 자신의 가장 유명한 작품 《피레네 산맥 여행*Travels in the Pyrenees*》에서 프랑스와 스페인 국경의 산꼭대기 빙하에서의 하산을 묘사했다. "갓 베어낸 건초와 꽃 핀 린덴 나무의 시골 냄새에 취했다." 날이 저물자 무의식중에 지속적으로 떠오르는 '달콤하고 관능적인 느낌'을 설명하려 했다. "냄새에는 과거의 추억을 뚜렷하게 일깨우는 신비한 무언가가 있다. 바이올렛 냄새는 많은 봄날의 기쁨을 되살린다." 이 말엔 프루스트적인 분위기가 엿보이는데, 이는 당연한 것이다.

역사학자이자 비평가인 찰스 로젠(Charles Rosen)이 지적한 것처럼 "이는 우연히 아니다.[16] 프루스트는 라몽의 이 글을 알고 있었다." 그의 말처럼 이 글은 19세기 말까지 프랑스 고등학교 교과서에 수록되어 있었으므로 프루스트가 접했을 확률이 매우 높다.

당대 프랑스 심리학은 프루스트 통찰력의 또 다른 원천일 것이다.[17] 자기반성은 최상의 연구 기법이다. 연구는 심적 경험을 자세하게 보고하도록 훈련 받은 한두 명의 피실험자로 이루어진다. 이렇듯 내면을 바라보면서 심리 과정을 스스로 관찰하도록 강조하는 것은 프루스트의 '현대식' 문학 스타일과 비슷하다.

테오될 리보(Théodule Ribot)는 프랑스 근대 과학적 심리학의 창시자였다. 정서 심리학에 대한 그의 1896년 책에는 후각 기억에 대한 장이 포함되어 있다. 이 글은 많은 독자가 읽은 〈철학 평론*Revue Philosophique*〉에 앞서 발표되었다. 리보는 프루스트식 문제를 향기 기억, 냄새와 맛의 심적 이미지, 냄새 환각으로 논했다. 〈철학 평론〉은 학자뿐 아니라 교양 있는 일반인들도 읽었고, 잡지를 탐독했던 프루스트도 읽었을 것이다.

1901년부터 1903년에 걸쳐 〈철학 평론〉은 정서적 기억에 대한 여러 편의 논문을 실었다. 그 중 앙리 피에롱(Henri Piéron)이라는 스물한 살의 프랑스 심리학자가 쓴 논문은 이러한 의견을 담고 있다. "종종 어떤 신체 상태나 심리 상태에서 특정 장소를 지나갈 때 나는 그 자체로 표현되거나 결정될 수 없는 향기, 즉 냄새라는 분류에 적합하지 않은 향기를 느낀다.[18] 혼합된 향이 갑자기 맹렬하게 나를 막연하고 잘 설명할 수는 없지만 뚜렷하게 느껴지고 인식되는 감정 상태에 빠뜨린다." 이 말은 냄새 기억에 대한 프루스트의 표현과 대단히 비슷하게 들린다. 빠진 것이라고는 마들렌뿐이다(피에롱은 교과서의 공저자였고, 프랑스 심리학의 위대한 형성자가 되었다).

로저 새턱은 프루스트 영감의 또 다른 프랑스 출처를 밝혔다. 1896년 철학자 앙리 베르그송(Henri Bergson)은 많은 주목을 받았던 심리학 논문 《물질과 기억*Matter and Memory*》을 출판했다. 기억의 본질은 베르그송 심리학의 핵심에 있으며, 그는 특히 순수하거나 자연스럽게 떠오르는 기억, 즉 오랫동안 무의식에 남아 있다가 회복되는 개인적 기억을 강조했다. 프루스트의 무의식적 기억과의 유사성은 1913년 인터뷰에서 프루스트가 이에 대해 질문받았다는 점으로 충분하다. 그는 베르그송에게 영향받았음을 부인했고, 새턱은 이 부정은 "순진하다고밖에 말할 수 없다."고 했다.[19]

인디애나 대학교의 독일학 교수 마르크 바이너(Marc Weiner)는 프루스트가 리하르트 바그너(Richard Wagner)에게서 차와 마들렌 아이디어를 떠올렸다고 추측한다. 바그너는 정치활동 때문에 독일에서 추방되었을 때 진짜 츠비박 비스킷(zwieback, '두 번 구웠다'는 뜻의 독일 과자)을 찾을 수 없었다. 이 때문에 〈트리스탄과 이졸데*Tristan und Isolde*〉를 작곡하면서 창조성을 발휘하기 힘들었다.

어느 날 그는 그에게 영감을 주는 여인이자 플라토닉 사랑을 나누던 마틸데 베젠동크(Mathilde Wesendonk)에게서 츠비박을 선물받았다. 바그너는 그녀에게 보내는 편지에 그녀의 세심한 소포가 어떤 기적을 발휘했는지를 말했다. 우유에 담근 츠비박이 어떻게 자신의 슬럼프를 치료했고 오페라를 진척시키도록 영감을 주었는지 이야기했다. 바그너와 베젠동크의 편지는 20세기 초에 널리 읽혔다. 바이너는 프루스트가 마들렌을 적신 건 바그너의 츠비박을 적신 것에서 영감받은 것이라고 장난스레 주장한다.

마음을 탐구하기 위한 도구

냄새 기억이라는 프루스트의 개념이 그리 독창적이지는 않지만, 그렇다고 해서 심리학자들이 그 개념을 열광적으로 채택하지 않은 건 아니었다. 적신 마들렌이라는 기치 아래 돌격한 최초의 연구원은 브라운 대학교의 트리그 엥겐이었다. 1973년 〈실험 심리학 저널*Journal of Experimental Psychology*〉에서 그는 "프루스트는 냄새가 다른 지각적 사건과 똑같은 정도로 잊혀지지 않는다고 생각했다.[20] 예술가의 이 주장에 사실적인 타당성이 있을까?" 엥겐은 기억된 냄새를 인식할 수 있는 능력은 원래 높지 않지만, 몇 주 동안 줄어들지 않았다고 했다. 그는 "프루스트의 통찰력은 타당하다!"라는 결론을 내렸다.

냄새 기억이 사라지지 않는다는 엥겐의 주장은 뉴스 가치가 있었다. 1970년대 기억 이론의 중심은 전적으로 단어나 그림을 이용한 테스트를 바탕으로 돌아갔다. 이런 자극에 대한 기억은 시간이 흐를수록 희미해졌다. 하지만 처음부터 후각 심리학자들은 냄새 기억이 독특하다고 추측했으며, 이 관점은 통념이 되었으며 많은 일화로 지지되었다. 이 시기를 다시 살펴본 주디스 아넷(Judith Annett)은 "부정적인 실험 결과는 프루스트식 입장을 지지하곤 했다."고 지적한다.[21] 1970년대에 부상한 프루스트식 관점-냄새 기억은 사라진다 해도 그 속도가 느리고, 이후의 경험으로 바뀌지 않는다-은 2가지 점에서 틀린 것으로 드러났다.

지워지지 않는 후각 기억이라는 엥겐의 개념은 1980년대에 들어와서 해명되기 시작했다. 온타리오에 있는 퀸즈 대학교의 하이디 워크(Heidi Walk)와 엘리자베스 존스(Elizabeth Johns)는 전형적인 간섭 효과를 알게 됐다.[22] 첫 번째 냄새를 맡은 직후 두 번째 냄새를 맡으면, 첫 번째 냄새는 기억하기 더 어려워진다.

다른 이들은 후각의 망각 속도가 시각이나 청각과 똑같다는 점을 발견했다. 후각 기억은 '다른 형태의 자극을 기억하는 것과 같은 원리로 지배되는 것처럼' 보인다. 그 원리로는 간섭 효과와 소위 시연 효과(기억하려는 냄새를 말로 묘사하면 기억이 향상되는) 등이 있다.

심리학자 테레사 화이트(Theresa White)가 지적한 것처럼, 그 다음 대부분의 연구는 후각 기억이 다른 감각 기억과 같은 규칙을 따른다는 점을 증명한다. 다시 말해 후각 기억은 시간이 흐르면서 희미해지고 이후의 경험으로 손상된다는 것이다. 후각 기억의 순수성과 절대 확실성-프루스트의 문학적 착상에 중심을 둔 통찰력-은 과학적 조사에 들어맞지 않는다.

처음 프루스트에게 돈을 걸었던 심리학자들은 칩을 다른 곳으로 밀었다. 냄새로 도출된 개인적 기억은 언어나 그림으로 유발된 기억보다 더 오래되고 더 정서적이라고 주장했다. 새로운 실험 전략은 어떤 냄새를 주고 그에 대한 개인적 기억을 떠올리게 한 다음, 감정의 연도와 강도에 대해 그 기억을 평가하는 것이었다.

프루스트 지지자들의 두 번째 세대에서 가장 중요한 인물은 브라운 대학교의 심리학자 레이철 헤르츠였다. 그녀는 한 연구에서 "냄새로 야기된 기억은 다른 단서로 야기된 기억보다 더 정서적임을 처음으로 명백하게 증명했다."고 주장했다.[23] 그녀의 대담한 주장은 자세히 살펴볼 가치가 있다. 헤르츠는 냄새와 그림을 따로따로 나눠주고 냄새를 맡았을 때와 그림을 봤을 때 떠오르는 개인적인 기억을 회상해보도록 했다. 그 다음 기억으로 인한 사람들의 정서에 대해 평가했다. 그림이 자극한 기억은 냄새로 자극한 기억보다 정서 점수가 낮았다. 이 점이 헤르츠의 주장을 낳았다. 하지만 그녀는 두 형식의 기억 모두 평가 척도의 중간 점수 미만을 보였다는 사실을 얼버무렸다. 다시 말해, 시각적 기억과 후각적 기억 모두 비정서적인 쪽에 있었다는 것이다. 냄새가 자극한 기억은 그저 '덜 비정서적'일 뿐이었다.

스웨덴 심리학자 요한 빌란데르(Johan Wilander)와 마리아 라손(Maria Larsson)은 헤르츠의 결과를 확증하는 데 실패했다. 그들은 냄새와 단어, 그림으로 자전적 기억을 자극했고, 그림으로 야기된 기억이 가장 정서적이며 냄새로 자극된 기억이 가장 비정서적임을 알게 됐다. 빌란데르와 라손은 "우리는 후각으로 야기된 기억이 다른 감각 단서로 야기된 기억보다 더 정서적이라는 개념의 증거를 찾지 못했다."고 적었다.[24] 후각 기억이 완전히 지워지는 것은 아니지만 더 정서적이라는 수정된 프루스트식 가설은 역시 맞지 않는 것 같다.

2000년 무렵에 나타난 프루스트 지지자들의 세 번째 세대는 얼마 지나지 않아 선배들에게 반격했다. 영국 심리학자 사이먼 추(Simon Chu)와 존

다운스(John Downes)는 이전의 연구들이 충분히 프루스트적이지 않았다며 비난했다(예를 들어 그들은 일부 실험에서 검사한 기억은 진짜 자전적이지 않았다고 지적했다).[25] 추와 다운스는 실패한 시도와 프루스트의 진정한 정신을 포착한 자신들의 연구를 비교했다. 그들의 목적은 바로 '프루스트의 일화적 문학 묘사의 본질을, 현대 인지 심리학적 용어로 시험할 수 있는 과학적 가설로 번역하는 것'이었다(이는 과학자들이 하기엔 분명 우스꽝스러운 일이다. 아무리 훌륭하다 해도 어떻게 소설이 과학적 연구의 진리 기준이 될 수 있단 말인가? 그 다음엔? 성 연구가는 대니얼 스틸(Danielle Steel)의 소설에서 가설을 세울 것인가? 스티븐 킹(Stephen King)이 공포에 대한 정신 의학적 이론에 영감을 줄 것인가?).

생각지도 않은 곳에서 추와 다운스에 대한 도전이 일어났다.[26] J. 슈테판 옐리네크는 조향사와 향수 마케팅 담당자로 일했던 독일 심리학자다. 격식을 중시하지 않았던 그는 무모하게도, 인위적이고 두 번 자극받은 기억에 의존한 실험실 연구가 프루스트의 경험을 의미 있게 포착할 수 있겠느냐고 물었다. 그는 마들렌 에피소드를 꼼꼼히 읽은 후 그 경험을 구체적으로 실험할 수 있는 9가지 특징을 끌어냈다(실험 결과 대부분 감정을 밝히고, 그것을 냄새와 연결하며, 냄새를 과거의 사건과 결합하기가 어려웠다). 옐리네크에 따르면, 추와 다운스의 실험은 단 3가지 주요 특징만 다루었다. 그는 "7점 평가 척도로 정서적 반응을 측정한다는 게 정말 프루스트가 묘사한 황홀한 경험을 포착할 수 있는가?"라고 물었다.

후각 기억이 어떤 면에서는 특이하다는 점을 증명하기로 결정한 최근의 연구는, 이제 냄새가 말이나 그림보다 더 오래된 자전적 기억을 자극한다고 주장한다.[27] 이는 흥미롭지만, 상당히 진부한 제안이다. 이 주장이 맞느냐 틀리느냐, 혹은 실험실 실험이 프루스트의 본질을 포착했느냐 아니냐는 중요하지 않다. 더 큰 문제는 왜 연구원들이 냄새의 자연사를 직접 관찰하지 않고, 소설의 에피소드를 토대로 하여 연구했느냐는 점이다. 세 세대의 심리학자들은 그렇게 했고, 매번 숲에서 길을 잃었다. 1970년대와 1980년대에 프루스트 지지자들은 후각 기억의 영원성을 지나치게 과대평가했고, 1990년대에는 그 정서적 내용을 과장했다. 그리고 2000년대에는 실험실 연구가 소설의 에피소드를 얼마나 제대로 모방했느냐의 중요성을 지나치게 강조했다. 아마 이제는 적신 과자를 치워야 할 때인 것 같다.

한편 세상의 많은 사람들이 후각 기억을 특별하다고 생각한다. 노르웨이의 한 조사는 기억에 관한 과학적 연구 결과와 통념을 비교했다.[28] 일반인 중 36퍼센트가 냄새가 시각이나 청각보다 더 잘 기억된다고 생각했지만, 그건 사실이 아니다. 이는 최근의 과학적 관점에 대해 불만스러운 무언가가 있다는 사실을 반영한다.

후각 기억이 다른 형태의 기억과 비슷하다면, 냄새가 고통스러운 추억을 자극할 때 왜 그토록 신비하게 느껴지는 것일까? 그것은 놀라움과 관계가 있다. 할아버지의 작업실에 있는 페인트와 오일, 용해제의 냄새를 기억하려 일부러 노력한 적은 없지만 무심코 그 냄새를 맡으면 자연스럽게 기억이 떠오른다는 점이 놀랍다. 초등학교 때 나라별 수도를 외운 적이 있을 것이다. 애써 노력했으니 오랜 후에도 나라별 수도가 생각나는 건 신기하게 느껴지지 않을 것이다. 반면 후각 기억은 의식되지 않은 채 저절로 축적되기 때문에 흔적을 남기지 않는다. 냄새를 외우려 했던 기억은 없다. 그래서 갑자기 추억이 떠오르는 경험을 할 때 신기하다고 느끼는 것이다. 후각 기억은 여느 마술처럼 속임수를 바탕으로 한 허상이다. 정신은 마술사처럼 우리가 알아채지 못한 사이에 주머니에서 기억을 꺼내 건네준다.

세상을 읽기 위한 도구

심리학은 프루스트에 열중한 나머지, 무의식적 기억만을 강조하고 심리적 냄새 풍경의 훨씬 일반적인 특징을 무시하게 됐다. 그 일반적인 특징으로는 우리가 왜 어떤 냄새는 기억하려 하고 어떤 냄새는 기억하지 않는지, 그 기억을 어떻게, 얼마나 잘 되살리는지, 얼마나 온전하게 그 기억을 다시 경험하는지 등이 있다. 이러한 질문은 후각 기억을 새롭게 탐구하기에 좋은 출발점이다.

마르셀 프루스트가 개인적이고 무의식적인 후각 기억의 대표적인 인물이라면, 이 새롭고 대안적인 관점에도 자체 마스코트가 필요할 것이다. 나는 한 글에서 유년기 냄새 풍경의 사실적인 느낌을 전달한 미국 작가 헨리 애덤스(Henry Adams)를 마스코트로 추천한다. 3인칭 시점으로 쓴 자서전에서 그는 남북전쟁 발발 전 어린 시절의 냄새를 장황하게 설명했다. 그와 함께 그때 그 시절로 돌아가 맨발의 아이 곁에 서면, 아이가 여름 날 야외를 얼마나 사랑했는지를 느낄 수 있다. 아이는 실내에서 맡을 수 있는 잉크 묻은 책이나 엄마의 향수, 옷장 속 라벤더 방향제나 오븐 속 빵 냄새를 좋아하지 않았다.

헨리 애덤스는 진정한 후각적 회고록이 무엇인지를 보여준다. 독자는 다른 시공간에 있는 타인의 코를 빌려 냄새를 맡는다. 그에게 경의를 표하기 위해 나는 이를 '애덤스 스타일의 후각 기억'이라고 지칭한다. 내 생각에 애덤스 스타일의 후각 기억은 프루스트식 기억보다 한수 위다. 애덤스 스타일의 후각 기억은 일부러 맡고 의도적으로 떠올리는 냄새를 이야기하기 때문이다. 그 냄새는 프루스트식 기억처럼 파묻혀 있는 지뢰가 아니다.

헨리 애덤스는 모든 세대에게 익숙한 냄새 풍경을 묘사하고, 이에 대한 그의 기억은 누구에게나 열려 있다. 프루스트의 기억은 개인적인 실내에 존재하고 초대받은 사람에게만 공개된다. 프루스트에게 있어서 냄새란 자신의 마음을 탐구하기 위해 사용됐던 도구였다. 반면 어린 헨리 애덤스에게 있어서 냄새란 온 세상이었고, 나이든 헨리 애덤스에게는 과거를 향해 열린 문이었다. 숨을 깊이 들이쉬어보라. 지금은 여름이고 태양은 뜨겁고 썰물 때다.

애덤스 스타일의 후각 기억은 미국 작가들에게 인기 있다. 개리슨 케일러(Garrison Keillor)의 소설 《워비곤 호수 시절*Lake Wobegon Days*》의 첫 부분이 좋은 예다. 그는 첫 부분에서 미네소타의 워비곤 호수라는 가상의 마을을 다음처럼 묘사한다.

> 한 아이가 앞에 있는 아스팔트 덩어리를 발로 차면서 아스팔트와 잔디 사이의 험한 진흙길을 따라 랠프의 식품점으로 천천히 걷고 있다. 아이는 네 블록을 지난 후 바로 아스팔트 덩어리에 홀딱 빠져 완전히 몰두하고 있었다. 분젠 자동차 가게에서부터 인도는 시작된다. 호수에서 불어온 산들바람이 진흙과 썩고 있는 나무, 희미한 생선 비린내를 가져와 오래된 윤활유, 가솔린과 새로운 타이어, 봄 먼지 그리고 길 건너편 채터박스 카페의 뜨거운 참치 요리에서 나는 희미하고도 달콤한 방향유 냄새와 뒤섞는다.

이를 감상하기 위해 모두가 노르웨이 미혼남이 될 필요는 없다. 누구나 그 풍경 냄새를 들이 마시고 워비곤 호수를 경험할 수 있다.

애덤스 스타일의 후각 기억의 범위는 넓다. 개별적인 사건이 아니라 다양한 에피소드를, 고립된 냄새라기보다는 전반적인 냄새 풍경을 다룬다. 애덤스 스타일의 후각 기억은 모든 계절을 마음대로 재생할 수 있고 향기를 강조할 수 있는 필름으로 편집된다. 할아버지와 작업대에서 보낸 수많은 토요일 오후는 몇 가지 핵심적인 분자로 증류된다.

헨리 애덤스는 익숙한 풍경을 보존하여 거의 사라져버린 생활방식을 타임캡슐로 남겼다. 대부분의 미국인들은 전 역사에 걸쳐 거의 농장에서 살고 일했다. 농사는 일반적인 냄새 풍경이었다. 1901년에 태어나 뉴햄프셔주 핸콕의 조그만 농장에서 성장한 헤이든 피어슨(Haydn Pearson)은 회고록에서 그 분위기를 회상한다. "어릴 적 나는 말 보관소를 좋아했다.[29] 포레스트 하우스 호텔 뒤에 있는 우드워드의 말 보관소에 들어가면 건초와 가죽, 곡물, 마구, 더러워지고 깨진 바닥 널빤지, 비료가 뒤섞인 날카롭고 어지러운 향기가 났다." 말 보관소 사무실 내부엔 독특한 특징이 있었다. "펠트 레깅스, 고무 방한 방수화, 양가죽으로 안감을 댄 코트, 담배 때문에 갈색으로 변한 침을 뱉을 톱밥 상자 냄새가 건물의 전반적인 향기와 기분 좋게 뒤섞였다."

그의 가족은 농장 지하실에 근채 작물과 보존 식품을 저장했는데, 그 지하실에도 독특한 분위기가 있었다. "아주 습하고 톡 쏘는 냄새는 축축한 흙과 토마토, 사과, 당근, 순무, 소금에 절인 돼지고기, 소금물에 절인 차가운 돼지가죽, 낡은 바닥 널이 혼합된 것이었다. 썩은 감자가 몇 개 있었을 수도 있고, 썩은 양배추 한두 개가 있었을지도 모른다. 썩은 감자와 부패된 양배추의 냄새가 섞인 똑같은 농장 지하실 냄새가 있다면 나는 그 냄새를 맡았을 것이다."

1920년에 태어나, 위스콘신 남서부의 키카푸 강 근처의 작은 농장에서 자란 벤 로건(Ben Logan)에게 건초를 만들던 시절은 향기로웠다. "그 같은 시간이 먼지와 말의 땀, 사람의 땀, 파이프에서 새어나오는 모든 냄새와 함께 선명하고 생생하게 떠오른다.[30] 기억 속에는 불쾌한 메뚜기의 날갯짓, 딱딱한 땅에 울려 퍼지는 강철마차, 건초 밧줄의 삐걱거리는 소리가 있다. 물통에는 먹다 남은 레모네이드 맛이 나는 미지근한 물 냄새가 있다. 무엇보다 마르는 건초의 달콤한 냄새가 있다."

프루스트식 기억은 무의식적이다. 기록이나 회상을 통제하지 못한다. 하지만 애덤스 스타일의 후각 기억은 원할 때 되살릴 수 있기 때문에 프루스트식 후각 기억보다 더 유용한 저장 수단이 된다. 사람들의 공통적인 기억을 포함하고 그걸 보존할 방법을 준다. 어떤 이들은 자신만의 후각적 스크랩북을 즉석에서 만든다. 30대였던 한 변호사는 향기로 과거의 장면을 떠올리는 자신만의 방식을 묘사했다.

> 나는 네바다 사막의 작은 광산촌에서 자랐다.[31] 열일곱 살 때부터는 샌프란시스코 만 지역에서 살았지만, 안개와 비, 습기 속에서 행복해지는 법을 배우지 못했고 앞으로도 그럴 것이다. 나는 태양과 온기, 맑고 깨끗한 공기, 독특한 사막 향기, 파노라마처럼 드넓게 펼쳐진 풍경과 짙은 색을 늘 그리워한다. 몇 번의 여름을 타호 지역에서 보냈고, 매번 산쑥을 한 아름 가져와 그릇에 보관한 뒤 자주 냄새를 맡았다. 그럴 때면 내 안의 선명한 사막 풍경 속에서 시각적이고 정서적인 느낌이 일어난다. 조금만 냄새를 맡아도 한결 같은 그리움은 두 배로, 그리고 또다시 배가 된다.

후각 기억에 대한 과학적 연구는 끊임없이 바뀐다. 소설을 정량하기 위해 오랫동안 보람 없이 먼 길을 돌아온 후, 과학계는 후각이 독특한 감각이라는 생각을 버리고 있다. 기억력 연구가들은 큰 사회적 사건과 개인적 상황이 결부되었을 때 기억에 깊이 각인된다는 섬광 기억(Flashbulb Memory)도 잊힐 수 있음을 인정하고, 목격자 증언의 정확성에 의문을 품는다. 마찬가지로 후각 전문가들은 후각 기억 역시 다른 기억처럼 희미해지고 왜곡되며 오해될 수 있음을 인정하고 있다. 이런 깨달음과 더불어 우리는 오랜 통념을 버리고 신선한 공기를 마시기 위해 창문을 활짝 열고 있다.

11

향기 박물관

지금까지 조금씩 쓴 내 향수 소장품은 어마어마하다.[1]
비록 나는 1960년대 초가 되어서야 그 대부분의 향수를 뿌리긴 했지만 말이다.
그 전까지만 해도 내 인생에 냄새란 그저 어쩌다가
내 콧속을 침범한 그 무엇일 뿐이었다.
하지만 그러다가 몇몇 냄새가 영영 사라지지 않도록
일종의 향기 박물관을 갖고 있어야 한다는 점을 깨달았다.
_*앤디 워홀*

앤디 워홀(Andy Warhol)은 자신도 모르게 현대 문명을 구원했던 것 같다. 기억은 정신없이 바쁜 생활 속에서 점점 더 희미해지고 되살리기가 힘들어진다. 어떤 냄새가 황홀한 과거의 기억을 떠올리게 할 가능성은 매번 다시 맡을 때마다 줄어든다. 특별한 향이 더 이상 특별해지지 않을 때, 그 냄새와 과거의 연결고리는 서서히 가늘어진다. 워홀의 해법은 독창적이었다.

그는 어떤 향수를 뿌리다가 강한 정서적 관계가 형성되면 전용 향기 박물관에 넣었다. 무수한 냄새 속에서도 그 향수의 추억은 바로 각인되어 다른 기억과 혼동되지 않는다. 향수를 뿌리다가 간직하는 워홀의 방법은 다소 독특하긴 하지만 대단히 효과적이다. 그는 마구잡이로 여러 가지 향수를 뿌리지 않았기에, 심리학자들이 '간섭(Interference)'이라고 하는 기억의 상실을 피할 수 있었다.

연결고리가 깔끔하게 분류되어 간직되어 있다면 쉽게 과거에 이를 수 있다. 하지만 향수 소장품이 몇 안 된다 해도, 상표는 영원하지 않다. 마지막 향수병이 생산라인을 벗어나면 상업적인 종말이 일어나고, 향수의 마지막 한 방울과 함께 정신감각적인 사후 경직이 시작된다. 사라진 향기는 아무런 기억도 일으키지 않는다. 과거와의 연결고리를 간직하기 위해서는 향수 자체를 간직해야 한다. 냄새를 맡을 향수가 없다면 무엇을 잃어버렸는지 어떻게 안단 말인가?

제임스 조이스(James Joyce)를 연구하는 학자 버나드 벤스톡(Bernard Benstock)은 인간에게 문학이 있는 한 향수는 중요하지 않다고 단정했다. "모든 소설 작품은 후대가 증명한다.[2] 〈율리시스〉에 포착된 냄새 중에 다시 읽을 때 사라지거나 새로운 독자를 온전히 자극하지 못하는 것은 없다." 왜 벤스톡 교수는 모든 독자가 그 소설에서 강렬한 냄새를 맡는다고 그토록 확신한단 말인가? 이는 희망 사항처럼 보인다. 독자는 익숙한 냄새라면 다시 떠올릴 수 있겠지만, 모르는 냄새는 추측에 맡길 것이다. 지나간 시간의 냄새를 다시 경험하기 위해서는 '실제 원료'가 있어야 한다. 실제 원료가 없으면, 기록과 문학은 결국 그 힘을 잃는다.

"캘리포니아 몬테레이의 통조림공장 골목은 시이자 악취, 거슬리는 소음, 독특한 빛, 색조, 습관, 노스탤지어, 꿈이다."[3] 존 스타인벡의 1945년 소설을 여는 이 문장은 통조림공장 골목의 악취에 대해 이야기하고 있다. 1950년대로 접어들면서 무분별한 물고기 남획으로 인해 이곳의 정어리 어업 인구는 줄어들었고 그와 함께 통조림공장도 사라졌다. 1960년에 몬테레이로 돌아간 스타인벡은 청년 시절을 보낸 땅의 전경을 마지막으로 보기 위해 프레몽 픽에 올랐으나 이미 그곳은 통조림공장들과 함께 그 '구역질나는 악취'도 사라져 있었다. 남아 있는 것이라고는 그저 메마른 갈색 언덕에 있는 야생 귀리 냄새뿐이었다. 그때 스타인벡은 톰 울프(Tom Wolfe)의 한 구절을 떠올렸다. "다시는 고향에 가지 못하리." 스타인벡은 통조림

공장 골목의 냄새를 책 속에 묘사하여 영원히 사라지지 않도록 했지만, 실제로 더 이상 그 냄새를 맡을 순 없다. 그리고 그 소설을 읽는 독자도.

냄새가 스며들어 있는 모든 풍경, 특히 많은 이들에게 익숙한 냄새가 사라지면 우리 문화는 상실된다. 동네 선술집을 예로 들어보자. 볼티모어에서 성장했던 저널리스트이자 인도의 석학 H. L. 멘켄(H. L. Mencken)은 담배 제조업자였던 아버지가 물건을 팔았던 술집에 동행했다. "금주법이 시행되기 전, 그리고 에어컨도 없던 시절 나는 무더운 여름날 시원하고 신선한 고급 술집의 향기, 즉 박하, 정향, 맥주, 앙고스트라 비터스, 고추냉이, 선지소시지, 감자볶음의 희미한 냄새를 좋아했다.[4] 그 속엔 음침한 무언가가, 술잔 위에는 차갑고 위안을 주는 물방울이 있었다."

멘켄은 요즘의 휘황찬란한 술집에서는 그 추억을 재현하지 못할 것이다. 하지만 1854년에 개점한 이래 분위기를 거의 바꾸지 않고 에일 맥주를 직접 만들어 파는 맨해튼 로어 이스트사이드의 맥솔리 선술집 같은 곳에서는 마음이 편할 것이다. 단골들은 그곳의 조용한, 아니 어쩌면 음침하기까지 한 실내장식에서 어떤 위안을 얻는다. 1943년에 이 술집의 한 예찬자는 이렇게 말했다. "그곳엔 진정제와도 같은 진한 사향 냄새가 있다.[5] 소나무 톱밥, 마개에서 똑똑 떨어지는 맥주, 파이프 담배, 장작 연기, 양파의 냄새가 뒤섞여 있다. 벨뷰의 한 인턴은 많은 이들의 심리 상태에 맥솔리의 냄새가 정신 분석이나 진정제, 혹은 기도보다 훨씬 효과적일 것"이라고 말했다. 석탄이 타오르는 난로는 수십 년 전에 사라졌고, 2003년에 맨해튼의 시장은 달콤하고 따뜻한 담배 분위기를 없앴지만 맥솔리는 그 특유의 향기를 간직하고 있다. 눅눅하고 호프 맛이 나는 이스트 향기는 바닥의 톱밥으로 더욱 풍부하다. TGI 프라이데이는 도저히 이런 분위기를 흉내 내지 못한다. 맥솔리는 선사시대가 지금까지 살아 있는 선술집의 원시림이다.

당장이라도 사라질 위기에 처한 것 중에 으뜸은 할머니의 부엌에서 풍기는 가슴 따뜻한 향기다. 다 함께 집에서 저녁 식사를 하는 가족이 줄어들다 보니 요리를 하는 집도 점차 사라지고 있다. 전자레인지에 익히는 냉동식품에선 예전의 정취를 느낄 수 없다. 온종일 푹 익히는 토마토소스? 잊으시길. 오븐에 익히는 닭고기? 그럴 시간이 어디 있담! 애플파이? 그냥 사드시라. 커피 향? 안녕을 고하시길. 30대인 미국인 절반이, 그보다 더 많은 20대가 가게에서 커피를 산다.[6] 집에서 직접 내려 만든 커피는 곧 노인들의 추억 속으로 사라질 것이다.

익숙한 냄새가 사라지고 나면 우리 문명은 좀먹은 것처럼 너덜거릴 것이다. 심지어 영화에도 영향을 미친다. 〈리치몬드 연애소동*Fast Times at Ridgemont High*〉의 한 장면을 들여다보자. 교실을 가득 채운 학생들이 등사기에서 갓 인쇄된 시험지에 찡그린 얼굴을 묻고 있다. 1982년 이후에 태어난 이들에게 이런 광경은 웃음을 주지 못한다. 〈페리스의 해방*Ferris Bueller's Day Off*〉에서 수정액 냄새를 맡는 학교 서기의 모습 역시 이해할 수 없을 것이다. 수정액은 타자기와 함께 사라졌다.

대부분의 미국인이 농장에 살던 시절, 가축의 분뇨 냄새는 넉넉한 재산과 안락한 가정을 의미했다. 오늘날 농촌을 방문하는 도시인들은 똑같은 냄새를 예전과 전혀 다르게 느낀다. 그들은 낙농장을 공공의 폐해로 여기며 밭에 뿌리는 퇴비를 싫어한다. 미시건 주 오타와 카운티의 기획위원회는 농업을 삶의 한 방식으로 옹호하기 위해 그 지역에 전입하는 사람들에게 손가락으로 긁으면 비료 냄새가 나는 안내책자를 배포했다.[7] 이를 본받아 펜실베이니아 주 레바논 카운티도 냄새가 나는 팸플릿을 자체 제작했다.

이렇듯 좋아하는 냄새는 세대에 따라 자연스럽게 바뀐다. 일찍이 1931년, 한 설문조사는 55가지 흔한 냄새에 대해 인기순위를 매겼다.[8] 그 결과는 놀랍지 않았다. 소나무, 라일락, 장미, 제비꽃이 상위에 있었고, 마늘과 땀 냄새는 하위에 있었다. 설문조사에 포함된 하마멜리스, 사르사파릴라, 돼지기름, 테레빈 등과 같은 냄새는 상당히 낯설다. 이 냄새들은 1978년 전에는 흔했을지 모르지만, 지금은 이국적으로 느껴질 것이다. 사르사파릴라의 마지막 한 방울이 미국의 냄새 풍경에서 증발된 건 언제였을까? 하마멜리스보다 더 오래 남아 있었을까? 이는 장기간에 걸친 후각과 여론의 변화를 추적하는 데 도움을 줄 것이다. 필요한 건 향기 조사다.

건축가 렘 쿨하스(Rem Koolhaas)는 냄새 풍경이 얼마나 빨리 사라질 수 있는지를 알고 있다. "나는 싱가포르 항구에서 여덟 살을 맞았다.[9] 우리는 상륙하지 않았지만, 둘 다 압도적으로 풍겼던 달콤하고 썩은 냄새를 기억한다. 나는 작년에 그곳을 방문했다. 냄새는 사라졌다. 기존의 싱가포르는 파괴되어 없어지고 재건됐다. 그곳엔 완전히 다른 도시가 있었다."

미국 북동부에서 낙엽을 태우는 냄새는 한때 가을의 상징이었다. 누구나 〈위대한 앰버슨 가*The Magnificent Ambersons*〉에서 그에 대한 부스 타킹턴(Booth Tarkington)의 언급을 이해했다. "루시가 집에 왔을 때 가을은 낙엽 태우는 냄새에 다가갈 만큼 깊었다." 타는 낙엽에서 서서히 올라오는 회색 연기 기둥은 쇠퇴하는 계절과 최후, 슬픔, 반성의 분위기를 수반했다. 에드거 리 매스터스(Edgar Lee Masters)는 낙엽 타는 연기로 노인의 애수를 묘사했다. "그때, 가을의 냄새가 연기를 내뿜고 / 떨어지는 도토리와 / 골짜기의 메아리가 / 인생의 꿈을 가져온다."[10]

지금은 이미 여러 세대의 어린이가 낙엽 타는 것을 보지 못하고 성장했다. 과학자이자 의사였던 루이스 토머스(Lewis Thomas)는 이를 수치라고 생각한다. "우리는 우리에게서 멀어지는 위대한 냄새를 놓치지 말아야 한다.[11] 나는 필요하다면 법으로라도 낙엽 모닥불을 보전해줄 것을 제안한다." 토머스에게 길가 모닥불 옆에서 노는 건 위험하고도 재미있었다. 더없이 완벽한 어린이의 놀이였다. "연기가 나든 안 나든, 이산화탄소로 인한 온실효과든 그 무엇 때문이든 이를 바꾸는 건 잘못이다. 가을 낙엽 태우기를 그만두는 건 상실이다." 환경보호운동가의 감각은 비난받는다. 토머스는 낙엽 가마니를 비우고 성냥불을 붙이고 싶어 했다. 그의 옛날을 그리는 상상은 실현되지 않을 것이다. 매운 연기와 낙엽이 타면서 내는 탁탁 소리를 아는 사람은 드물 것이다. 시골 잔디밭의 옛 향기는 낙엽을 불어내는 거친 소리와 가솔린 연기로 바뀌었다.

과거의 냄새를 보존하다

오늘날의 냄새를 보존해야 할 필요성은 절박한 것 같지 않다. 어쨌든 우리는 과거를 되살리기 위해 언제든 과학 기술을 이용할 수 있으니 말이다. 문제는 사라진 냄새다. 우리는 사라진 냄새를 다시 만들어내기 위해 비범한 노력을 기울여야 한다.

연구원들이 선사시대의 식단구성을 연구하기 위해, 음식 냄새를 되살리기 위해 노력했던 1984년 연구를 예로 들어보자.[12] 그들이 찾았던 냄새는 화석화된 인간의 똥, 즉 점잖게 말해 분석(糞石)에 간직되어 있었다. 문제의 표본은 약 6400년 전 유타의 동굴 바닥에 놓여 있었다. 사막의 기후로 완벽하게 보존된 고대의 똥을 되살릴 방법이 없었기 때문에 이 실험의 연구팀은 한 달에 걸쳐 자기네 방법을 발명하고 완성했다.

첫 번째 과제는 참고 대변 샘플을 만드는 것이었다. 그들은 고섬유질, 혼합 과일, 채소, 봉숭아 등만의 제한된 식사를 한 사심 없는 자원자에게 먹여 대변을 보게 했다. 이 자원자의 똥은 예비 실험을 위한 가짜 화석을 만들기 위해 냉동 건조됐다. 연습 샘플을 냄새 맡을 수 있도록 만들기 위해, 그들은 똥에서 분석하기에 충분한 냄새가 발산될 때까지 제3인산나

트륨 용액에 담갔다(이 단계는 며칠이 걸린다). 냄새 맡는 일에 경험 많은 사람이 휘발성 물질이 가스크로마토그래프에서 빠져 나갈 때 냄새맡고 기록한다. 빵, 옥수수, 땅콩, 맥주, 복숭아, 팝콘, 양파, 감초, 콜리플라워, 고기 등 다양한 향기가 나왔다. 자원자가 많이 먹을수록, 더 많은 냄새가 탐지됐다.

방법을 완성시킨 팀은 역사적으로 중요한 똥을 분석할 준비를 했다. 그들은 GC에 오래된 샘플을 넣고 그 결과를 기다렸다. 기계가 데워지고 연구원들이 기대감에 부풀어 배기관 위에서 어슬렁거릴 때의 긴장감을 상상할 수 있을 것이다. 그들은 어떤 결과를 얻을 것인가? 아니면 모든 준비 과정이 수포로 돌아갈 것인가?

몇 분 후 고대 똥의 비밀이 GC에서 나왔다. 연구원들은 예상했던 똥 냄새와 함께 푸른 잎과 잔디, 이상하게도 감초에 이르기까지 잡다한 음식 냄새를 맡을 수 있었다. 그 다음 그들은 좀 더 최근의 표본 샘플, 즉 글렌캐니언에서 발견된 AD 1100~1300년의 것을 주입했다. 이 샘플에서는 탄 옥수수, 고기 그리고 또 다시 감초 냄새가 났다. 감초 냄새는 이상한 게 아니었다. 그 지역의 토착 식물인 미국 감초와 스위트시슬리에서 그 냄새가 났고, 아메리카 원주민이 이 식물들을 둘 다 먹었기 때문이다. 과학은 GC를 시간 입구로 만드는 데 성공했다. 박물관 선반에는 화석화된 냄새가 수없이 많다. 그렇다면 그 중 어떤 것을 되살릴 것인가?

당신이 만든다면

전체 냄새 풍경이 사라지는 만큼 황급히 보존해야만 한다. 꾸준히 늘어나는 워홀의 개인 향기 박물관이 이 집단적인 기억의 위기를 해결할 수 있을까?

캘리포니아 주 살리나스의 국립 스타인벡 센터는 스타인벡의 놀라운 소설 속 냄새풍경을 보존하기 위해 노력하고 있다. 예를 들어 독자의 코를 위해 《통조림공장 골목*Cannery Row*》 중 서부 생물학 실험실에 있는 닥의 작업실 냄새는 다음과 같이 독자의 코를 위해 그 냄새를 묘사되어 있다.

> 사무실 뒤의 방에는 많은 동물이 살고 있는 수족관이 있다.[13] 그곳엔 현미경과 슬라이드, 약 캐비닛, 실험 유리 상자, 작업대, 작은 모터, 화학물질도 있다. 이 방에서 냄새가 흘러나왔다. 포르말린, 말린 불가사리, 바닷물, 멘톨, 석탄산, 아세트산, 갈색 포장지와 짚, 밧줄 냄새, 클로로포름과 에테르 냄새, 모터에서 나오는 오존 냄새, 현미경의 가는 강철과 희미한 윤활유 냄새, 바나나 기름과 고무관 냄새, 마르는 순모 양말과 부츠 냄새, 날카롭고 톡 쏘는 방울뱀 냄새, 곰팡내 나고 겁나는 쥐 냄새. 그리고 밀물일 때에는 뒷문을 통해 켈프와 삿갓조개 냄새가 들어왔다.

스타인벡 센터의 전시실에는 책 내용에 따라 냄새가 나오는 전시가 있다. 가령 《붉은 조랑말*Red Pony*》은 마구간 냄새, 《코르테즈 바다로부터의 통나무*The Log from the Sea of Cortez*》는 맹그로브 꽃 냄새가 난다(냄새는 눈에 띄지 않는 곳에 숨겨둔 타이머로 작동되는 에어로졸 캔을 통해서 주기적으로 분사된다). 후각적 사실주의는 때로 티켓 판매에 방해가 되기도 한다. 통조림공장 골목의 정어리 냄새는 너무나 불쾌해서 방문객들은 박물관에서 뭔가 썩고 있다고 불평했다.[14] 《생쥐와 인간*Of Mice and Men*》의 늙은 개 냄새 역시 인기가 없지만, 큐레이터는 그대로 두었다.

냄새 나는 박물관 전시는 새로운 게 아니다.[15] 스미소니언은 1967년 미국 의상관의 가운 전시에 라벤더를 넣어두었다. 오늘날 맨해튼 동남부 지역에 있는 주택 박물관은 1878년 빈민가 아파트의 석탄 난로 냄새를 복구하기 위해 향기 발생기를 이용한다고 알려져 있다. 아이디어는 좋지만 생동감을 주기에는 냄새가 너무 희미하다. 당시 그 아파트에는 너무 많은 사람들이 살았을뿐더러 환기도 잘 되지 않았기 때문에 석탄 난로 냄새뿐 아니라, 음식과 체취, 요강 악취도 있었을 것이다.

영국 박물관은 특히 냄새에 민감하다. 그림스비 연안 마을에서 바다 냄새를 맡지 못한다면, 국립 어업 헤리티지 센터에 가서 해양 역사의 냄새를 한껏 맡아보자. 해초와 해풍, 말린 대구 등의 냄새를 맡을 수 있다. 혹은 조빅 센터가 냄새로 바이킹 마을의 생활을 재현한 요크로 발길을 돌려보자. 리버풀의 해양 박물관에서 복원된 수로 안내선 에드먼드 가드너 호의 엔진룸은 디젤 연료와 뜨거운 기름 냄새로 활기를 띤다. 2001년 런던의 국립 역사박물관은 티렉스 전시를 위해 공룡의 악취 나는 입 냄새를 만들어 새로운 전시 가능성을 열었다. 하지만 큐레이터들은 막판에 겁을 먹었다. 그들은 티렉스의 백악기 환경을 연상시키기되, 희미하고 위압적이지 않은 습지 냄새로 바꾸었다. 눈을 감고 깊게 숨을 쉬면 뉴저지 목초지에 서 있다고 생각할 것이다.

냄새 나는 전시는 문화의 전당보다 소비자 친화적인 테마파크 같이 보이려는 박물관의 열망을 드러낸다. 몇몇 박물관은 예술평론가 짐 드로브닉(Jim Drobnick)이 '아로마토피아(Aromatopia)'라고 부른 것을 목표로 삼는다.[16] 아로마토피아란 돈을 지불한 대중이 오감을 모두 자극하는 경험을 온몸으로 체험하는 곳을 말한다. 그렇게 해서 앞서 살펴본 것처럼 감각 공학을 활용하는 라스베이거스 카지노나 다른 곳들과 정면으로 대결한다.

보존은 향수 산업에서 가장 중요하다. 향수 산업의 명성은 오랫동안 계속해서 유행을 이끌었던 창조의 역사에 있으며, 늘 새로운 향수를 기대한다. 전 세계에서 가장 규모가 큰 박물관은 프랑스 베르사유의 오스모테크로, 이곳은 향수와 향료, 화장품을 가르치는 학교의 일부로 1990년에 설립되었다. 오스모테크에는 더 이상 생산되지 않는 500가지를 포함해 1400가지 이상의 향수가 있다.

향수업계에서 일했지만, 나는 향수 박물관에 가는 게 그리 즐겁지 않다. 얼마나 많은 조그만 병이 사람들의 발을 세울 수 있을까? 그 많은 향수를 언제 다 살펴볼 수 있을까? 너무 지루한 일이 아닌가! 어떤 사람에겐 다 쓴 홀스턴 향수병이 숭배의 대상이 되겠지만 내겐 텅 빈 쿠어스 맥주병만큼 하찮게 느껴진다. 그렇지만 사라진 향수 샘플 500개만으로도 가볼 만한 가치가 있는 곳이다. 특히 '옵세션'부터 '유포리아'까지 시향해 볼 수 있는 캘빈 클라인 회고전처럼 매력적으로 전시되어 있다면 말이다.

대부분의 남성들은 향수 박물관을 여행하다 보면 테스토스테론을 빼앗긴다. 테스토스테론이란 소 · 말 · 돼지 등의 고환에서 추출되는 스테로이드계의 남성 호르몬을 말한다. 그러니 박물관에 남성호르몬을 다시 채울 수 있도록 과학기술의 전당을 마련하는 게 좋을 것이다.

유리 돔 아래 스포트라이트를 받으며 전시된 것은, 1859년 장 살-지롱(Jean Sales-Girons)이 발명한 최초의 스프레이 병이다. 살-지롱은 향수에 대해선 생각하지 않았다. 사람들이 치료 효과가 있다고 알려진 프랑스 온천의 천연 광천수를 들이마실 수 있기를 바랐을 뿐이다. 훗날, 의사들은 환자의 코와 목에 약물을 분사하는 데 그의 '분무기'를 이용했다. 그 외에도 고무 압축기가 있는 전형적 스프레이 병에 사용됐고, 얼마 지나지 않아 치과의사와 화학자, 이발사, 그 외 남성적 전문가들의 필수품이 되었다.

분무기는 1878년 파리 만국박람회에서 극적인 성별의 변화를 거쳤다. 분무기 역사가 티르자 트루 라티머(Tirza True Latimer)에 따르면, 바로 이 대규모 산업 전시회에서 분무기는 소비문화로 건너가 여성화되었다.[17] 만국박람회에서 겔랑과 다른 프랑스 향수 제조회사가 지나가는 군중에게 최신 상품을 분사했을 때, 여성들은 즉시 분무기가 향수를 쓰기에 가장 좋은 방법이라는 걸 알게 됐다. 옷에 향수 방울을 떨어뜨리지 않고 골고루 뿌릴 수 있으니 말이다. 1890년 무렵 분무기는 전 세계 여성들의 화장대에서 한 자리를 차지했고, 펌프 스프레이가 발명될 때까지 계속해서 애용됐다.

나더러 과학기술의 전당을 만들라 한다면, 남성의 손으로 향수 분무기가 과학과 기술에 어떤 공헌을 했는지를 다룰 것이다. 1800년대 말 최초의 내연기관을 설계했던 독일의 빌헬름 마이바흐(Wilhelm Maybach)는 발화시켰을 때 폭발력을 극대화할 수 있도록 가솔린을 실린더에 주입해야 했다. 아내의 향수 분무기는 그의 카뷰레터 발명에 영감을 주었다.

하비 플레처(Harvey Fletcher)라는 시카고 대학원생은 물리학자 로버트 A. 밀리컨(Robert A. Millikan)과 함께 전하(電荷)를 측정하기 위해 노력하고 있었다. 그들은 두 전도판 사이에 수증기 입자를 떠 있게 했지만, 물이 너무 빨리 증발했다. 그래서 대신 기름으로 시도해보기로 했다. 플레처는 시계용 기름을 구하러 보석상에 갔다가 충동적으로 미세한 기름방울 증기를 만들기 위해 향수 분무기를 샀다. 실험은 효과적이었고, 밀리컨은 1923년 노벨 물리학상을 받았다.

나의 이상적인 과학기술의 전당은 게일 W. 맷슨(Gale W. Matson)을 기리는 전시 없이는 완성되지 않을 것이다.[18] 그녀는 3M 사의 유기화학자로, 1960년대 초 탄소를 함유하지 않은 복사 용지를 만들기 위한 새로운 방법을 찾고 있었다. 하지만 그 대신 긁어서 냄새를 맡는 기술을 발명했다(두 방법 모두 터질 수 있는 캡슐 안에 약간의 액체 방울을 넣는다. 하나는 잉크, 다른 하나는 향유다). 긁어서 냄새를 맡는 방법은 어린이들에게 곧 큰 인기를 끌었다. 《크리스마스의 달콤한 냄새*The Sweet Smell of Christmas*》는 지금도 냄새를 맡을 수 있는 다른 수십 권의 아동서와 함께 판매되고 있다. 1972년 6월 〈매컬스*McCall's*〉의 '사랑의 레몬 프레시' 광고를 시작으로, 긁어서 냄새를 맡는 방법은 더 생생한 방식이 출현할 때까지 향수 광고에 이용됐다.

긁어서 냄새 맡는 방법은 인생의 더 거칠고 남성적인 면을 끌어내는 데 탁월했다. 전설적인 포르노 잡지 〈허슬러*Hustler*〉의 출판업자 래리 플린트(Larry Flynt)는 열광했다. 1977년 8월호 표지는 '최초로 긁어서 냄새 맡는 누드 사진'을 크게 광고했다. 밑에는 작은 글씨로 '경고: 집에서 몰래 냄새 맡도록. 미성년자가 냄새 맡지 못하도록 할 것'이라고 적혀 있었다. 사실 냄새는 연령 제한이 없는 바나나, 장미, 베이비파우더 등이었다. 아 참, 스멜 오 비전에 경의를 바치는 1981년 영화 〈폴리에스터〉를 위해 관객에게 긁어서 냄새 맡는 카드를 주었던 영화감독 존 워터스도 잊지 말자.

1986년에 출시된 최초의 '성인용' 컴퓨터 게임 〈포보스의 가죽 여신*Leather Goddesses of Phobos*〉은 코모도어 컴퓨터용 큰 플로피디스크와 긁어서 7가지 냄새 맡는 카드로 판매됐다. 여러 지점에서 게임은 특정 장소의 냄새를 맡도록 플레이어에게 지시했다. 벽장에서는 좀약, 하렘에서는 향수, 규방에서는 가죽 등의 냄새를 맡는 것이었다. 아마 긁어서 냄새 맡는 광고 중에 테스토스테론을 가장 많이 자극한 광고는 〈군대 저널 인터내셔널*Armed Forces Journal International*〉의 BEI 방어시스템사가 게재한 것일 것이다. '승리의 냄새'라는 표어와 함께 점화한 코르다이트 화약 냄새를 이용해 '전투로 증명된 최첨단 HYDRA 70 로켓군'을 크게 선전했다.[19]

나는 후각적 과학기술의 전당이 주요 명소가 될 것이라고 생각하지만, 베르사유의 오스모테크에선 환영받지 못할 것 같이 느껴진다. 오히려 화려한 최첨단 시설을 갖춘 할리-데이빗슨 팻 보이보다는 오래된 추억이 깃든 텍사스 주 파리에 더 어울릴 것이다.

박물관 전시와 냄새의 결합은 관련된 의문을 제기한다. 전통 예술의 냄새는 어디 있을까? 후각 예술은 사실 시작된 적이 없었다. 짐 드로브닉은 그 개념이 박물관과 '진지한' 수집가가 받아들이기에는 너무 획기적이라고 생각한다. 나는 현대 예술계가 무엇보다 혁신과 도전, 반항을 높이 평가하고 있다는 점에 비추어볼 때 획기적이라 생각하지 않는다. 십자가를 소변에 담근 안드레 세라노(Andres Serrano)의 〈오줌에 적신 예수*Piss Christ*〉는 가축 오줌 같은 냄새를 풍겼다면 더 도전적이지 않았을까?

불행히 후각적 예술작품은 진부와 야망 사이에서 동요하고 있다. 진부한 예술작품은 뉴욕 갤러리에 있는 알렉스 샌드오버(Alex Sandover)의 전시였다.[20] 비디오 스크린이 1950년대 스타일의 부엌에서 저녁식사를 준비하는 여성을 보여주었다. 그녀가 일을 하는 동안 벽걸이형 분사기가 샐비어와 애플파이 등 관련된 냄새를 분사했다. 보고 냄새를 맡는다는 기발한 아이디어는 상상력이 없고 분명 그리 반항적인 것은 아니었다. 그 주부가 카메라를 향해 구토하고 거기에 걸맞은 냄새가 분사됐다면, 샌드오버는 예술계의 영웅이 되었을 것이다.

베를린에 살고 있는 노르웨이 예술가 시셀 톨라스(Sissel Tolaas)는 좀 지나쳤다.[21] 그녀는 다양한 공포와 불안 상태에 있는 남성 9명의 겨드랑이 땀 냄새를 모아 그 체취를 화학적으로 추출하여 마이크로캡슐에 넣은 다음 큰 색종이에 뿌렸다. 그녀는 이 거대한 패널을 방문객들이 시향하도록 설치했다. 그녀의 2007년 전시는 '냄새의 공포와 공포의 냄새'라고 지칭됐다. 소름 끼치는 말처럼 들리고 나쁜 냄새가 날지도 모른다. 시셀 톨라스는 더 나아갈 수 있었다. 그녀는 반항이 무엇인지 확실히 알고 있다.

예술가들은 냄새를 전통적인 시각 예술에 통합하는 데 힘들어하고 있다. 향기는 어색하게 허공에 머물러 있으며 관람자들에게 뒤늦게 떠오른다. 시각 예술가들은 상상 속에서 만들어낸 냄새를 실현하기 힘들어하고 있다. 한 가지 해결책은 전문 지식을 가진 사람과 작업하는 것이다. 2004년 소호의 비저네어 미술관은 유명 사진사와 조향사를 짝짓고 그 결과를 캄캄한 미술관에 전시했다. 역광을 준 컬러 사진들마다 옆에는 분사구와 버튼이 있었다. 버튼을 누르면 향기가 발사됐다. 칼 라거펠드(Karl Lagerfeld)의 〈기아*Hunger*〉는 벌거벗은 사내가 사타구니 앞에 둥근 빵 덩어리를 들고 있다. 그에 수반되는 샌드린 말리 사의 향수는 다소 평범해서 빵 냄새도 아니고, 추잡한 냄새도 아니었다. 유명한 주방장장 조르주 봉게리슈텐(Jean-Georges Vongerichten)과 조향사 록 동(Loc Dong)의 〈스트레인지*Strange*〉라는 또 다른 작품은 여성 성기와의 유사성을 강조하기 위해 자른 두리안 사진이었다. 작품 속에 숨겨진 뜻은 분명했다. "이 냄새를 못 맡을 걸?" 나는 그 냄새를 맡았고, 대단히 추상적인 냄새가 시각적 은유를 전달하지 못한다는 점을 알게 됐다.

행위 예술로서의 후각적 예술은 당혹스러울 수 있다. 예를 들어 마크 루이스(Mark Lewis)의 〈사치의 향기*Une Odeur de Luxe*〉는 그럴 듯한 중학생 농담처럼 들리지만, 짐 드로브닉을 포함한 성인들은 심각하게 받아들였다.

> 루이스의 변증법적 냄새는… 성차의 이데올로기와 라캉(Lacan)이 '소변의 성적 차별'이라 지칭한 것을 폭로하고 파괴하려 한다.[22] 루이스는 남자 화장실에 여성 향수를, 여자 화장실에 남성 향수를 뿌려 정체성 수립과 그 수행적 유지의 정치학에 의문을 제기한다. 이렇듯 다른 성의 향기를 뿌려 각 공간(그리고 그 속에 있는 각 사람)을 후각적인 남녀 한 몸으로 만든 것은 성차를 확실한 이항 대립으로 설명하는 건축가의 역할에 저항한 것이다.

이건 〈사치의 향기〉가 감당하기에는 다소 지나친 해석이다. 나는 마크 루이스를 미술 학교의 바트 심슨이라고 생각하길 더 좋아한다. 누군가 그에게 칠판에 "여자 화장실에 남성 향수를 뿌리지 않겠습니다."라고 100번 쓰게 만들어야 한다.

시 체 꽃

박물관장은 과연 후각 예술에 전시 공간을 할애할 가치가 있을까 생각했지만, 한 냄새는 큰 인기를 끌었다. 그 냄새는 고기썩은 냄새였다. 지독하지만 돈벌이가 되는 이 냄새는 커다란 꽃대에서 나온다. 사람들은 이 꽃을 보고 가까이에서 냄새를 맡으려고 기꺼이 줄을 선다. 독특한 후각적 현상이다.

타이탄 아룸은 1878년 수마트라 섬에서 발견됐다. 이 꽃은 77킬로그램에 달하는 커다란 덩이줄기로 대부분의 생을 땅 속에서 보낸다. 2~3년마다 약 1~3미터 높이의 꽃대를 올린다. 이 꽃의 라틴어 학명은 '커다랗고 보기 흉한 페니스'라는 뜻이니, 어떻게 생겼는지 짐작이 갈 것이다. 빠르게 자라는 꽃대는 약 3일 동안 지속되고 시체 같은 냄새를 풍긴다. 사실 그 냄새는 검정파리와 쉬파리, 송장벌레를 유인한다. 이 곤충들이 꽃에 가루받이를 시키고 나면, 냄새 발산을 중단하고 빠르게 시든다.

타이탄 아룸은 어둡고 습한 온실에서 나와 유명한 덩이줄기가 된다. 수마트라 이름으로 '시체꽃'이라는 별명을 가진 이 꽃은 식물원이 묘목을 나누어주어 식물계의 포르노 스타로 만들기 전까지는 일반인들에게 제한적으로 공개됐다. 미국에선 1937년 뉴욕 식물원에서 처음 등장했지만, 1996년 런던의 큐 왕립 식물원에서 5만 명의 방문객을 끌어들였을 때 유명해졌다. 4명의 방송인이 1998년 애틀랜타 식물원에서 그 표본에 대해 보도했다. 집중적인 매스컴 보도는 대중의 기대를 엄청나게 높였다. 아내 조앤과 함께 월요일에 그 꽃을 보러 들른 매리에타의 존 앨리슨은 그 꽃에서 "더러운 양말 비슷한 냄새가 난다."며 실망했다.[23] "우리는 썩은 시체를 기대했다."

커다랗고 지독한 냄새가 나는 타이탄 아룸은 어디서나 공연을 한다. 날짜와 장소를 보면 록 콘서트 같다. 1998년 애틀랜타와 마이애미, 1999년 사라소타와 로스앤젤레스, 2001년 워싱턴 DC와 매디슨, 위스콘신 그리고 마이애미와 애틀랜타의 귀국 쇼가 있었다. 언론을 잘 활용할 줄 아는 큐레이터들은 과장 광고를 시작했다.

사라소타의 마리 셀비 식물원은 웹사이트에 개화과정을 업데이트했다. 이에 뒤질세라 위스콘신 대학교는 그 꽃을 생중계했다. 인기가 치솟으면서 타이탄 아룸의 이미지는 바뀌었다. '시체꽃'이라는 단어는 조용히 사라졌고, 그 식물에 인격을 주었다. 2001년 마이애미는 그 꽃에 '미스터 악취'라는 이름을 주었다. 캘리포니아 대학교 데이비스 캠퍼스는 '테드'로 맞섰고, 이후 2004년 '타바타'를 내놓었다. 캘리포니아 주 풀러턴 대학교는 타바타에게 '티피'라는 이름을 주었다. 타바타는 겨우 4000명의 실제 방문객을 끌어들였지만, 웹사이트 접속 건수는 5만 2000회였고 생중계를 본 사람은 1만 1000명에 달했다.

알 수 없는 일이다. 왜 냄새를 맡을 수 없는데 '미스터 악취'를 인터넷으로 들여다보는 걸까? 끼워팔기 판매는 시간문제일 뿐이다. "안녕하세요, 내 이름은 티피에요. 웹캠으로 날 보고 내 향기를 온라인으로 사실 수 있어요."

냄새가 보여주는 풍경

러디어드 키플링(Rudyard Kipling)은 이 널리 인용된 구절에서 냄새의 운반력을 기억했다. "후각은 청각이나 시각보다 더 확실하게 / 심금을 울린다 / 냄새는 밤의 무서운 목소리를 일으킨다 / '노인이여, 돌아오라!' 라고 속삭인다."[24] 프루스트가 시간에 관심을 가졌다면, 키플링은 공간에 관심을 가졌다. 그의 주제는 향수병이었다. 한 냄새가 두 대륙에서 만났다. 키플링은 추상적이지 않았다. 그가 염두에 둔 특정 냄새는 다음 절에 나타난다. "바로 그 때문에 큰 것은 가고 / 작은 것은 남는다 / 리히텐베르크의 워틀 냄새처럼 / 빗속에서 말을 탄." 총 네 연에 등장하는 워틀 냄새는 시의 중심이다. 워틀이 무엇이고 왜 이게 그리 깊은 영향을 주었는지 의문이 들 것이다.

'리히텐베르크'는 보어 전쟁 때 남아프리카에서 말을 타고 있던 뉴사우스웨일스 출신 오스트레일리아 기병의 목소리로 얘기된다.[25] 골든 워틀은 미모사 계열의 작은 나무다. 또한 오스트레일리아의 국화(國花)이기도 하다. 봄에 꿀처럼 달콤하고 짙은 꽃 냄새를 발산하며 화려한 황금빛 두상화를 피운다. 키플링은 남아프리카에서 일어난 일에 영감을 받았다. "나는 이 오스트레일리아 기병이 워틀 가지를 끌어내려 냄새 맡는 것을 보았다. 그래서 그에게 다가가 고향이 어디냐고 물었다. 그는 자신에 대해 얘기하고는 덧붙였다. '그들이 워틀을 수입했는지는 몰랐습니다. 고향 같은 냄새가 납니다.' 그 말이 내게 시에 대한 아이디어를 주었다. 그때 내가 해야 할 일이라고는 그저 가능한 최소한의 터치로 배경을 스케치하는 것뿐이었다."

특정 장소를 환기시키는 냄새의 힘은 향기 박물관에 창조적인 전시를 하기에 좋은 기회를 준다. 이는 디자이너 힐다 코자리(Hilda Kozàri)와 조향사 베르트랑 뒤샤포(Bertrand Duchafour)의 최근 전시와 비슷할 것이다. 이들은 'AIR-도시의 후각적 전시'라는 2006년 예술작품에서 향기와 공간을 연결시켰다. 코자리는 3개의 반투명 구체를 천장에 매달았으며, 각각 바닥에는 관람객이 들어갈 만큼 큰 구멍이 있었다.[26] 각 구체의 둘레에 있는 얇은 스펀지 재질의 층은 뒤샤포가 만든 도시 향기로 적셨다. 구체 표면에는 흑백 비디오 화면을 비췄다. 그 안에 서 있으면 코자리의 고향인 부다페스트나 그녀가 일하던 헬싱키와 파리를 경험할 수 있다.

커다란 향기 공은 대단히 신선한 발상이다. 헬싱키 공의 가벼운 나무 향기는 초록색 비디오와 잘 어울렸다. 하지만 부다페스트와 파리 냄새는 뚜렷하지 않았고, 움직이는 차에서 투사한 세 비디오는 모든 도시를 똑같아 보이게 했다. 한없는 도로와 다리, 교통이 펼쳐졌다. 나는 큰 기대를 품고 공 안에 들어갔지만 그다지 감동받지 못했다. 키플링의 시를 생각하고 리히텐베르크를 경험하기를 갈망했다. 워틀 냄새를 맡고 공의 한 쪽에 있는 오스트레일리아에서, 다른 쪽에 있는 남아프리카에서 쏟아지는 듯한 워틀을 보고 싶었다.

진지하게 장소의 냄새를 보존하려 한다면, 무작위적인 장소를 포착하는 것으로는 충분치 않다. 전반적인 지역을 둘러보아야 한다. 언젠가 나는 〈뉴욕 옵저버*New York Observer*〉의 기자와 함께 맨해튼의 냄새를 맡으러 가는 원정 여행을 떠났다.[27] 한여름이었고 뉴욕은 뜨거웠지만, 악취의 실제 근원을 정확히 알아내기란 쉽지 않았다. 고급 스포츠클럽의 공기는 조금 퀴퀴했지만 아주 불쾌하지는 않았다. 최악의 발견은 플레이스 대학교와 13번 가 인도의 악취 나는 물 웅덩이였다. 뭔가 지독한 일이 거기서 일어났고, 그 흔적이 늦은 오후에 남아 있었다. 〈뉴욕 옵저버〉 기자는 다른 후각 전문가와 함께 도보 여행을 했고 그 도시의 기발한 냄새 지도와 함께 기사를 실었다.

안내받은 냄새 여행은 확실한 특집 기사가 됐다. 예를 들어 〈워싱턴 포스트〉 기자는 조향사, 은퇴한 환경 미화원과 함께 리무진을 타고 뉴욕을 계획성 없이 여행했다.[28] 일반적인 관광지를 다니면서 예상할 수 있는 결과를 얻었다. 정육점 지역에선 불쾌한 돼지기름 냄새가 났고, 차이나타운

부엌에선 뜨거운 튀김 기름 냄새가, 센트럴 파크의 아마 근처에선 독한 말똥 냄새가 났다. 그동안 내내 프랑스 출신 조향사는 뉴욕을 주제로 한 냄새에 대해 입에 발린 말을 하느라 바빴다(괜찮다. 어쨌든 리무진과 운전사는 그녀의 것이었으니까).

뉴욕에 소재한 가십 블로그 고커는 도시의 냄새 지도에 참신하고 평등하게 접근했다. 이 블로그는 독자들에게 그 도시의 모든 기차역과 지하철역의 냄새를 이메일로 알려달라고 했다. 전반적인 결과는 의심스럽지 않았다(패리스 힐튼(Paris Hilton)도 진상을 알고 있다. 그녀는 자서전에서 "맞다, 솔직히 뉴욕에서 지하철을 타본 적이 있었다.[29] 뉴욕의 지하철에선 냄새가 난다. 말 그대로 오줌 냄새가 난다. 왜 아무런 조치를 취하지 않을까?"라고 썼다).

고커는 여론을 수집해 쌍방향적 뉴욕 시 지하철 냄새 지도로 편집했다. 특정 역에 마우스를 대면, 색색가지 아이콘이 튀어나와 10가지 악취 카테고리 중 어떤 냄새가 거기서 나는지 알려준다. 34번 가와 8번 로에서 A–C–E 기차를 기다리는가? 고커 아이콘은 악취와 똥, 오줌, 오수와 구토의 존재를 나타낸다. 좀 더 자세히 알고 싶다고? 더블클릭을 하면 독자평이 뜬다. "죽어서 썩는 무언가… 오래된 옥외 화장실 똥… 금방 싼 똥… 하수… 아스파라거스 뷔페를 먹은 후의 오줌… 굶주린 노파의 입 냄새… 토사물 같은 악취." 지하철 냄새 지도에 따르면, 어퍼이스트사이드에 있는 역들은 예외적으로 구린 냄새가 나지 않는다. 그건 사실일 수도, 혹은 치우친 샘플의 결과일 수도 있다. 고커를 읽은 최신 정보통이 그렇게 먼 주택 지구까지 과감히 도전하지 않았는지도 모른다.

후각 검사원의 궁극적인 목적은 전반적인 미국 냄새 풍경의 항공 차트다. 그런 게 가능할까? 헬렌 켈러는 그렇다고 생각했다. "나는 프라이드 치킨과 모래, 고구마, 옥수수 빵으로 남쪽 마을을 쉽게 구분할 수 있다.[30]

반면 북쪽 마을은 도넛과 쇠고기 통조림, 어육 완자, 삶은 콩과 베이컨 냄새가 강하다." 그녀가 자신만의 후각적 위치 확인 시스템을 가질 만큼 미국 도시들의 특징은 너무나 뚜렷했다. "나는 양조장과 수마일 떨어진 곳에서 덜루스와 세인트루이스의 냄새를 맡을 수 있었고, 일리노이 주 피오리아의 위스키 증류소 연기는 냄새 맡을 수 있는 거리를 지나간 것처럼 한밤중에 나를 깨우곤 했다."

고향 냄새라 하더라도 지역 특유의 냄새가 항상 좋지만은 않다. 작가 설레스트 보먼(Celeste Bowman)은 텍사스에서의 경험을 묘사했다. "내 코가 바닷물, 부패하는 물고기와 바다 조개의 톡 쏘는 냄새, 내가 좋아하는 묘한 향기에 공격받자 내 눈은 활짝 열렸다.[31] 바다 냄새는 고향 냄새다. 내 유년기를 보낸 도시 코퍼스 크리스티 베이로 돌아갔다."

상업적 냄새는 냄새 풍경에서 위치를 알리는 지침 역할을 한다. 55년 동안 인명구조 공장은 뉴욕 주 포트 체스터에 달콤한 과일 향을 쏟아 부었다. 마스 캔디 공장은 뉴저지 주 해켓츠타운에 초콜릿 냄새를 풍기게 하고, 맥스웰 하우스 볶음 작업은 후켄에 주기적으로 기분 좋은 향기를 준다. 스내플을 병에 넣는 공장은 볼티모어 일부에 과일 향을 풍기는 한편, 정제 공장과 식초 증류소, 대형 제빵소는 그 도시의 다른 지역을 특징짓는다.[32] 맥코믹 주식회사는 향신료의 포푸리 냄새를 50년 넘게 볼티모어 전역에 내뿜다가 헌트밸리로 이전했다. 제지 공장은 미시건 주 머스키건에 불쾌할지는 몰라도 깊은 인상을 남기고, 오언스 컨트리 소시지 공장은 텍사스 주 설퍼 스프링스에 특히 맛있는 냄새를 풍겼다.

우리는 미국 장소 특유의 냄새로 영감을 채울 수 있다. 나는 캘리포니아에서 성장했기 때문에, 그곳의 냄새는 어쩔 수 없이 내 후각계에 각인되어 있다. 캘리포니아는 냄새 박물관의 별관을 채우기에 충분한 수십 가지 독특한 향기-모두 사실이고 본질적인-의 원천이다. 골든 스테이트

(Golden State)는 두려움을 모르는 헬렌 켈러를 압도했다. "나는 캘리포니아의 풍부하고 따뜻하며 다양한 향기에 대해 책을 쓸 수 있다고 생각한다. 하지만 그 주제를 다루지 않을 것이다. 그건 너무 오래 걸린다."

내가 한 번 해볼 것이다. 키킷디지와 모나르다가 가득한 시에라 언덕과 아메리카삼나무로 시작해보라. 라 브레아 타르 피트와 그 위에 감도는 유쾌하고 깨끗한 타르 냄새를 위한 공간을 남겨두자. 북쪽 라센 산의 악취와 빅서 근처 에살렌의 유황 온천도 포함하라. 태평양 해안에도 그곳만의 잔뜩 쌓여 있는 썩은 켈프와 금문교 안쪽 개펄의 진한 악취가 있다. 바람의 방향에 따라 실 락스의 새똥 냄새 나 포인트 아뇨 누에보의 해마 악취가 있다.

저널리스트이자 사회평론가 헤더인 맥도널드(Heather MacDonald)는 로스앤젤레스의 화려한 벨 에어 지구에서 성장했다. 조밀한 도시에서 살고 있는 그녀는 인근 야외를 좋아했다. 전형적인 캘리포니아와 대조적이다. "나는 산타모니카 산맥에서 많은 시간을 보냈다.[33] 여름철 마른 떡갈나무 덤불과 유칼립투스, 들갓과 빛 냄새…. 내가 이곳 주변의 땅을 떠올릴 수 있는 수많은 냄새가 있다."

오스트레일리아에서 수입된 유칼립투스는 캘리포니아 곳곳에 있다. 또 다른 오스트레일리아 산인 빅토리아 회양목도 남부 캘리포니아 냄새 풍경의 일부가 되었다. 취하게 할 듯 오렌지와 꿀 냄새가 뒤섞인, 밤에 풍기는 그 향기는 2월마다 로스앤젤레스를 뒤덮었다. 지역 칼럼니스트 메리 맥나마라(Mary McNamara)는 "열린 창문과 문 아래로 스며들어오는 그 향기는 음미할 수 있을 만큼 짙게 공기와 침구에 스며든다.[34] 안팎에 향긋한 내음이 퍼지고 있다."라고 말했다.

캘리포니아 냄새를 시향하기에 가장 좋은 방법은 차를 타는 것이다. 차창을 열어 놓은 채 피놀의 정유공장을 지나가라. 코알링가의 해리스 랜치와 가축 사육장을 지나가면 가축 냄새를 한껏 맡을 수 있을 것이다. 길로이를 지나갈 땐 마늘 냄새를 들이마시자(로스앤젤레스의 유명한 군수회사 록히드 '스컹크 워크스'가 인근 플라스틱 공장의 불쾌한 냄새를 따 이름 붙여졌음을 잊지 마라).

아마 헬렌 켈러가 맞았는지 모른다. 캘리포니아는 많은 카달로그 편집자를 필요로 하고, 카탈로그는 냄새 풍경을 더 크게 다룰 뿐이다. 가까운 곳에 집중해보면 그림은 더 자세하고 더욱 많은 것을 연상시킬 것이다. 냄새 지도 제작은 소모적인 일이다. 반드시 저곳에, 주위에 떠다니는 이 모든 것을 포착해 보존해야 할까? 당연하다. 데이비스에 있는 헌트의 토마토 통조림공장은 문을 닫았다. 배커빌의 마늘 창고는 없어졌다. 통조림 공장 골목은 종이에서만 냄새를 풍긴다. 이제는 어부의 선창에서 갓 잡은 생선 냄새를 거의 맡을 수 없다. 우리 시대의 가까운 과거가 날마다 사라지고 있다.

12
후각의 운명

그들은 상상할 수 없을 만큼 소름끼치는 생명체였다.[1]
커다랗고 둥근 몸통, 아니 더 정확히 말하면
머리의 지름은 1미터 반이나 되었고,
몸통 앞에 얼굴이 붙어 있었다.
얼굴에는 콧구멍이 없었다.
마치 화성인들에겐 후각이라는 게 없는 것 같았다.
_H. G. 웰스, 《우주전쟁》

H. G. 웰스가 상상한 화성인들은 인간보다 더 진화된 존재였다. 그들에겐 콧구멍과 축축한 점막이 있는 원시적 감각계가 필요 없었다. 화성인들은 눈과 머리가 크고 내장이 없으며, 팔다리 대신 오징어 같은 촉수가 있었다. 이 생명체는 생물학적으로 부족한 부분을 과학기술로 보완했다. 그들은 기계적 외골격으로 지구상을 돌아다닌다. 《우주전쟁》이 1898년에 출판된 이래, 공상과학 소설가와 외계인에게 유괴된 경험이 있는 사람들은 우주인에게는 코가 없다고 주장했다. 라디오방송국 기술자인 주인공이 4차원에서 온 생명체와 만나는 〈아우터 리미츠*Outer Limits*〉의 한 에피소드가 떠오른다. 호기심이 많은 외계인은 그에게 눈 아래 있는 그 이상한 구멍의 기능에 대해 묻는다.

프로이트 파처럼, 미래학자들은 후각을 진화론적 종점으로 치부한다. 그들은 인간의 코가 작아지고 후각 능력은 그와 함께 사라질 것이라고 생각한다. 하지만 정말 그게 인간의 운명일까? 인간의 후각적 미래를 자세히 알아보기 위해서는 냄새 맡는 기계와 후각 유전자에 대해 살펴봐야 한다.

우주인과 달리 전자 코는 이미 존재한다. 최초의 전자 코는 1992년경, 향료와 향수 산업에서 품질관리에 사용하기 위해 탄생됐다. 전자 코는 많은 화학 감지기로 냄새 분자를 탐지하고, 패턴 분석 소프트웨어로 그 차이를 구분한다. 초기 모델은 실험실에 설치된 커다란 상자였다. 최신형 소형 모델은 가스 검침원이 갖고 다니는 것과 비슷하다. 다른 화학 검출기-음주 측정기나 일산화탄소를 경고하는 것처럼-와 달리, 전자 코는 다양한 분자에 반응한다(시각적 원리로 작동하는 화재경보기도 정확하지 않다. 바로 그 때문에 가끔 증기나 연기의 미진을 착각한다). 전자 코의 화학 감지기는 흔히 쓰는 전도성 고분자 등 많은 물질로 만들 수 있다. 전도성 고분자는 휘발성 분자 앞에서 그 전기 저항을 바꾼다. 일부는 인간이 거의 지각하지 못할 농도의 냄새에 반응한다. 이 고분자는 민감하지만 복잡하지 않다. 기본적으로 흡수성이 다른 화학 스펀지다.

전자 코는 감지기만큼이나 소프트웨어에 따라 쓸모가 다르다. 소프트웨어는 방대한 통계법을 이용하여 감지기 정보에서 패턴을 끌어낸다. 다양한 감지기는 전자 코의 단일 분자 검출기보다 큰 이점을 준다. 특히 혼선의 위험을 막는다. 단일 분자, 즉 황화수소에 대한 반응으로 작용하는 방귀 검출기를 상상해보자. 당혹스럽게도 이 검출기는 어머니가 달걀 샐러드를 만들 때마다 울릴 것이다. 반대로 광대한 전자 코는 황화수소를 다른 분자와 함께 읽어, 실수로 주부를 모욕하지 않을 것이다.

전자 코는 실제로 얼마나 제대로 작동할까? 사람의 노고를 덜어줄 수 있을까? 초기 모델은 지나치게 과장 광고된 탓에, 기기가 기대에 부응하지 못하자 소비자들은 부정적인 인상을 받고 외면했다. 하지만 과장 광고는 완전히 사라지지 않았다. 2006년의 비공식 테스트는 한 전자 코 제품-오염 박테리아로 분비되는 아민을 이용해 상한 고기를 탐지하는 휴대용

모델–은 정확성과 장치의 이익 모두 과대 평가됐다.[2]

일반적으로 전자 코가 발휘하는 능력은 아주 뛰어나지 않다. 그 중엔 2가지 냄새가 같은지 다른지를 알리는 역할도 있다. 이 간단한 재주는 제조업자가 품질 관리를 하면서 제품을 적당하게 유지하거나 오염된 원료를 폐기해야 할 때 유용하다. 전자 코는 같다/다르다 판단에 뛰어나고, 인간의 코와 달리 지치거나 지루해하지 않는다(그렇다고 보수할 필요가 없다는 뜻은 아니다. 전자 코는 '감지기 변동' 때문에 자주 눈금을 재조정해야 한다). 전자 코는 사람이 원치 않는 더럽고 위험한 작업에 사용하면 좋다. 가령 가축 사육장과 오수 처리장의 배기가스를 모니터하거나 지뢰를 찾을 때처럼 말이다.

전자 코는 또한 의학계에서도 장래성이 있다.[3] 한 기기는 환자의 호흡 속 휘발성 물질로 당뇨병을 감지할 수 있다. 또 다른 기기는 폐암의 징후를 찾을 수 있다(냄새로 암을 찾아내는 개가 억울하게 직장을 잃을지도 모르겠다). 전자 코는 체내에 바늘이나 관 등을 삽입하지 않고도 빠르게 진단할 수 있을 것이다. 기술적으로 가장 어려운 과제는 갖가지 체취 속에서 질병 관련 냄새 신호를 어떻게 간파하느냐다.

머지않아 주변의 향기 수준을 모니터하는 등 다양한 응용 제품이 나올 것이다. 가정과 사무실에 내장된 향기 시스템에 피드백 메커니즘을 포함하면 더욱 매력적일 것이다. 냄새를 일정하게 유지할 수 있는 프로그램은 주변의 향기를 늘 기분 좋게 유지시킬 것이다. 착용할 수 있는 향기 유지 장치는 체취를 측정할 수 있을 것이다.

향수와 향료 업계의 경영진들은 소비자 테스트 패널을 대신할 수 있는 전자 코를 꿈꾼다. 이 장치에는 여러 지역의 도시 아동이나 교외 엄마들의 정확한 선호도가 프로그래밍될 것이다. 테스트 샘플을 주면 '마음에 든다'거나 '꽃 냄새가 너무 강하다'라고 반응할 것이다. 로봇 소비자는 사람보다 장점이 더 많다. 시간을 어기지 않고 돈을 줄 필요도 없다.

놀라울 정도로 많은 과학자들이 냄새를 맡을 수 있는 로봇을 만들고 있다. 그 중 한 사람은 1999년에 그 주제만을 다룬 책을 출판했다.[4] 스웨덴에 있는 외레브로 대학교의 연구원 에이미 루트피(Amy Loutfi)는 전자 코를 정보처리 능력이 있으며 이동할 수 있는 로봇 시스템에 부착했다.[5] 그녀의 견본은 로봇청소기과 비슷하다. 통제하에 아파트를 여기저기 돌아다니면서 공기 속 냄새를 탐지하고 식별한다. 루트피는 그 결정과정에 심리적 맥락을 덧붙여 코 로봇의 성능을 향상시켰다. 이 장치는 욕실보다는 거실에 있을 때 냄새를 더 잘 식별했다.

경찰국이 전자 코를 시켜 마약을 탐지하게 할까? 미국 대법원은 마리화나를 재배한다고 추측되는 집의 온도는 '일반적으로 사용되지 않는' 감각 강화 기술에 의존하기 때문에 헌법에 위반되는 사생활 침해라고 판결했다.[6] 이 기준에 따르면, 의심스러운 재배지에서 바람이 부는 쪽으로 전자 코를 작동시키는 것도 부당한 수색과 체포를 금지하는 한법 수정 제4조의 위반이다. 전자 코를 인터넷으로 구매할 수 있을 때까지 경찰은 자신의 코에 의지해야 할 것이다.

모든 과학기술과 마찬가지로, 분명 예상치 못한 결과의 법칙이 상업적 전자 코 시장의 발달에 영향을 줄 것이다. 예를 들어 조만간 여성의 호흡으로 배란 여부를 알려주는 휴대용 냄새 탐지기가 나올 것이다. 이 탐지기는 임신하려는 부부에게도 좋겠지만, 또한 사냥감을 찾아 돌아다니는 독신 남자들에게도 필수품이 될 것이다.

상자에서 꺼내자마자 전자 코가 제대로 작동되기를 기대할 수는 없다. 같다, 다르다라는 단순한 임무조차에도 훈련이 필요하다. 임무가 썩은 사과를 골라내는 것이라면, 그 데이터베이스에 좋은 사과와 나쁜 사과의 표본을 채워 각각의 통계표와 구분할 수 있는 결정 규칙을 만들어

주어야 한다.

훈련받지 않은 전자 코는 알코올 함량에 따라 와인 샘플을 분류할 것이다. 피노누아와 진판델을 구별하기 위해서는 훈련받아야 한다. 전자 코는 받은 훈련만큼만 인상을 받는다. 전자 코를 쫓아가서는 안 된다. 전자 코를 이끌어야 한다.

전자 감지 장치는 '객관적'이기 때문에 냉정한 공정 기술자의 마음에 들었다. 전자 코 덕에 공정 기술자들은 최소한 이론적으로는 감각 전문가와 토론할 필요가 없고 정서적인 소비자 패널을 상대하지 않아도 됐다. 하지만 잠깐. 제조 과정중의 전자 코는 품질 관리 과정의 전자 코와 다른 판단을 내린다. 그렇다면 누가 기술자를 믿을 것인가? 부디 논쟁을 끝낼 객관적인 방법을 찾을 수 있기를.

인간의 두뇌는 소음과 신호를 구분하는 데 능하다. 예를 들어 수많은 잡담 소리가 들리는 칵테일파티에서 한 가지 대화에만 귀를 기울일 수 있다. 마찬가지로 조향사는 나날이 배경 냄새가 바뀌는 사무실에서 일할 수 있다. 하지만 끊임없이 바뀌는 배경 냄새 속에서 표적을 찾아내기란 전자 코로선 어려운 일이다. 더욱이 그런 배경에서 움직이는 표적을 따라가기란 더욱 힘들다. 가령 과일가게에서 익어가는 복숭아를 찾는 것처럼 말이다. 전자 코는 칵테일파티 문제를 해결할 때까지는 인간의 코에 경쟁상대가 되지 못할 것이다.

기술이 발전하면서 생물학과 기계 사이의 경계는 모호해지기 시작한다. 영국의 한 그룹은 인공적인 후각 점막을 만들어 '진정한 생체 모방 후각 마이크로시스템'이라는 것을 개발했다.[7] 다시 말해 인조 콧물에 전자 감지기를 파묻은 것이다. 파릴렌 C라는 냄새를 간직한 10미크론 두께의 중합체를 말이다. 중합체는 들어오는 냄새 분자의 탐지를 지연시킴으로써 인공 코의 반응 시간을 늦추어 생물학적 코처럼 작동하도록 한다.

첨단 기술에서 생물학적 조직은 냄새 감지기로 이용된다. 예를 들어 연구원들은 포유류의 후각 수용체 유전자를 효모균에 넣을 수 있고, 효모균은 다시 수용체로 만들어 자체 세포 표면에 설치할 수 있다. 온전하게 기능하는 수용체를 포함한 효모균막의 작은 조각을 잘라서 수용체가 활성화될 때마다 전자 신호를 발산하는 칩에 부착한다.[8]

또 다른 접근법에서, 연구원들은 박테리아 세포를 이용해 냄새 수용체를 만든 다음 수용체를 지닌 세포막 조각을 작은 수정 결정판에 바른다.[9] 수정의 진동수는 그걸 뒤덮은 층의 무게에 따라 달라진다. 수정 결정 미량저울이라고 하는 이 장치는 대단히 민감해서 콧물층의 수용체가 냄새 분자에 붙었을 때 그 무게가 늘어나 알 수 있다. 한 영국 기업은 이 기술로 폭발물을 탐지한다.[10] 또 다른 그룹은 더 나아가 모든 쥐의 후각 세포를 반도체 칩으로 통합했다. 그들은 이 장치를 후각적 뉴로칩이라고 부르지만, 사실은 쥐와 기계의 혼성물이다.

프랑스 대학교의 과학자들은 잡종을 한단계 앞으로 더 나아가게 했다.[11] 이들은 인간의 후각 수용체 유전자를 효모균에 넣었고, 효모균은 다시 후각 분자 헬리오날에 작용하는 인간 수용체로 표현됐다. 조작된 효모균은 헬리오날의 바이오센서가 된다. 이는 기술적으로는 훌륭하지만 다소 혼란스러운 달성이다. 이질적인 유기체에 통제되는 인간의 DNA 화합물이 다시 기계에 노예가 되는 것이다. 이게 정말 우리가 추구하고자 하는 방향인가?

이 실리콘과 생물학의 통합이 발전되는 과정에서 생긴 이 같은 의문은 전자 코가 인간의 코를 대신할 수 있느냐가 아니라, 우리가 그걸 원하느냐가 되었다. 나는 폐암을 찾기 위해 전자 코로 내 몸을 냄새 맡아 조사하게 할 것인가? 물론이다. 나는 로봇 냄새 파수꾼을 사용할 것인가? 특히 체취 문제가 있다면 그럴지도 모르겠다. 하지만 냉장고가 내게 "에이버리, 미안하지만 이 차가운 음식을 먹게 할 순 없습니다."라고 말하기를 정말 바랄까?

냄새 유전자

슈퍼마켓 토마토에는 풍미가 없다. 이 불만은 흔하고 또 타당하다. 대량 생산되는 토마토 품종은 야생 품종보다 당과 산, 향이 적다. 하지만 색깔과 수확량, 질병에 대한 내성, 단단한 정도, 운송에는 더 좋다(토마토는 상점까지 이동되는 동안 익을 수 있도록 단단하고 초록색일 때 수확된다). 토마토 재배자들의 지침 방향은 맛보다는 보기 좋은 게 낫다는 쪽이다.[12]

하지만 과학자들은 식물에서 풍미와 관련된 화학물질 생산의 유전학을 해독하면서 생물 공학적으로 풍미를 높일 수 있는 가능성을 열었다. 한 연구 집단은 토마토 향의 주요 성분인 페닐에틸 알코올의 생화학적 생산의 첫 단계인 효소 유전자를 발견했다.[13] 이 유전자는 유전자 형질을 바꾼 토마토 묘목에서 과잉 발현되었을 때, 일반적인 품종보다 10배 더 향긋하게 만든다.

또 다른 과학 팀은 얼마 전 향기 생성과 관련된 주요 효소를 통제하는 유전자를 바꾸어 더 맛있는 토마토를 만들었다.[14] 이들은 레몬 바질에서 효소 유전자를 추출해 토마토 묘목에 넣었다. 효소 유전자는 생화학적 활동을 바꾸어 더 높은 수준의 주요 향기 분자를 생산했다. 이 얘기는 철저히 과학적이지만 백문이 불여일견이다. 미각 테스트에서 패널들은 유전자 형질을 바꾼 토마토를 더 선호했다.

유전공학자들은 다른 종의 식물에서 이식한 유전자보다는 소위 전통 토마토, 즉 모양이 특이하고 맛이 흥미로워 전국 농산물 시장에서 높이 평가되는 품종에서 유용한 유전자를 추출하고 싶을 것이다. 마블 스트라이프트와 퍼플 체로키 등의 이름을 가진 전통 토마토는, 오늘날 슈퍼마켓 진열대를 지배하는 표준화되고 질병 저항성이 있으며 수확량이 많고 운송에 적합한 종류의 토마토를 만들었던 품종 개량 프로그램 이전에 존재했다. 캘리포니아 대학교 데이비스 캠퍼스의 와인 전문가이자 와인 아로마 휠을 만든 앤 노블은 전통 사업을 되살리고자 하는 센트럴 밸리 토마토 재배자들에게서 은퇴 권유를 받았다.[15] 그들은 그녀가 와인을 위해 한 일을 토마토에도 해주길 기대한다. 즉, 소비자들이 자기네 다양한 향기를 이해하고 음미할 수 있도록 감각 분석을 해주기를 말이다.

풍미 없는 토마토보다 더 실망스러운 게 있다면, 그건 향기 없는 장미다. 국화와 튤립, 백합, 카네이션과 함께 장미는 꽃 시장에서 가장 많이 팔리는 상품으로, 전 세계 연간 판매액은 400억 달러로 추산된다. 장미 향기는 어디로 사라졌을까? 장미 품종은 100가지가 넘지만, 대량 생산되는 대부분의 장미는 단 8가지 종을 교배시킨 것이다. 토마토처럼 이 장미 품종은 향기 때문이 아니라 꽃 색깔과 모양, 생산량, 꽃병에 꽂았을 때의 유효 기간, 벌레와 질병에 대한 저항성 등 꽃 업계가 높이 평가하는 특징 때문에 선택되었다.[16]

향수 화학자들은 꽃향기를 마지막 분자에 이르기까지 분석하지만, 묘목이 애초에 어떻게 향기를 만드는지를 밝혀내는 건 그들의 업무가 아니다. 게다가 학술 연구원의 관심을 끌지도 못한다. 1994년 꽃향기 효소는 단 하나도 발견되지 않았다. 그러다 생물학자 에런 피처스키(Eran Pichersky)가 캘리포니아 토착 야생화를 연구하기 시작했다.[17] 밤에 꽃을 피우고 나방에게 가루받이시키는 달맞이꽃인 이 희귀한 품종은 샌프란시스코 베이 지역에서만 자란다. 피처스키 팀은 그 향기의 특성을 화학적으로 기술하고 리날로올이라고 하는 한 성분이 리날로올 신타아제라는 효소로 생성된다는 걸 발견했다. 그 효소로 생성된 유전자를 성공적으로 밝혔을 때, 그들은 꽃향기 생화학이라는 전혀 새로운 과학 분야를 열었다.

그때부터 피처스키와 다른 이들은 프래그란트 클라우드 장미에서 향기를 생성하는 효소와 그 암포를 지정하는 유전자를 찾았다.[18] 이들은 이러한 유전자를 골든게이트 품종처럼 향기 없는 장미에 이식하기를 기대했다.

생물 공학자들은 장미 향기를 구하기 위해 노력할 것이다. 묘목에 유전자를 이식할 수 있는 기술을 충분히 갖고 있다. 말 그대로 DNA를 입힌 금이나 텅스텐 미립자를 이용해 묘목 세포에 새로운 유전자를 넣을 수 있다.[19] 혹은 아그로박테리아라는 미생물을 이용해 유전자를 넣을 수 있다. 유전 공학자들은 식물의 원래 향기를 복원할 수 있을 뿐 아니라, 다른 종의 냄새를 줄 수도 있다.[20] 현기증이 날 것 같은 생각이다. 바이올렛 같은 냄새가 나는 장미, 백합 같은 냄새가 나는 과꽃이라니! 유전자 형질을 변형시켜 다른 냄새가 나는 꽃은 생명공학의 승리가 될 것이고 생물 공학 농작물은 쉽게 대중에게 용인될 것이다.

이는 꽃 업계에 더없이 좋은 기회처럼 보인다. 하지만 에런 피처스키는 생산자들이 노력하지 않는다고 내게 말했다. 그들의 시장 조사에 따르면, 소비자들은 향기가 중요하다고 말하지만 실제로는 그렇지 않다는 것이다. 그들의 말 대로 판매 수치는 이를 반영하지 않는다. 소비자들은 색깔과 시각적 매력에 따라 꽃을 선택하기 때문이다. 대부분의 꽃은 선물용으로 판매되는데, 이는 곧 구매자가 향기나 향기 결핍에 신경 쓰지 않는다는 뜻이다. 아마 "바이올렛에 향수를 뿌리는 건… 쓸데없고 우스꽝스러운 과장이다."라는 셰익스피어의 말은 사실일 것이다.

냄새를 인지하는 유전자

마케팅 담당자가 침 한 방울로 10분 만에 고객의 향수 선호도를 예측할 수 있는 DNA 테스트를 한다고 상상해보자.[21] 임신 테스트처럼 타액을 바탕으로 한 빠른 임상 진단은 이미 사용되고 있다. 왜 매장에선 그런 진단을 하지 않을까? 왜 자신에게 꼭 맞는 향수를 찾기 위해 약간의 침을 이용하지 않는 걸까?

후각은 사람마다 매우 다양하다. 그 범위를 이해하기 위해 이를 색 식별과 비교해보자. 세 종류의 색맹 대신 수십 가지 색맹이 있다고, 그리고 각 유형이 총인구의 단 6퍼센트가 아니라 75퍼센트에 이른다고 상상해보라. 후각 과학자들이 이 가변성을 설명하기 위해 노력하고 있음에도 불구하고 이는 후각에서 가장 큰 미스터리로 남아 있다. 왜 어떤 사람은 특정 분자 냄새를 맡을 수 있는데 다른 이들은 맡지 못할까? 왜 어떤 사람은 특정 분자를 기분 좋다고 생각하는데 다른 이들은 불쾌하다고 여길까?

학계 연구원들이 이에 대한 설명으로 가장 좋아하는 문화적 요인은 분명 냄새 선호도에서 중요한 역할을 한다. 하지만 문화적 요인은 같은 문화권에 있는 사람들끼리에서도 생길 수 있는 수많은 차이를 설명하지 못한다. 놀라울 정도로 별로 관심을 받지 못한 생물학적 요인이 이러한 차이를 상당 부분 설명할 것이다. 특정 후각 상실증이 좋은 예가 될 것이다. 이는 생물학적인 원인으로, 어떤 냄새에 대해서만 감지하기 못하는 증상이다. 이와 같은 현상이 일어나는 이유는 문제의 냄새 분자에 대한 수용체가 없기 때문이다. 특정 후각 상실증에는 수십 가지가 있지만, 이는 후각의 차이 중 극히 일부에 지나지 않는다.

미스터리의 열쇠는 더 넓은 인간 게놈에 존재할 것이다. 후각 수용체 유전자가 어떻게 세상 냄새를 맡을지, 왜 다른 이들과 다르게 냄새 맡는지를 결정할 가능성이 높기 때문이다. 누구나 약 350가지 후각 수용체를 갖고 있지만, 그 350가지가 다른 사람과 똑같지는 않다. 게다가 특정 수용체 유전자는 사람마다 DNA 배열에서 미묘한 차이를 보일 수 있다.

유전학은 유전자형(한 사람의 DNA 지문)과 표현형(한 사람의 육체적 및 심리적 특성)을 연결한다. 전 세계 여러 실험실은 후각의 유전자를 연구하고 있다. 이들의 첫 번째 도전은 한 사람의 후각 표현형을 특징짓는 것이다. 다시 말해, 다양한 냄새에 대한 민감도와 선호도를 측정하는 것이다. 다음 단계는 DNA 분석으로 한 사람의 후각 수용체 유전자형을 확립하는 것이다. 연구원들은 비슷한 표현형을 가진 사람들은 공통적인 특정 유전 형질을 갖고 있다고 추측한다. 예를 들면 사향 냄새를 좋아하고 포도 냄새를 싫어하며 파출리 냄새에 무관심한 사람들은 공통적으로 특정 후각 수용체 변형을 갖고 있으며, 이 생체 지표(biomarker)는 매장 내 향수 선호도 진단의 근거가 될 수 있다.

후각 기능의 유전학을 향한 첫 단계는 이미 이루어졌다. 록펠러 대학과 듀크 대학의 연구원들은 한 후각 수용체의 유전자 변종에 따라 사람들이 안드로스테논과 안드로스타이에논이라고 하는 분자를 지각하는 방식이 달라진다는 점을 발견했다.[22] 단일 염기변이(single nucleotide polymorphism)라고 하는 이 유전자 변종은 이 두 냄새 분자의 강도와 불쾌감을 약하게 하는 영향을 준다. 그렇게 작은 돌연변이가 냄새 지각에 어떻게 그토록 큰 영향을 줄 수 있는지 놀라울 뿐이다. 하지만 이는 빙산의 일각일 뿐이다. 앞으로 훨씬 많은 예를 기대할 수 있다.

유전자와 후각의 연관 관계를 알게 되면 우리가 냄새에 대해 생각하는 방식은 근본적으로 바뀔 것이다. 파블로프의 조건반사와 프루스트의 기억은 생물학에서 무대를 공유해야 할 것이다. 향기 선호도에 대한 생물학적 지표의 발견은 향수 디자인과 마케팅에 대변혁을 일으킬 것이다. 조향사는 시장 전반에 호소력 있는 제품을 만들거나 특정 인물을 만족시키기보다는 생물학적으로 규정된 시장을 표적으로 삼아야 할 것이다. 사향 냄새를 좋아하고, 포도 냄새를 싫어하며, 파출리에 무관심한 고객을 위해 무언가를 디자인하는 조향사는 과거의 운에 맡기는 방식으로 일하는 이들보다 엄청나게 유리할 것이다.

후각의 게놈 세대는 흥분할 것이다. 우리는 근본적인 생물학적 수준에서 후각을 바꿀 수 있을 것이다. 예를 들어 한 수용체의 반응을 높이거나 아예 작용하지 못하게 막을 것이다. 이 분자 수준의 간섭이 새로운 유형의 소비자 제품으로 이어질 것이다.[23] 병원과 요양원 의사들이 오래 전부터 사용했던 비강 스프레이를 상상해보자. 교대근무를 시작하기 전에 스프레이를 한 번 분사하면 다른 후각은 바뀌지 않으면서 소변의 암모니아 같은 냄새만 맡지 못할 것이다. 제품은 특정 종류의 분자가 감정을 자극하지 못하게 작동할 것이다. 이 같은 몇 가지 냄새 차단제가 병원 일을 하는 데 더 기분 좋게 만들 것이다. 그리고 흡족해진 직원은 환자를 더 행복하게 만들 것이다. 축사 직원, 배관공, 정제소 직원 등 선택적인 분자 후각 여과 장치에서 이익을 얻을 수 있는 다른 모든 직업을 생각해보라.

그 다음으로는 식욕에 즉각적이고 깊은 영향을 주는 새로운 종류의 다이어트 제품을 상상해보자. 음식은 매력을 잃고 냄새가 유발한 갈망은 사라질 것이다. 생물학적 의미에서 이는 많은 종류의 수용체에 간섭하는 광범위한 냄새 차단제일 것이다. 차단제는 음식 냄새를 포함해 전반적으로 후각을 약화시킴으로써 다이어트 하는 사람들이 프로그램을 준수하게 할 수 있도록 도와줄 것이다. 최근에는 대개 고혈압을 통제하는 데 이용되는 약, 즉 칼슘 통로 차단제를 통해 그런 주장을 해왔다. 코에 직접 이 약을 바르면 일시적으로 감각 세포가 작용을 멈추고, 후각 능력이 줄어들거나 사라진다.

다른 방식으로 수용체 기능을 바꿈으로써 후각을 증진시킬 수 있을 것이다. 연인의 페로몬처럼 특정 체취의 지각을 선택적으로 높이는 제품을 상상해보자. 이는 성적 관심이나 흥분을 높여 성 기능장애의 유용한 치료

제가 될 것이다(어쩌면 후각적 환각제로서 바람둥이나 클럽 애호가, 쾌락주의자에게도 인기를 끌지 모른다).

또 다른 가능성은 광범위한 향기 촉진제다. 그 결과는 압도적일 수 있다. 신경학자이자 평론가인 올리버 색스(Oliver Sacks)는 암페타민과 코카인, 펜타클로로페놀에 노출되었을 때 높아진 후각을 경험한 환자를 묘사했다.[24] 냄새는 너무나 직접적이고 뚜렷해서 코 하나만으로도 뉴욕을 어디라도 갈 수 있었다. 모두가 그렇게 신비한 경험을 원치는 않겠지만, 에밀리 디킨슨은 그걸 위해 아무리 큰돈이라도 지불했을 것이다. 다양한 냄새 촉진제는 소량만으로도 노인의 후각 감퇴를 덜어줄 것이다. 음식을 더 맛있게, 더 많이 먹을 것이며 영양물 섭취는 개선될 것이다. 어쩌면 노년의 감각 상실과 함께 일어나는 심리적 우울증도 완화될 수 있다.

기존 후각 수용체의 일시적 미조정은 생물 공학적인 관점에서 보면 비교적 간단하다. 코의 감각 세포는 그저 얇은 점액층으로 분리되어 직접 외부 세계와 접촉한다. 이 세포는 쉽게 국부적인 비강 스프레이에 반응할 수 있다. 다시 말해 유효 성분은 최소한이고 부작용이 일어날 확률은 낮다는 뜻이다. 더욱 묘한 가능성이 있다. 새로운 후각 수용체 유전자를 갖는다고 상상해보자. 단지 유전자가 조작된 아데노바이러스의 분무액을 한껏 흡입하기만 하면 된다. 그러면 며칠 내에 새로운 후각 경험을 하게 될 것이다. 안드로스테논에 대한 특정 후각 상실증이 치유되어 생전 처음으로 값비싼 송로버섯 요리를 맛있게 먹을 수 있을지 모른다. 어쩌면 사향을 새롭게 더 깊이 감상할지도 모른다.

흡입한 바이러스 입자에 개는 갖고 있지만 당신에게는 없었던 후각 수용체가 모두 함유되어 있다고 가정해보라. 주말이면 당신은 인류가 수백만 년 동안 몰랐던 냄새를 맡을 것이다. 그 경험은 처음엔 콘텍트렌즈를 낀 것처럼 당황스러울 것이다. 당신의 뇌는 새로운 후각 정보에 적응하고 거기 초점을 맞추는 데 시간을 필요로 할 것이다.

환상적이지만, 아주 믿기 어려운 얘기는 아니다. 유전자 이식 기술은 연구소에서 자주 이용되고 있다. DNA는 감기를 유발하는 조작된 아데노 바이러스 속에서 한 유기체에서 다른 유기체로 옮겨간다. 이 바이러스는 스스로 복제할 수 없지만, 숙주 세포의 DNA로 잠입해 이식된 유전자를 복제하도록 속임수를 쓸 수 있다.

인간의 유전자 도입 기술은 대개 목숨을 위협하는 질병의 치료라는 의미와 연관된다. 하지만 윌리엄 깁슨(William Gibson)의 《뉴로맨서*Neuromancer*》에서 등장인물들이 신체의 각 부분을 로봇 부품처럼 바꾸는 것같이 나는 유전자 도입이 의학적인 목적보다는 꼭 필수적이지는 않은 인체의 미적 증진에 이용되리라 예언한다.

종을 넘나드는 감각계의 유전자 공학은 이미 실험실에서 일어나고 있다.[25] 쥐는 새로운 광수용기를 받았고, 누에나방의 성 페로몬 수용체는 과일 파리로 이식됐다. 언젠가는 우리도 후각적 운명을 통제할 수 있을 것이다. 당신은 어떤 냄새를 풍기길 원하는가?

지평선의 끝, 날아가는 가마우지, 개펄과 개흙,
이것들은 매일 떠났고,
매일 떠나며, 언제나 매일 떠나갈 아이의 일부가 되었구나.

-월터 휘트먼, 〈풀잎〉

1장 머릿속에 살아 있는 냄새들

1 Alexander Graham Bell, "Discovery and invention," National Geographic, June 1914.

2 Michael Murphy, The Future of the Body: Explorations into the Further Evolution of Human Nature (Los Angeles: Jeremy P. Tarcher, Inc., 1992), p. 68; Vitus B. Dröscher, The Magic of the Senses: New Discoveries in Animal Perception (New York: E. P. Dutton, 1969), p. 100 (translation of 1966 German original); Andrew Hamilton, "What science is learning about smell," Science Digest,November 1966, p. 81~84.

3 M. Milinski and C.Wedekind, "Evidence for MHCcorrelated perfume preferences," Behavioral Ecology 12 (2001): 140~49; B. C. Prasad and R. R. Reed, "Chemosensation: Molecular mechanisms in worms and mammals," Trends in Genetics 15 (1999): 150~53;Trygg Engen, The Perception of Odor, (Academic Press, 1982), p. 99; R. H. Wright, The Science of Smell (London: George Allen & Unwin, 1964), p. 80.

4 John M. deMan, Principles of Food Chemistry, 3rd edition (New York: Springer, 1999), p. 287; A. Dravnieks, "Current status of odor theories," in Flavor Chemistry, edited by Irwin Hornstein (Washington, DC: American Chemical Society, 1966); R.

M. Hainer, A. G. Emslie, and A. Jacobson, "An information theory of olfaction," Annals of the New York Academy of Sciences 58 (1954):158~74.

5 "Crocker speaks at initiation banquet," The Tech (MIT student paper), May 15, 1934, p. 1; "Ernest Charlton Crocker (1888~1964)," in A Dictionary of Psychology, edited by Andrew M. Colman (Oxford University Press, 2001).

6 E. C. Crocker and L. F. Henderson, "Analysis and classification of odors: An effort to develop a workable method," The American Perfumer & Essential Oil Review 22 (1927):325; Edwin G. Boring, "A new system for the classification of odors," American Journal of Psychology 40 (1928):345~49.

7 ADL continues to cite Crocker and his big numbers to this day. See "Sensory Benchmarking: The U.S. Soymilk Market 2001," a report by Soyatech, Inc., and Arthur D. Little, Inc., p. 5.

8 W. Barfield and E. Danas, "Comments on the use of olfactory displays for virtual environments," Presence 5 (1996): 109~21.

9 T. Regier, P. Kay, and N. Khetarpal, "Color naming reflects optimal partitions of color space," Proceedings of the National Academy of Sciences USA 104 (2007): 1436~41.

10 H. Heymann and A. C. Noble, "Descriptive analysis of commercial Cabernet Sauvignon wines from California," American Journal of Enology and Viticulture 38 (1987):41~44.

11 A. C. Noble, R. A. Arnold, et al., "Modification of a standardized system of wine aroma terminology," American Journal of Enology and Viticulture 38 (1987):143~46; "foodstuffs" quote from p. 144. The Wine Aroma Wheel can also be found online at www.winearomawheel. com.

12 M. C. Meilgaard, "Flavor Chemistry of Beer," Master Brewers Association of the Americas Technical Quarterly 12 (1975):107.

13 N. P. Jolly and S. Hattingh, "A brandy aroma wheel for South African brandy," South African Journal for Enology and Viticulture 22 (2001):16~21; G. A. Burlingame, I. H. Suffet, et al., "Development of an odor wheel classification scheme for wastewater," Water Science and Technology 49 (2004):201~9. Mandy Aftel's Natural Perfume Wheel can be found at www.aftelier.com.

14 Nancy Jeffries, "Fragrance Awards, Beauty Trends and the Scent of Peace," GCI, June 2006, pp. 20~22; Jeff Falk, "How's that for originality?" GCI, October 2005, p. 4.

15 Robert R. Calkin and J. Stephan Jellinek, Perfumery: Practice and Principles (New York: John Wiley & Sons, 1994), p. 24.

16 Interviews with Kari Arienti, June 30, 2004 and December 20, 2007 and with René Morgenthaler, December 19, 2007.

17 Calkin and Jellinek, Perfumery, pp. 24, 61.

18 The Fragrance Foundation Reference Guide, 23rd edition (2002), p. 64.

19 Global Cosmetic Industry, April 2004, p.14.

20 Luca Turin, quoted in Chandler Burr, The Emperor of Scent (New York: Random House, 2002), p. 36.

21 Chandler Burr, "Dark Victory," New York Times "T" Style Magazine, August 27, 2006.

22 "Now that's stinking rich," Sunday Metro, July 13, 2006 (published online as well).

23 Ernst Mayr, The Growth of Biological Thought: Diversity, Evolution, and Inheritance (Boston: Harvard University Press, 1982).

24 Carl von Linné, Odores medicamentorum, Amoenitates Academicae 3, 183~201, 1752. The specific author is Andreas Magnus Wåhlin, series no. XXXVIII. Little is known about Wåhlin, but scholars believe Linnaeus was the driving force behind the smell project. (From correspondence with Gunnar Broberg.)

25 To get the flavor of Linnaeus's odd logic, see Aphorhisms 358~362 in his Philosophia Botanica, translated by Stephen Freer (Oxford University Press, 2003).

26 Modern researchers continue to mistake Linnaeus for an odor classifier. See, for example,M. Zarzo and D.T. Stanton, "Identification of latent variables in a semantic odor profile database using principal component analysis," Chemical Senses 31 (2006): 713~724.

27 Hendrik Zwaardemaker, Die Physiologie des Geruchs (Leipzig:W. Engelmann, 1895).

28 Hans Henning, Der Geruch (Leipzig: J. A. Barth, 1916).

29 For background on this, see M. W. Levine, Fundamentals of Sensation and Perception, 3rd edition (Oxford, New York: Oxford University Press, 2001; P. M.Wise, M. J. Olsson, and W. S. Cain, "Quantification of odor quality," Chemical Senses 25 (2000): 429~43; Stanley Finger, Origins of Neuroscience: A History of Explorations into Brain Function (Oxford,New York: Oxford University Press, 2001).

30 Crocker and Henderson, "Analysis and classification of odors," p. 325.

31 S. Ross and A. E. Harriman, "A preliminary study of the Crocker-Henderson odor-classification system," American Journal of Psychology 62 (1949):399~404.

32 John E. Amoore, Molecular Basis of Odor (Springfield, I11.: Thomas, 1970).

33 Key findings of Laing's that I discuss here are referenced in A. Livermore and D. G.

Laing, "The influence of chemical complexity on the perception of multicomponent odor mixtures," Perception & Psychophysics 60 (1998):650~61, and in A. Livermore and D. G. Laing, "The influence of odor type on the discrimination and identification of odorants in multicomponent odor mixtures," Physiology & Behavior 65 (1998):311~20.

2장 코는 큰 제목만 읽는다

1 Leonard David, "Mars stinks: Sulfur deposits may make Red Planet putrid," Space.com/scienceastronomy/mars_stinks_040308.html (March 8, 2004).

2 J. G. Moore, L.D. Jessop, and D. N. Osborne, "Gas–chromatographic and mass–spectrometric analysis of the odor of human feces," Gastroenterology 93 (1987):1321~29.

3 F. L. Suarez, J. Springfield, and M. D. Levitt, "Identification of gases responsible for the odour of human flatus and evaluation of a device purported to reduce this odour," Gut 43, (1998):100~104.

4 T. Jiang, F. L. Suarez, et al., "Gas production by feces of infants," Journal of Pediatric Gastroenterology and Nutrition 32 (2001):534~41.

5 T. I. Case, B. M. Repacholi, and R. J. Stevenson, "My baby doesn't smell as bad as yours: The plasticity of disgust," Evolution and Human Behavior 27 (2006):357~65.

6 "Blagojevich Enjoys Campaign Trail, While Ryan Endures It: Democrat's Baggage Hasn't Slowed His Momentum," St. Louis Post–Dispatch, October 6, 2002; Warhol attribution from www.hempfiles.com.

7 The National Toxicology Program (U.S. Department of Health and Human Services) lists the odor of THC as "none found," an impression confirmed by Eran Pichersky (interview September 19, 2006) and by Jim Woodford (interview April 11, 2007). THC, cannabinol, and cannabidiol are "nonvolatile" according to M. Rothschild, G. Bergström, and S. Wängberg, "Cannabis sativa: Volatile compounds from pollen and entire male and female plants of two variants, Northern Lights and Hawaiian Indica," Botanical Journal of the Linnean Society 147 (2005):387~97.

8 Interview with W. James Woodford, April 11, 2007.

9 J. Horiuchi, D. V. Badri, et al., "The floral volatile, methyl benzoate, from snapdragon (Antirrhinum majus) triggers phytotoxic effects in Arabidopsis thaliana," Planta 226 (2007):1~10; M. Kondo, N. Oyama–Okubo, et al., "Floral scent diversity is differently expressed in emitted and endogenous components in Petunia axillaris

lines," Annals of Botany (London) 98 (2006): 1253~59.

10 N. Lorenzo,T.Wan, et al., "Laboratory and field experiments used to identify Canis lupus var. familiaris active odor signature chemicals from drugs, explosives, and humans," Analytical and Bioanalytical Chemistry. 376 (2003): 1212~24.

11 L.V. Hood, M. E. Dames, and G.T. Barry, "Headspace volatiles of marijuana," Nature 242 (1973):402~3; L. V. Hood and G.T. Barry, "Headspace volatiles of marihuana and hashish: Gas chromatographic analysis of samples of different geographic origin," Journal of Chromatography 166 (1978):499~506; S. A. Ross and M. A. ElSohly, "The volatile oil composition of fresh and air-dried buds of Cannabis sativa," Journal of Natural Products 59 (1996):49~51; Rothschild, Bergström, and Wängberg, "Cannabis sativa," pp. 387~97.

12 Matt Coker, "Live Review: Smell You Later; Beck: The Pacific Amphitheatre," OC Weekly, vol. 10, no. 47, July 29~August 4, 2005.

13 R. O. Pihl, D. Shea, and L. Costa, "Odor and marijuana intoxication," Journal of Clinical Psychology 34 (1978):775~79.

14 Multichannel News, August 14, 2006; "Pass the Scent Strip," Ad Age.com, August 10, 2006.

15 John Muir, The Overland Monthly, June 1875.

16 Karen Wiese, Sierra Nevada Wildflowers (Helena, Montana: Falcon Publishing Inc., 2000).

17 R. Kaiser, "Scents from rain forests," Chimia 54 (2000):346~63.

18 R. Kaiser, "Vanishing flora-lost chemistry: The scents of endangered plants around the world," Chemistry & Biodiversity 1 (2004):13~27.

19 S.Widder, A. Sen, and W. Grosch, "Changes in the flavour of butter oil during storage; identification of potent odorants," Zeitschrift für Lebensmitteluntersuchung und-Forschung A 193 (1991):32~35; I. Blank, K.-H. Fischer, and W. Grosch, "Intensive neutral odourants of linden honey: Differences from honeys of other botanical origin," Zeitschrift für Lebensmitteluntersuchung und-Forschung A 189 (1989):426~33; D. D. Roberts and T. E. Acree, "Effects of heating and cream addition on fresh raspberry aroma using a retronasal simulator and gas chromatography olfactometry," Journal of Agricultural and Food Chemistry 44 (1996):3919~25.

20 George B. Longstaff, Butterfly-hunting in Many Lands (London: Longmans, Green, and Co., 1912), p. 491.

21 J. Andersson, A. K. Borg-Karlson, C.Wiklund, "Sexual conflict and anti-aphrodisiac titre in a polyandrous butterfly: Male ejaculate tailoring and absence of female control," Proceedings: Biological Sciences 271 (2004): 1765~70; J. Andersson, A. K. Borg-Karlson, and C. Wiklund, "Antiaphrodisiacs in pierid butterflies: A theme with variation!" Journal of Chemical Ecology 29 (2003):1489~99.

22 N. E. Fatouros, M. E. Huigens, et al., "Chemical communication: Butterfly anti-aphrodisiac lures parasitic wasps," Nature 433 (2005):704.

23 M. C. Stensmyr, I.Urru, et al., "Pollination: Rotting smell of dead-horse arum florets," Nature 420 (2002): 625~26.

24 F. P. Schiestl, R. Peakall, et al., "The chemistry of sexual deception in an orchid-wasp pollination system," Science 302 (2003):437~38.

25 Kaiser, "Scents from rain forests," p. 350.

26 P. K. Ong and T. E. Acree, "Gas chromatography/ olfactory analysis of lychee (Litchi chinesis Sonn.)," Journal of Agricultural and Food Chemistry 46 (1998):2282~86; P. K. Ong and T. E. Acree, "Similarities in the aroma chemistry of Gewurztraminer variety wines and lychee (Litchi chinesis Sonn.) fruit," Journal of Agricultural and Food Chemistry 47 (1999):665~70; R. Triqui and N. Bouchriti, "Freshness assessments of Moroccan sardine (Sardina pilchardus): Comparison of overall sensory changes to instrumentally determined volatiles," Journal of Agricultural and Food Chemistry 51 (2003):7540~46; F. Piveteau, S. Le Guen, et al, "Aroma of fresh oysters Crassostrea gigas: Composition and aroma note," Journal of Agricultural and Food Chemistry 48 (2000):4851~57; K. Fukami, S. Ishiyama, et al., "Identification of distinctive volatile compounds in fish sauce," Journal of Agricultural and Food Chemistry, 50 (2002):5412~16; L. R. Freeman, G. J. Silverman, et al., "Volatiles produced by microorganisms isolated from refrigerated chicken at spoilage," Applied and Environmental Microbiology 32 (1976):222~31.

27 W. Grosch, "Evaluation of the key odorants of foods by dilution experiments, aroma models and omission," Chemical Senses 26 (2001):533~45.

28 M. Czerny, F.Mayer, and W. Grosch, "Sensory study on the character impact odorants of roasted arabica coffee," Journal of Agricultural and Food Chemistry 47 (1999):695~99.

29 E. A. Bulliner, J. A. Koziel, et al., "Characterization of livestock odors using steel plates, solid-phase microextraction, and multidimensional gas chromatography-mass spectrometry-olfactometry," Journal of the Air & Waste Management Association 56 (2006):1391~1403; D.W.Wright, D. K. Eaton, et al.,

"Multidimensional gas chromatographyolfactometry for the identification and prioritization of malodors from confined animal feeding operations," Journal of Agricultural and Food Chemistry 53 (2005):8663~72.

30 P. Pihlsgard, M. Larsson, et al., "Volatile compounds in the production of liquid beet sugar," Journal of Agricultural and Food Chemistry 48 (2000):44~50.

3장 왜 그녀는 그의 스킨 냄새에 끌릴까?

1 C. M. Philpott, C. R.Wolstenholme, et al., "Comparison of subjective perception with objective measurement of olfaction," Archives Otolaryngology–Head and Neck Surgery 134 (2006):488~90.

2 Federal Register 71, no. 109, p. 32834, June 7, 2006.

3 B. A. Nguyen–Khoa, E. L. Goehring, et al., "Epidemiologic study of smell disturbance in 2 medical insurance claims populations," Archives of Otolaryngology–Head & Neck Surgery 133 (2007): 748~57.

4 J. R. de Kruijk, P. Leffers, et al., "Olfactory function after mild traumatic brain injury," Brain Injury 17 (2003):73~78.

5 J. Reden, A. Mueller, et al., "Recovery of olfactory function following closed head injury or infections of the upper respiratory tract," Archives of Otolaryngology–Head & Neck Surgery 132 (2006):265~69; R. Harris, T. M. Davidson, et al., "Clinical evaluation and symptoms of chemosensory impairment: One thousand consecutive cases from the Nasal Dysfunction Clinic in San Diego," American Journal of Rhinology 20 (2006):101~8.

6 T. Hummel and S.Nordin, "Olfactory disorders and their consequences for quality of life," Acta Oto–Laryngologica 125 (2005):116~21; E. H. Blomqvist, A. Bramerson, et al., "Consequences of olfactory loss and adopted coping strategies," Rhinology 42 (2004):189~94.

7 D. V. Santos, E. R. Reiter, et al., "Hazardous events associated with impaired olfactory function," Archives of Otolaryngology–Head & Neck Surgery 130 (2004):317~19.

8 Lucy Mangan, "Scents and sensitivity," The Guardian, July 20, 2004.

9 Karen Ravn, "Sniff . . . and Spend: Now that the retail industry has caught a whiff of smells' success, prepare your nose for the marketing onslaught," and "First Person: Hey, there's no sense missing what you can't smell," Los Angeles Times, August 20, 2007.

10 M. S. Greenberg, "Olfactory hallucinations," in M. J. Serby and K. L. Chobor, eds., The Science of Olfaction (New York: Springer–Verlag, 1992), pp. 467~99.
11 B. N. Landis, J. Frasnelli, and T. Hummel, "Euosmia: A rare form of parosmia," Acta Otolaryngologica 126 (2006):101~3; W. B. Shelley and E. D. Shelley, "The smell of burnt toast: A case report," Cutis 65 (2000):225~26; P. Bonfils, P. Avan, et al., "Distorted odorant perception: Analysis of a series of 56 patients with parosmia," Archives of Otolaryngology–Head & Neck Surgery 131 (2005):107~12.
12 C. Lochner, D. J. Stein, "Olfactory reference syndrome: Diagnostic criteria and differential diagnosis," Journal of Postgraduate Medicine 49 (2003):328~31.
13 N. Klutky, "Geschlechtsunterschiede in der Gedächtnisleistung für Gerüche,Tonfolgen und Farben [Sex differences in memory performance for odors, tone sequences and colors]," Zeitschrift für experimentelle und angewandte Psychologie 37 (1990):437~46.
14 Dave Barry, "The Nose Knows," Miami Herald, May 5, 1998.
15 A. Garcia–Falgueras, C. Junque, et al., "Sex differences in the human olfactory system," Brain Research 1116 (2006):103~11.
16 J. K. Olofsson and S. Nordin, "Gender differences in chemosensory perception and event–related potentials," Chemical Senses 29 (2004):629~37.
17 M. Larsson, M. Lovden, and L. G. Nilsson, "Sex differences in recollective experience for olfactory and verbal information," Acta Psychologica 112 (2003):89~103.
18 P. Dalton, N. Doolittle, and P. A. Breslin, "Gender–specific induction of enhanced sensitivity to odors," Nature Neuroscience 5 (2002):199~200.
19 Interview with Paul Breslin, July 31, 2007.
20 H. J. Schmidt and G. K. Beauchamp, "Human olfaction in infancy and early childhood," in Serby and Chobor 1992,pp. 378~95.
21 The Pursuit of pleasure (New Youk: Little, Brown, 1992), p. 64.
22 C. J.Wysocki and A. N. Gilbert, National Geographic Smell Survey, "Effects of age are heterogenous," Annals of the New York Academy of Sciences 561 (1989):12~28.
23 J. Corwin, "Assessing olfaction: cognitive and measurement issues," in Serby and Chobor, 2005, pp. 335~54.
24 A. Knaapila, K. Keskitalo, et al., "Genetic component of identification, intensity and pleasantness of odours: A Finnish family study," European Journal of Human Genetics 15 (2007):596~602.

25 A. Mackay–Sim, A. N. Johnston, et al., "Olfactory ability in the healthy population: reassessing presbyosmia," Chemical Senses 31 (2006):763~71.

26 A. N. Gilbert and C. J. Wysocki, "The Smell Survey Results," National Geographic 172 (1987):514~25.

27 A. Bramerson, L. Johansson, et al., "Prevalence of olfactory dysfunction: The Skovde population–based study," Laryngoscope 114 (2004):733~37.

28 Helen Keller, The World I Live In (New York: The Century Co., 1908).

29 C. Murphy and W. S. Cain, "Odor identification: The blind are better," Physiology & Behavior 37 (1986):177~80; R. S. Smith, R. L. Doty, et al., "Smell and taste function in the visually impaired," Perception & Psychophysics 54 (1993):649~55; R. Rosenbluth, E. S. Grossman, and M. Kaitz, "Performance of early–blind and sighted children on olfactory tasks," Perception 29 (2000):101~10; C. E. Wakefield, J. Homewood, and A. J.Taylor, "Cognitive compensations for blindness in children: An investigation using odour naming," Perception 33 (2004):429~42; H. Diekmann, M. Walger, and H. von Wedel, "Die Riechleistungen von Gehorlosen und Blinden [Sense of smell in deaf and blind patients]," HNO 42 (1994):264~69; O. Schwenn, I. Hundorf, et al., "Können Blinde besser riechen als Normalsichtige? [Do blind persons have a better sense of smell than normal sighted people?]," Klinische Monatsblätter für Augenheilkunde 219 (2002):649~54.

30 Blind are better: Murphy & Cain 1986; Wakefield et al., 2004; Rosenbluth et al., 2000; blind no better: Diekmann et al., 1994; Schwenn et al., 2002; Smith et al., 1993.

31 A. A. Brill, "The sense of smell in the neuroses and psychoses," The Psychoanalytic Quarterly 1 (1932): 17~42.

32 On November 14, 1897, Freud wrote to his colleague Wilhelm Fliess in Berlin and speculated about a biological basis for the psychological repression of sexual impulses; see The Complete Letters of Sigmund Freud to Wilhelm Fliess 1887~1904, edited by J. M. Masson (Belknap/Harvard University Press, 1985), pp. 278~82.

33 Sigmund Freud, Civilization and Its Discontents, translated by James Strachey with introduction by Peter Gay (New York: W. W. Norton, 1989).

34 Annick Le Guérer, "Olfaction and cognition: A philosophical and psychoanalytic overview," in C. Rouby, B. Schaal, et al., eds., Olfaction, Taste, and Cognition (Cambridge: Cambridge University Press, 2002), p. 6.

35 D. Singh and P. M. Bronstad, "Female body odour is a potential cue to ovulation," Proceedings of the Royal Society of London, Series B, Biological Sciences 268

(2001):797~801.

36 A. Wrzesniewski, C. McCauley, and P. Rozin, "Odor and affect: Individual differences in the impact of odor on liking for places, things and people," Chemical Senses 24 (1999):713~21.

37 Le Guérer Le Guérer, in C. Rouby, B. Schaal, et al., eds., 2002, p. 6.

38 David Howes, "Freud's nose: The repression of nasality and the origin of psychoanalytic theory," in Victoria De Rijke, Lene Østermark-Johansen, and Helen Thomas, eds., Nose Book: Representations of the Nose in Literature and the Arts (London: Middlesex University Press, 2000), pp. 265~81.

39 Frank J. Sulloway, Freud, Biologist of the Mind (New York: Basic Books, 1979), p. 143. See also Max Schur, Freud: Living and Dying (International Universities Press, 1972), pp. 77~90 for details of operation; Ernest Jones, The Life and Work of Sigmund Freud, vol. 1, 1856~1900: The Formative Years and the Great Discoveries (New York: Basic Books, 1953), pp. 308~9.

40 W. H. Hudson, "On the Sense of Smell," The Century Magazine, August 1922, pp. 497~506.

41 A. N. Gilbert, K. Yamazaki, et al., "Olfactory discrimination of mouse strains (Mus musculus) and major histocompatibility types by humans (Homo sapiens)," Journal of Comparative Psychology 100 (1986):262~65.

42 D. L. Wells and P. G. Hepper, "The discrimination of dog odours by humans," Perception 29 (2000):111~15.

43 C. M.Willis, S. M. Church, et al., "Olfactory detection of human bladder cancer by dogs: Proof of principle study," BMJ 329 (2004):712~14; but also see M. Leahy, "Olfactory detection of human bladder cancer by dogs: Cause or association?" and J. S. Welsh, "Olfactory detection of human bladder cancer by dogs: Another cancer detected by 'pet scan,' " in ibid., 1286~87.

44 S. Jiamyangyuen, J. F. Delwiche, and W. J. Harper, "The impact of wood ice cream sticks' origin on the aroma of exposed ice cream mixes," Journal of Dairy Science 85 (2002):355~59.

45 Richard P. Feynman, "Surely You're Joking, Mr.Feynman!": Adventures of a Curious Character (New York: W. W. Norton, 1985).

46 P.Wallace, "Individual discrimination of humans by odor," Physiology & Behavior 19 (1977):577~79.

47 J. Porter, B. Craven, et al., "Mechanisms of scent-tracking in humans," Nature Neuroscience 10 (2007):27~29.

48 Lorenzo, Wan, et al., "Laboratory and field experiments," p. 1213
49 Charles Darwin, The Descent of Man and Selection in Relation to Sex, vol. 1 (London: John Murray, 1871), pp. 23~24.
50 Havelock Ellis, Studies in the Psychology of Sex: Sexual Selection in Man (Philadelphia: F. A. Davis Company, 1922), pp. 47, 48.
51 S. Rouquier, A. Blancher, and D. Giorgi, "The olfactory receptor gene repertoire in primates and mouse: Evidence for reduction of the functional fraction in primates," Proceedings of the National Academy of Sciences USA, 97 (2000):2870~74.
52 T. D. Smith, K. P. Bhatnagar, et al., "Distribution of olfactory epithelium in the primate nasal cavity: Are microsmia and macrosmia valid morphological concepts?" Anatomical Record 281 (2004):1173~81; T. D. Smith and K. P. Bhatnagar, "Microsmatic primates: Reconsidering how and when size matters," Anatomical Record 279 (2004):24~31.
53 G. M. Shepherd, "The human sense of smell: Are we better than we think?" PLoS Biology 2 (2004):572~75.
54 M. Laska, D. Genzel, and A. Wieser, "The number of functional olfactory receptor genes and the relative size of olfactory brain structures are poor predictors of olfactory discrimination performance with enantiomers," Chemical Senses 30 (February 2005):171~75; M. Laska, A. Wieser, et al., "Olfactory responsiveness to two odorous steroids in three species of nonhuman primates," Chemical Senses 30 (2005):505~11.
55 P. Quignon, E. Kirkness, et al., "Comparison of the canine and human olfactory receptor gene repertoires," Genome Biology 4 (2003):R80; Y. Gilad, O. Man, and G. Glusman, "A comparison of the human and chimpanzee olfactory receptor gene repertoires," Genome Research 15 (2005):224~30; Quignon, et al., "The dog and rat olfactory receptor repertoires," Genome Biology 6 (2005):R83, pp. 1~9.
56 P.Quignon, et al., "The dog and rat olfactory receptor repertoires," Genome Biology 6 (2005):R83, pp. 1~9; P. A. Godfrey, B. Malnic, and L. B. Buck, "The mouse olfactory receptor gene family," Proceedings of the National Academy of Sciences USA 101 (2004):2156~61; B. Malnic, P. A. Godfrey, and L. B. Buck, "The human olfactory receptor gene family," Proceedings of the National Academy of Sciences USA 101 (2004):2584~89; Y. Gilad, O. Man, and G. Glusman, "A comparison of the human and chimpanzee olfactory receptor gene repertoires," Genome Research 15 (2005):224~30.
57 Jack Kornfield, A Path with Heart: A Guide Through the Perils and Promises of

Spiritual Life (New York: Bantam, 1993), p. 125.

58 M. Bende and S. Nordin, "Perceptual learning in olfaction: Professional wine tasters versus controls," Physiology & Behavior 62 (1997):1065~70; H. T. Lawless, "Flavor description of white wine by 'expert' and nonexpert wine consumers," Journal of Food Science 49 (1984):120~23; W. V. Parr, D. Heatherbell, and K. G.White, "Demystifying wine expertise: Olfactory threshold, perceptual skill and semantic memory in expert and novice wine judges," Chemical Senses 27 (2002):747~55.

59 Calkin and Jellinek, Perfumery, p. 3.

60 A. N. Gilbert, M. Crouch, and S. E. Kemp, "Olfactory and visual mental imagery," Journal of Mental Imagery 22 (1998):137~46.

61 Byung-Chan Min, et al., "Analysis of mutual information content for EEG responses to odor stimulation for subjects classified by occupation," Chemical Senses 28 (2003):741~49.

62 A. Castriota-Scanderbeg, G. E. Hagberg, et al., "The appreciation of wine by sommeliers: A functional magnetic resonance study of sensory integration," Neuroimage 25 (2005): 570~78.

63 Patrick Süskind, Perfume: The Story of a Murderer, translated by John E.Woods (New York: Alfred A. Knopf, 1986).

64 Salman Rushdie, Midnight's Children (New York: Alfred A. Knopf, 1980), p. 378.

65 Helen Keller, Midstream: My Later Life (New York: Crowell Publishing Co., 1929), p. 165.

66 Associated Press, "Smelly Money Lands Indiana Man in Jail," April 7, 2005.

67 State v. Moore (2000), 90 Ohio St.3d 47.

68 R. L. Doty, T. Wudarski, et al., "Marijuana odor perception: Studies modeled from probable cause cases," Law and Human Behavior 28 (2004):223~33.

69 H. Moskowitz, M. Burns, and S. Ferguson, "Police officers' detection of breath odors from alcohol ingestion," Accident Analysis and Prevention 31 (1999):175~80.

70 E. Hendrie, "The motor vehicle exception," FBI Law Enforcement Bulletin 74, no. 8 (August 2005).

71 United States of America v. Burton Dean Viers, CA No. 06-30266, Appellant's Opening Brief.

4장 뇌는 냄새를 어떻게 해석할까?

1 Edwin G. Boring, Sensation and Perception in the History of Experimental

Psychology (New York: D. Appleton-Century Co., 1942), p. 440.
2 E. Paulsen, "Experimentelle Untersuchungen über die Strömung der Luft der Nasenhöhle," Sitzungber. d. preuss. Akad. d.Wiss. 85 (1882):328.
3 K. Zhao, P. Dalton, et al., "Numerical modeling of turbulent and laminar airflow and odorant transport during sniffing in the human and rat nose," Chemical Senses 31 (2006):107~18.
4 J. S. Oppenheim, "Neurosurgery at the Mount Sinai Hospital," Journal of Neurosurgery 80 (1994):935~38.
5 C. A. Elsberg and I. Levy, "The sense of smell (I):A new and simple method of quantitative olfactometry," Bulletin of the Neurological Institute of New York 4 (1935):5~19; Elsberg, Levy, and E. D. Brewer, "A new method for testing the sense of smell and for the establishment of olfactory values for odorous substance," Science 83 (1936):211~12.
6 H. Zwaardemaker, "Präzisionsolfaktometrie." Arch. für Layng. und Rhinol. 15 (1904):171~77.
7 Time, November 25, 1935, p. 40; New York Times, November 13, 1935.
8 F. Nowell Jones, "A test of the validity of the Elsberg method of olfactometry," American Journal of Psychology 66 (1953):81~85; "The reliability of olfactory thresholds obtained by sniffing," American Journal of Psychology 68 (1955):289~90; "A comparison of the methods of olfactory stimulation: Blasting vs. sniffing," ibid., 486~88. He pulls his punches somewhat in the later paper, but the deed was done.
9 B. M. Wenzel, "Problems of odor research from the viewpoint of a psychologist," Annals of the New York Academy of Sciences 58 (1954):58~61.
10 D. G. Laing, "Characterisation of human behaviour during odour perception," Perception 11 (1982):221~30.
11 D. G. Laing, "Natural sniffing gives optimum odour perception for humans," Perception 12 (1983):99~117; "Identification of single dissimilar odors is achieved by humans with a single sniff," Physiology & Behavior 37 (1986):163~70; "Optimum perception of odor intensity by humans," Physiology & Behavior 34 (1985):569~74.
12 Oxford English Dictionary, 2nd Edition, 1989.
13 N. Sobel, V. Prabhakaran, et al., "Odorant-induced and sniff-induced activation in the cerebellum of the human," Journal of Neuroscience 18 (1998):8990~9001; B. N. Johnson, J. D. Mainland, and N. Sobel, "Rapid olfactory processing implicates subcortical control of an olfactomotor system," Journal of Neurophysiology 90

(2003):1084~94; N. Sobel, V. Prabhakaran, et al., "Sniffing and smelling: Separate subsystems in the human olfactory cortex," Nature 392 (1998): 282~86.

14 M. Bensafi, J. Porter, et al., "Olfactomotor activity during imagery mimics that during perception," Nature Neuroscience 6 (2003): 1142~44.

15 J. Mainland and N. Sobel, "The sniff is part of the olfactory percept," Chemical Senses 31 (2006):181~96.

16 R. A. Frank, M. F. Dulay, et al., "A comparison of the sniff magnitude test and the University of Pennsylvania Smell Identification Test in children and nonnative English speakers," Physiology & Behavior 81 (2004):475~80; Frank, Dulay, and R. C. Gesteland, "Assessment of the Sniff Magnitude Test as a clinical test of olfactory function," Physiology & Behavior 78 (2003):195~204; Frank, Gesteland, et al., "Characterization of the sniff magnitude test," Archives of Otolaryngology-Head & Neck Surgery 132 (2006):532~36.

17 "Can a Robot Have a Nose?" Popular Science Monthly, October 1931, p. 70.

18 B. Risberg-Berlin, R. Ylitalo, and C. Finizia, "Screening and rehabilitation of olfaction after total laryngectomy in Swedish patients: Results from an intervention study using the Nasal Airflow-Inducing Maneuver," Archives of Otolaryngology-Head & Neck Surgery 132 (2006):301~6.

19 S.W. Lichtman, I. L. Birnbaum, et al., "Effect of a tracheostomy speaking valve on secretions, arterial oxygenation, and olfaction: A quantitative evaluation," Journal of Speech and Hearing Research 38 (1995):549~55; D. S. Braz, M. M. Ribas, et al., "Quality of life and depression in patients undergoing total and partial laryngectomy," Clinics 60 (2005):135~42.

20 N. Sobel, M. E. Thomason, et al., "An impairment in sniffing contributes to the olfactory impairment in Parkinson's disease," Proceedings of the National Academy of Sciences USA 98 (2001):4154~59.

21 Roy F. Knight, "Smelling Aid Device," U. S. Patent 5,522,253, issued June 4, 1996.

22 "GlaxoSmithKline to Acquire Nasal-Strip Maker CNS," Wall Street Journal, October 10, 2006.

23 D. E. Hornung, C. Chin, et al., "Effect of nasal dilators on perceived odor intensity," Chemical Senses 22 (1997):177~80; D. E. Hornung, D. J. Smith, et al., "Effect of nasal dilators on nasal structures, sniffing strategies, and olfactory ability," Rhinology 39 (2001):84~87.

24 B. Raudenbush and B. Meyer, "Effect of nasal dilators on pleasantness, intensity and sampling behaviors of foods in the oral cavity," Rhinology 39 (2001):80~83.

25 P. Dalton and C. J.Wysocki, "The nature and duration of adaptation following long-term odor exposure," Perception & Psychophysics 58 (1996):781~92.

26 E. E. Slosson, "A lecture experiment in hallucinations," Psychological Review 6 (1899):407~8. A few years later, A. S. Edwards at Cornell University got similar results in the lab, published as "An experimental study of sensory suggestion," American Journal of Psychology 26 (1915):99~129.

27 M. O'Mahony, "Smell illusions and suggestion: Reports of smells contingent on tones played on television and radio," Chemical Senses & Flavor 3 (1978):183~89.

28 S. C. Knasko, A. N. Gilbert, and J. Sabini, "Emotional state, physical well-being and performance in the presence of feigned ambient odor," Journal of Applied Social Psychology 20 (1990):1345~57.

29 For references to Dalton's work, see P. Dalton, "Cognitive influences on health symptoms from acute chemical exposure," Health Psychology 18 (1999):579~90.

30 P. Dalton, "Odor, irritation and perception of health risk," International Archives of Occupational and Environmental Health 75 (2002):283~90.

31 C. E. Campenni, E. J. Crawley, and M. E. Meier, "Role of suggestion in odor-induced mood change," Psychological Reports 94 (2004):1127~36.

32 "Near disaster after warning stink ignored," Aftenposten, June 5, 2003.

5장 입을 위한 코

1 H.T. Finck, "The gastronomic value of odours," Contemporary Review 50 (1886):680~95.

2 N. Chaudhari, H. Yang, et al., "The taste of monosodium glutamate: Membrane receptors in taste buds," Journal of Neuroscience 16 (1996):3817~26.

3 Carl Sagan, The Dragons of Eden (New York: Random House, 1977), p. 156; Andrew Hamilton, "What science is learning about smell," Science Digest, November 1966, pp. 81~84; Havelock Ellis, Studies in the Psychology of Sex: Sexual Selection in Man (Philadelphia: F. A. Davis Company, 1922), pp. 47, 48.

4 P. Rozin, " 'Taste-smell confusions' and the duality of the olfactory sense," Perception & Psychophysics 31 (1982):397~401.

5 B. J. Koza, A. Cilmi, et al., "Color enhances orthonasal olfactory intensity and reduces retronasal olfactory intensity," Chemical Senses 30 (2005):643~49.

6 Stevenson's work is described in D. M. Small and J. Prescott, "Odor/taste integration and the perception of flavor," Experimental Brain Research 166 (2005):345~57.

7 J. Djordjevic, R. J. Zatorre, and M. Jones–Gotman, "Odor–induced changes in taste perception," Experimental Brain Research 159 (2004):405~8.
8 R.Wrangham and N. Conklin–Brittain, "Cooking as a biological trait," Comparative biochemistry and physiology, Part A, Molecular & Integrative Physiology 136 (2003):35~46. See also A. Gibbons, "Paleoanthropology: Food for thought," Science 316 (2007):1558~60.
9 P.W. Lucas, K. Y. Ang, et al., "A brief review of the recent evolution of the human mouth in physiological and nutritional contexts," Physiology & Behavior 89 (2006):36~38.
10 M. R. Yeomans, "Olfactory influences on appetite and satiety in humans," Physiology & Behavior 87 (2006):800~804.
11 Kenneth T. Farrell, Spices, Condiments, and Seasonings, 2nd edition (New York: Springer, 1990).
12 Elisabeth Rozin, Ethnic Cuisine: How to Create the Authentic Flavors of 30 International Cuisines (New York: Penguin, 1992), p. xiv.
13 Michael Washburn, "Q&A: Chewing the Fat with Charlie Trotter," Detours: The Online Magazine of the Illinois Humanities Council 5, no. 1 (May 2003).
14 J. Billing and P.W. Sherman, "Antimicrobial functions of spices: Why some like it hot," Quarterly Review of Biology 73 (1998):3~49.
15 P. W. Sherman and G. A. Hash, "Why vegetable recipes are not very spicy," Evolution and Human Behavior 22 (2001):147~63.
16 Nicholas Wade, Before the Dawn (New York: Penguin, 2006), p. 270.
17 B. F. Voight, S. Kudaravalli, et al., "A map of recent positive selection in the human genome," PLoS Biology 4 (2006):446; R. Nielsen, C. Bustamante, et al., "A scan for positively selected genes in the genomes of humans and chimpanzees," PLoS Biology 3 (2005):e170; A. G. Clark, S. Glanowski, et al., "Inferring nonneutral evolution from humanchimp–mouse orthologous gene trios," Science 302 (2003):1960~63; S. H. Williamson, M. J. Hubisz, et al., "Localizing recent adaptive evolution in the human genome," PLoS Genetics 3 (2007):e90; H. Tang, S. Choudhry, et al., "Recent genetic selection in the ancestral admixture of Puerto Ricans," American Journal of Human Genetics 81 (2007):626~33.
18 T. Bersaglieri, P. C. Sabeti, et al., "Genetic signatures of strong recent positive selection at the lactase gene," American Journal of Human Genetics 74 (2004):1111~20; S. A. Tishkoff, F. A. Reed, et al., "Convergent adaptation of human lactase persistence in Africa and Europe," Nature Genetics 39 (2007):31~40;

J. Burger, M. Kirchner, et al., "Absence of the lactase-persistence-associated allele in early Neolithic Europeans," Proceedings of the National Academy of Sciences USA 104 (2007):3736~41.

19 Shepherd, "The human sense of smell," p. 573

20 Pearl Buck, The Good Earth (New York: John Dan, 1931), pp. 110~11.

21 Constance Classen, David Howes, and Anthony Synnott, Aroma: The Cultural History of Smell (London: Routledge, 1994).

22 Ron Clark, "Savouring the Sweet Smell of Scotland: Aroma Scientist Makes Scents of the Natural World," The Herald (Glasgow), March 14, 2003.

23 S. Ayabe-Kanamura, I. Schicker, et al., "Differences in perception of everyday odors: A Japanese-German cross-cultural study, Chemical Senses 23 (1998):31~38.

24 Radhika Jha, Smell: A Novel (New York: SoHo Press, 1999).

25 Garrison Keillor, Lake Wobegon Days (New York: Viking, 1985).

26 For Brown's list, see Steven Pinker, The Blank Slate (New York: Viking, 2002).

27 P. J. O'Rourke, Holidays in Hell (New York: Grove/Atlantic, 2000), p. 46.

28 Tom Van Riper, "Turning Up the Heat," Forbes.com, March 21, 2006.

29 Francis Sill Wickware, "They're After Your Nose Now," The Saturday Evening Post, June 21, 1947, p. 26.

30 "Trends in Air Care," data presented by Lynn Dornblaser, GNPD Consulting Services/Mintel Group, 2005.

31 Sarah Ellison, "After Making Beer Ever Lighter, Anheuser Faces a New Palate," Wall Street Journal, April 26, 2006.

32 "The French Move Their Cheese-Down-Market," Wall Street Journal, June 20, 2000; "U.S., France Clash over Curdled Milk; Defending France's Smelliest Cheese," Wall Street Journal, May 27, 1999; "Sweet Stink of Success," The Guardian (London), November 26, 1999.

33 Charles Platt, "You've Got Smell!" Wired, issue 7.11 (November 1999), p. 256.

34 M. Czerny, F. Mayer, and W. Grosch, "Sensory study on the character impact odorants of roasted arabica coffee," Journal of Agricultural and Food Chemistry 47 (1999):695~699.

35 Crocker and Henderson (1927)

36 E. A. Johnson and Z. M.Vickers, "The effectiveness of palate cleansers," Presentation to the Institute of Food Technologists annual meeting 2002.

37 B. Madrigal-Galan and H. Heymann, "Sensory effects of consuming cheese prior to evaluating red wine flavor," American Journal of Enology and Viticulture 57

(2006):12~22. Also see, "UC Davis Study Challenges Classic Wine-Cheese Pairings," San Francisco Chronicle, July 16, 2005.

38 J. F. Delwiche and M. L. Pelchat, "Influence of glass shape on wine aroma," Journal of Sensory Studies 17 (2002):19~28; J. F. Delwiche, "The impact of glass shape on the perception of wine: Bacchus to the future," Proceedings of the Inaugural Brock University Wine Conference, 2002; T. Hummel, J. F. Delwiche, et al., "Effects of the form of glasses on the perception of wine flavors: A study in untrained subjects," Appetite 41 (2003):197~202.

6장 악취에 대한 혐오

1 John Reidy, ed., Thomas Norton's Ordinal of Alchemy, Early English Text Society no. 272 (Oxford University Press, 1975), p. 64.

2 Danielle Nagler, "Towards the smell of mortality: Shakespeare and the ideas of smell 1588~1625," The Cambridge Quarterly 26 (1997):42~58.

3 James Bovard, "Get a Whiff of This!", Wall Street Journal, December 27, 1995.

4 O. van den Bergh, K. Stegen, et al., "Acquisition and extinction of somatic symptoms in response to odours: A Pavlovian paradigm relevant to multiple chemical sensitivity," Occupational and Environmental Medicine 56 (1999):295~301.

5 R. L. Doty, D. A. Deems, et al., "Olfactory sensitivity, nasal resistance, and autonomic function in patients with multiple chemical sensitivities," Archives of Otolaryngology-Head & Neck Surgery 114 (1988): 1422~27; E. Caccappolo, H. Kipen, et al., "Odor perception: Multiple chemical sensitivities, chronic fatigue, and asthma," Journal of Occupational and Environmental Medicine 42 (2000):629~38; D. Papo, B. Eberlein-Konig, et al.,"Chemosensory function and psychological profile in patients with multiple chemical sensitivity: Comparison with odor-sensitive and asymptomatic controls," Journal of Psychosomatic Research 60 (2006): 199~209.

6 Caccappolo, Kipen, et al., "Odor perception," pp. 629~38.

7 Izabella St. James, Bunny Tales: Behind Closed Doors at the Playboy Mansion (Philadelphia: Running Press, 2006).

8 Herbert Molloy Mason Jr., Death from the Sea (Dial Press, 1972), pp. 198~99.

9 "A Mortuary Tangled in the Macabre," Los Angeles Times, December 30, 1988; Kathy Braidhill, Chop Shop (New York: Pinnacle Books, 1993,) p. 138.

10 E. Vermetten and J. D. Bremner, "Olfaction as a traumatic reminder in posttraumatic stress disorder: Case reports and review," Journal of Clinical Psychiatry 64 (2003):202~7.

11 D. Hinton, V. Pich, et al., "Olfactory-triggered panic attacks among Khmer refugees: A contextual approach," Transcultural Psychiatry 41 (2004):155~99; D. E. Hinton, V. Pich, et al., "Olfactorytriggered panic attacks among Cambodian refugees attending a psychiatric clinic," General Hospital Psychiatry 26 (2004):390~97.

12 W. Winters, S. Devriese, et al., "Media warnings about environmental pollution facilitate the acquisition of symptoms in response to chemical substances," Psychosomatic Medicine 65 (2003): 332~38.

13 O. van den Bergh, P. J. Kempynck, et al., "Respiratory learning and somatic complaints: A conditioning approach using CO_2 enriched air inhalation, Behaviour Research and Therapy 33 (1995):517~27.

14 S. Devriese,W. Winters, et al., "Generalization of acquired somatic symptoms in response to odors: A pavlovian perspective on multiple chemical sensitivity, Psychosomatic Medicine 62 (2000):751~59.

15 O. van den Bergh, K. Stegen, et al., Acquisition and extinction of somatic symptoms in response to odours: A Pavlovian paradigm relevant to multiple chemical sensitivity, Occupational and Environmental Medicine 56 (1999):295~301.

16 W. Winters, S. Devriese, et al., "Media warnings about environmental pollution facilitate the acquisition of symptoms in response to chemical substances," Psychosomatic Medicine 65 (2003):332~38.

17 S. Devriese,W. Winters, et al., "Perceived relation between odors and a negative event determines learning of symptoms in response to chemicals," International Archives of Occupational and Environmental Health 77 (2004):200~204.

18 H. Staudenmayer, K. E. Binkley, et al., "Idiopathic environmental intolerance, Part 1: A causation analysis applying Bradford Hill's criteria to the toxicogenic theory," Toxicological Reviews 22 (2003):235~46. A meta-analysis that casts doubt on the validity of MCS as a clinical construct and finds "expectations and prior beliefs" to be a key factor in response is to be found in J. Das-Munshi, G. J. Rubin, and S.Wessely, "Multiple chemical sensitivities: A systematic review of provocation studies," Journal of Allergy and Clinical Immunology 118 (2006):1257~64.

19 H. Staudenmayer, K. E. Binkley, et al., "Idiopathic environmental intolerance, Part 2: A causation analysis applying Bradford Hill's criteria to the psychogenic theory,"

Toxicological Reviews 22 (2003): 247~61. See also
D. Papo, B. Eberlein-Konig, et al., "Chemosensory function and psychological profile in patients with multiple chemical sensitivity: Comparison with odor-sensitive and asymptomatic controls," Journal of Psychosomatic Research 60 (2006):199~209.

20 Eugene Rimmel, The Book of Perfumes, 7th edition (London: Chapman and Hall, 1871), p. 13.

21 Mark Twain, "About Smells," The Galaxy, May 1870.

22 "Ex-con, Woman Dead in Bronx," New York Daily News, September 10, 2004.

23 "Fears of Growing Old Lead Couple to Suicide," Chicago Sun-Times, August 12, 1994; "Pair in 80s Found Dead in Home; Apparently Died Several Weeks Ago," Houston Chronicle, March 22, 1997.

24 "What's Become of O. J.'s Ex-Gal Pal?" New York Daily News, January 23, 2002; "Miami Cops Say O. J.'s Ex-Girlfriend Isn't Missing, Knows About Dead Cat," South Florida Sun-Sentinel, January 23, 2003.

25 Jan Harold Brunvand, The Baby Train and Other Lusty Urban Legends (New York: Norton, 1993); Barbara Mikkelson writing on Snopes.com.

26 Katherine Ramsland, "Richard Kuklinski: The Iceman," chapter title "Going to Florida," Crimelibrary.com.

27 Jessica Snyder Sachs, Corpse: Nature, Forensics, and the Struggle to Pinpoint Time of Death (Cambridge, MA: Perseus Books, 2001).

28 "Woman, two men dead in Bronx apt. bloodbath," New York Daily News, January 22, 2002.

29 S. Goldberg, A. Kozlovsky, et al., "Cadaverine as a putative component of oral malodor," Journal of Dental Research 73 (1994):1168~72.

30 "Isle Mainland Traveler Shared Room with Corpse," Honolulu Star-Bulletin, August 1, 1996.

31 "He Slays Wife, Then Can't Take Smell, Say Cops," New York Daily News, December 11, 2003; "Mom, Stepdad Charged in Death of Disabled Man," Houston Chronicle, April 11, 2002.

32 "Body Undiscovered in Apartment for 2 Years?" Tucson Citizen, April 8, 2005; "Woman Drove for Days with Dead Mother," Reuters/CNN, April 29, 2004.

33 Aron Ralston, Between a Rock and a Hard Place (New York: Atria Books, 2004).

7장 냄새와 창조적 천재

1 Charles Darwin, The Descent of Man, and Selection in Relation to Sex (London: John Murray, 1871), p. 279.

2 Edouard Toulouse, Enquête médico-psychologique sur les rapports de la supériorité intellectuale avec le névrophatie (Pari Societé d'edition scientifiques, 1896); Annales Médico-Psychologiques, series 8, vol. 5 (1897):425~46.

3 Sarah Purcell, "Scents and Scentsibilities," Chemist & Druggist, November 22, 2003, p. S32.

4 Tim Appelo, "Kurt Cobain's Last No. 1 Hit," Seattle Weekly, December 25, 2002; Kurt Cobain, Journals (Riverhead Books, 2002).

5 Charles R. Cross, Heavier than Heaven: A Biography of Kurt Cobain (New York: Hyperion, 2001).

6 E-mail correspondence with Eric Berghammer, aka Odo7, May~June 2005.

7 A. N. Gilbert, M. Crouch, and S. E. Kemp, "Olfactory and visual mental imagery," Journal of Mental Imagery 22 (1998): 137~46.

8 M. Bensafi and C. Rouby, "Individual differences in odor imaging ability reflect differences in olfactory and emotional perception," Chemical Senses 32 (2007):237~44.

9 Lise-Lone Marker, David Belasco: Naturalism in the American Theatre (Princeton, NJ: Princeton University Press, 1975), p. 61 ff.

10 Beatriz Colomina, "Enclosed by images: The Eameses' multimedia architecture, Grey Room 2, (Winter 2001), pp. 6~29 (esp. p. 13); Stanley Abercrombie, George Nelson: The Design of Modern Design (Boston: MIT Press, 1995), p 147; Colomina, 2001, p. 14, referencing Eames collaborator George Nelson's quote in Abercrombie, 1995; Owen Gingerich, "A conversation with Charles Eames," The American Scholar 46, no. 3 (1977):326~37 (esp. p. 331); Abercrombie, George Nelson, p. 147.

11 J. C. Baird and K. A. Harder, "The psychophysics of imagery," Perception & Psychophysics 62 (2000):113~26; J. Gonzalez, A. Barros-Loscertales, et al., "Reading cinnamon activates olfactory brain regions," Neuroimage 32 (2006):906~12.

12 Helen McAfee, "The Sense of Smell," The Nation, January 15, 1914, pp. 57~58.

13 Anne Tyler, Ladder of Years (New York: Alfred A. Knopf, 1995).

14 Jay McInerney, Bright Lights, Big City (New York: Vintage, 1984).

15 A. S. Gordon, D. T. Moran, et al., "The effect of chronic cocaine abuse on human

olfaction," Archives of Otolaryngology–Head & Neck Surgery 116 (1990):1415~18.

16 Nathaniel Hawthorne: Colleted Novels (New York: Library of America edition, 1983), p. 360.

17 Nathaniel Hawthorne: Tales and Sketches (New York: Library of America, 1982).

18 Judith Farr, The Gardens of Emily Dickinson (Cambridge, MA: Harvard University Press, 2004).

19 Agnieszka Salska, "Dickinson's letters: From correspondence to poetry," in The Emily Dickinson Handbook, edited by G. Grabher, R. Hagenbüchle, and C. Miller (Amherst: University of Massachusetts Press, 1998).

20 Camille Paglia, Sexual Personae: Art and Decadence from Nefertiti to Emily Dickinson (New Haven: Yale University Press, 1990).

21 Poems quoted here can be found as numbered in The Complete Poems of Emily Dickinson, edited by T. H. Johnson (Boston: Little, Brown, 1960): drinker #1628, Inebriate #214, quaffing #230, kill your balm #238, when it dies #333, little odor #785, oils are wrung #675.

22 Marc A.Weiner, "Wagner's Nose and the Ideology of Perception." Monatshefte 81 (1989):62~78.

23 Leopold von Sacher–Masoch, Venus in Furs (1870; translation by Fernanda Savage, 1921).

24 Marilee Lindemann, Willa Cather: Queering America (New York: Columbia University Press, 1999); Willa Cather, O Pioneers! (Boston/New York: Houghton Mifflin Company, 1913).

25 Frederick L. Gwynn and Joseph L. Blotner, Faulkner in the University (Charlottesville: University of Virginia Press, 1959), p. 253.

26 Joseph Blotner, Faulkner: A Biography (New York: Random House, 1974).

27 J. M. Coetzee, "The Making of William Faulkner," The New York Review of Books, April 7, 2005, p. 20.

28 Lorie W. Fulton, "William Faulkner's Wistaria: The Tragic Scent of the South" Southern Studies 11 (2004):1~9.

29 William Faulkner, The Unvanquished (New York: Random House, 1938). True verbena should not be confused with lemon verbena (Lippia citriodor), which has a distinct lemony scent that Faulkner would have been hard pressed to ignore.

30 R. W. Witt, "On Faulkner and Verbena," Southern Literary Journal 27 (1994):73~84.

31 William Faulkner, The Sound and the Fury (New York: J. Cape and H. Smith, 1929).

32 Richard Dyer, " 'Blind Trust': Hold Your Nose," Boston Globe, June 7, 1993.

8장 할리우드 후각심리학

1 Interview with John Waters, April 12, 2006.

2 Frank W. Hoffmann and William G. Bailey, Arts & Entertainment Fads (Harrington Park Press, 1990); Martin J. Smith and Patrick J. Kiger, Oops: 20 Life Lessons from the Fiascoes That Shaped America (New York: HarperCollins, 2006); "Cinematic Stinkers," The Times Educational Supplement, May 26, 2006; "The 100 Worst Ideas of the Century," Time, June 14, 1999; Harry and Michael Medved, The Golden Turkey Awards: Nominees and Winners, the Worst Achievements in Hollywood History (New York: Putnam, 1980).

3 Terry Ramsaye, A Million and One Nights: A History of the Motion Picture (London: Frank Cass & Co., 1926), p. 175.

4 "Kill That Butt, the Smellie Is Starting," Film Daily, September 10, 1958.

5 See www.TournamentofRoses.com for the relevant history.

6 Letter to the Editor by Albert E. Fowler, Variety, January 13, 1960 (for Lilac Time); Photoplay Magazine, September 1929, p. 98 (for Hollywood Review of 1920).

7 Aldous Huxley, Brave New World (Garden City, NY: Doubleday, Doran & Company, 1932).

8 Bill Buford, Heat: An Amateur's Adventures as Kitchen Slave, Line Cook, Pasta-maker, and Apprentice to a Dante-quoting Butcher in Tuscany (New York: Knopf, 2006).

9 Arthur Mayer, Merely Colossal (New York: Simon and Schuster, 1953), pp. 187, 189~90.

10 John H. Leavell, "Method of and apparatus for presenting theatrical impressions," U.S. Patent 1,749,187, March 4, 1930.
To synchronize the smell with the movie, Leavell used a springloaded lever arm to detect notches cut into the edge of the motion picture film; a notch moved the lever arm and triggered the compressed air. As in Mayer's cartoon, a projectionist stood by to open valves to the appropriate odor tanks. Driven by compressed air, the scent emerged into the theater from mushroom-shaped vents beneath the seats-a standard ventilation method at the time.

11 John Canemaker, "The Fantasia That Never Was," Print 42 (1988):76~87, 139~40.

12 "The Smellies," Time, April 18, 1949, p. 30.

13 Felix Aeppli, Der Schweizer Film 1929~1964: Die Schweiz als Ritual, vol. 2, (Zürich: Limmat Verlag, 1981) p. 333 [my translation].

14 B.R. Crisler, "Week of Minor Wonders," New York Times, February 25, 1940.

15 "Today's Program at the Fair," New York Times, October 19, 1940.

16 Hervé Dumont, Geschichte des Schweizer Films: Spielfilme 1896~1965 (Lausanne: Schweizer Film Archiv, 1987), pp. 157~58 [my translation]. Dumont lists the first showing of My Dream as October 10, 1940, but also says it ran from June to July 1940. It is unclear from this whether the bust took place after the first performance or at the end of the first run.

17 "Smellovision" item in "Sidelines" column, Los Angeles Times, February 3, 1946; "The Smellies," Time, April 18, 1949, p. 30. On February 23, 1941, the New York Times in its "Reported from the Field of Science" column credits Laube and Barth for inventing the "smellies." Soon after, a Swiss film encyclopedia credits them with inventing "Duftfilm"; Charles Reinert, Kleines Filmlexikon: Kunst, Technik, Geschichte, Biographie, Schrifttum (Einsiedeln–Zürich: Benziger & Co., 1946), p. 85.

18 Michael Todd Jr. and Susan McCarthy Todd, A valuable property: The life story of Michael Todd (New York: Arbor House, 1983).

19 A Swiss newspaper reported on Laube's press demo of a video and smell system in a New York hotel room: "Fernriechen auf dem Weg," Die Tat, February 1, 1956.

20 Laube applied for a European patent in June, 1955; it was issued on January 21, 1959: Hans Laube and Bert Samuel Good, "Motion pictures and the like with synchronized odor emission," European patent GB807615. Laube filed the second U.S. application in June of 1956.

21 "Scento Vision to Be Installed in Theatre in 9 Months, Ruskin Says," Motion Picture Daily, September 14, 1956.

22 "Odors Added to Films and Video, Even Those of Oranges or Ham," New York Times, November 23, 1957.

23 "Brand-new 'Scent' on the Todd Roster," New York Times, September 28, 1958.

24 Glenda Jensen, "Working for the Michael Todd Corporation and a Little Bit of Cinemiracle Too," The 70mm Newsletter, March 15, 2005; Interview with Glenda Jensen, April 18, 2006.

25 Hedda Hopper column, Los Angeles Times, November 8, 1958.

26 "Kill That Butt, the Smellie Is Starting," Film Daily, September 10, 1958.

27 " 'Does It Not Betray Itself by Its Smell?' " Film Daily, April 14, 1959.

28 "Movies . . . Talkies . . . and Now–Smellies!" Los Angeles Times, April 26, 1959.

29 Herb A. Lightman, "This Movie Has Scents!" American Cinematographer, February 1960, p. 92.

30 Interview with Carmen Laube, April 24, 2006, and with Novia Laube, April 27, 2006.

31 Interview with Hal Williamson, April 28, 2006.

32 " 'Smell–O–Vision' to Get Film Test," New York Times, August 19, 1959.

33 "Motion pictures with synchronized odor emission," U.S. Patent 2,905,049, issued September 22, 1959; mentioned in "Times Square Conveyor System to Replace Shuttle Is Patented," New York Times, September 26, 1959.

34 "Todd 'Smell' Film May Be Scooped; Reade Rushes Own Picture to Beat 'Scent of Mystery'," New York Times, October 17, 1959; $300,000
is equal to $2.15 million in 2007 dollars.

35 "Todd Rival Leading in Smell–Film Race," New York Times, October 27, 1959.

36 "Scented Movies: The First Sniff?" Newsweek, November 9, 1959, p. 106.

37 "Oranges Blossomed in '23 Revue," Variety, November 4, 1959.

38 $3,500 to $7,500 equals $25,000 to $54,000 in 2007 dollars.

39 Unlike Scentovision, Inc. and AromaRama Industries, Inc. which were both incorporated in New York state, there is no New York record of the Weiss Screen–Scent Corporation.

40 Joan Didion, "Smellie on Seventh Avenue," National Review, January 30, 1960, pp. 83~84.

41 Bosley Crowther, "On Making Scents: AromaRama Turns Out a Movie Stunt," New York Times, December 13, 1959.

42 Interview with Luz Gunsberg, June 7, 2006.

43 "A Sock in the Nose," Time, December 21, 1959, p. 57.

44 John McCarten, "Inhalant," The New Yorker, December 19, 1959, p. 125.

45 Interview with Hal Williamson, April 28, 2006.

46 "Film Produced in Red China Turns Out to Be a Smeller," Los Angeles Times, December 13, 1959.

47 "Behind the Great Wall: The sweet smell of success–via novelty, unenduring values," Variety, December 16, 1959.

48 Interview with Paul Baise, June 22, 2006.

49 Glenda Jensen, The 70mm Newsletter, 2005.

50 "Are Smellies Bottled B.O. Sunshine?" Variety, December 16, 1959.

51 Judith Cass, "Recorded at Random" column, Chicago Daily Tribune, January 9, 1960.

52 "Diverting Tale Told with Nostril–Appeal," Variety, January 13, 1960; John McCarten, "Fragrant Frolic," The New Yorker, February 27, 1960, p. 131; "Nose Opera," Time, February 29, 1960, p. 98.

53 Comments from Bosley Crowther in "Screen: Olfactory Debut," New York Times,

February 19, 1960, and "How Does It Smell?" New York Times, February 28, 1960.
54 "An interview with Mike Todd Jr." by Roy Frumkes, posted on in 70mm.com, January 9, 2004.
55 Hollis Alpert, The Dreams and the Dreamers (Macmillan, 1962), p.179.
56 Michael Todd, Jr. and Susan McCarthy Todd, A valuable property, p. 102.
57 In late November, 1959, Mike Todd Jr. announced that Scent of Mystery would open in Los Angeles on January 27. Reade immediately postponed his own L.A. opening, which had been set for December 23. Later, with only a week's notice, he opened Behind the Great Wall at the Four Star Theater on Wilshire Boulevard on January 15–ten days earlier and two blocks down the street from Todd's film. Once again, Reade had stolen Mike junior's thunder. "Unique Film Will Screen," Los Angeles Times, November 24, 1959; "Musical '80 Days' Readied for Stage," Los Angeles Times, December 15, 1959; " 'Great Wall' Will Screen," Los Angeles Times, January 7, 1960.

9장 쇼핑몰의 좀비

1 Martin Lindstrom, Brand Sense: Build Powerful Brands through Touch, Taste, Smell, Sight, and Sound (New York: Free Press, 2005), p. 98.
2 "Dollars and Scents: The Nose Knows, or Does It?" Atlanta Journal–Constitution, August 19, 2004; Linda Tischler, "Smells Like Brand Spirit," Fast Company, August 2005, p. 52; "Smells Like a Sheraton," Washington Post, March 5, 2006.
3 Edward M. Ruttenber, "Sense of smell–an Important Factor in All Modern Merchandising," reprinted from the Daily News Record (New York) in American Perfumer & Essential Oil Review, June 1925, p. 208; " 'Sell by Smell' New Marketing Slogan," Forbes, July 1, 1934, pp. 14~15; Edward Podolsky, "Odors as sales stimulators," The Management Review 28 (September 1939):320; Francis Sill Wickware, "They're After Your Nose Now," The Saturday Evening Post, June 21, 1947, p. 26.
4 "Sweet Smell of Sidewalls," New York Times, February 11, 2007; "A Bowling Ball With Snap (and Scent)," New York Times, May 6, 2007; "Scent and Sensibility," New York Times, September 9, 2007; "Sniff . . . and spend," Los Angeles Times, August 20, 2007.
5 "Starbucks Stirred to Refocus on Coffee," Wall Street Journal, February 26, 2007.
6 "Luminar to Fight Smoking Ban with Sex Toys and Scent," The Independent

(London), May 18, 2007.
7 Robert A. Baron, "The sweet smell of . . . helping: Effects of pleasant ambient fragrance on prosocial behavior in shopping malls," Personality & Social Psychology Bulletin 23 (1997):498~503.
8 Bijal Trivedi, "Recruiting smell for the hard sell," New Scientist 2582 (December 16, 2006).
9 "Ancestral Memories in Smells," The Literary Digest, November 1, 1924, pp. 70~71.
10 BBC News, February 19, 2004: news.bbc .co.uk/go/pr/fr/–/2/hi/technology/3502821.stm; Ann Quigley, "Smell, emotion processor in brain may be altered in depressed patients," Health Behavior News Service, press release March 10, 2003, Center for the Advancement of Health; Emma Cook, "What's Getting Up Your Nose?: These Days, If It Doesn't Smell It Doesn't Sell," The Independent (London); Marilyn Larkin, "Sniffing out memories of holidays past," Lancet 354 (1999):2142.
11 A. M. Fiore, X. Yah, and E. Yoh, "Effects of a product display and environmental fragrancing on approach responses and pleasurable experiences," Psychology & Marketing 17 (2000):27~54.
12 A. S. Mattila and J.Wirtz, "Congruency of scent and music as a driver of in–store evaluations and behavior," Journal of Retailing 77 (2001):273~89.
13 E. R. Spangenberg, B. Grohmann, and D. E. Sprott, "It's beginning to smell (and sound) a lot like Christmas: The interactive effects of ambient scent and music in a retail setting," Journal of Business Research 58 (2005):1583~89.
14 "Muzak Cuts Jobs; Partners with ScentAir," Fort Mill Times, July 7, 2005.
15 E. R. Spangenberg, D. E. Sprott, et al., "Gender–congruent ambient scent influences on approach and avoidance behaviors in a retail store," Journal of Business Research 59 (2006):1281~87.
16 J. C. Chebat and R. Michon, "Impact of ambient odors on mall shoppers' emotions, cognition and spending: A test of competitive causal theories," Journal of Business Research 56 (2003):529~39.
17 Tischler, "Smells Like Brand Spirit," p. 52.
18 Anthony Pratkanis Anthony Pratkanis and Elliot Aronson, Age of Propaganda: The Everyday Use and Abuse of Persuasion (New York: W. H. Freeman, 1992); Anthony R. Pratkanis, "The Cargo–cult Science of Subliminal Persuasion," Skeptical Inquirer, Spring 1992.
19 Dominic Streatfeild, Brainwash: The Secret History of Mind Control (New York: St.

Martin's Press, 2007).
20 T. Hummel, J. Mojet, and G. Kobal, "Electro–olfactograms are present when odorous stimuli have not been perceived," Neuroscience Letters 397 (2006):224~28.
21 V. Treyer, H. Koch, et al., "Male subjects who could not perceive the pheromone 5 α–androst–16–en–3–one, produced similar orbitofrontal changes on PET compared with perceptible phenylethyl alcohol (rose)," Rhinology 44 (2006):278~82.
22 R. W. Holland, M. Hendriks, and H. Aarts, "Smells like clean spirit: Nonconscious effects of scent on cognition and behavior," Psychological Science 16 (2005):689~93.
23 D. A. Laird, "How the consumer estimates quality by subconscious sensory impressions; with special reference to the role of smell," Journal of Applied Psychology 16 (1932):241~46.
24 I. E. de Araujo, E.T. Rolls, et al., "Cognitive modulation of olfactory processing," Neuron 46 (2005):671~79.
25 ECRO newsletter, Spring 2005, p. 6.
26 FCC press statement, September 19, 2000: "The FCC's Investigation of 'Subliminal Techniques': From the Sublime to the Absurd,"
27 Harper quoted in "Dollars and Scents of Business," in the Atlanta Journal–Consitution, June 6, 2007; Faranda quoted in "Scent: New Frontiers in Branding," in CGI Magazine, May 2007.
28 C. Haill, " 'Buy a Bill of the Play!' " Apollo 126, new series 302 (1987):279~85; Calvin Trillin quoted in "Ugh, the Smell of It," Time, October 7, 1996.
29 Steve Ginsberg, Reeking Havoc: The Unauthorized Story of Giorgio (New York: Warner Books, 1989), pp. 128ff, 142ff.
30 Everett M. Turnbull and Jack W. Charbonneau, "Fragrance–releasing pull–apart sheet," U. S. Patent 4,487,801 issued December 11, 1984.
31 "Marketing Ploy Makes Scents," Los Angeles Times, September 5, 2007; Thomas Claburn, "Newspapers smell profit in scented ads," InformationWeek, January 29, 2007; "Joint Promotion Adds Stickers to Sweet Smell of Marketing," New York Times, April 2, 2007; Angewandte Chemie International Edition, April 27, 2007; "Scent noses Its Ways into More Ad Efforts," Wall Street Journal,October 8, 2007.
32 Emma Cook, "What's Getting Up Your Nose?" The Independent (London), May 16, 1999.
33 A. S. Byatt, "How We Lost Our Sense of Smell," The Guardian online, September 1, 2001.

34 A. S. Byatt, Little Black Book of Stories (New York: Knopf, 2004) and The Djinn in the Nightingale's Eye (New York: Random House, 1994).
35 Mark Morford, "ScentStories Up Your Nose," SFGate.com, November 24, 2004.
36 G. G.Wayne and A. A. Clinco, "Psychoanalytic observations on olfaction, with special reference to olfactory dreams," Psychoanalysis and The Psychoanalytic Review 46 (1959):64~79.
37 Cook, "What's Getting Up Your Nose?"
38 "Sensing Opportunity in Dormitory Air," New York Times, January 3, 2007.

10장 냄새가 이끌어내는 기억

1 Ellen Burns Sherman, "The Redolent World," New England Magazine 43 (1910):319~21.
2 Diane Ackerman, An Alchemy of Mind (New York: Scribner, 2004), p. 114.
3 Diane Ackerman, A Natural History of the Senses (New York: Random House, 1990), p. 17.
4 R. S. Herz and J. W. Schooler, "A naturalistic study of autobiographical memories evoked by olfactory and visual cues: Testing the Proustian hypothesis," American Journal of Psychology 115 (2002):21~32.
5 Jonah Lehrer, "The neuroscience of Proust," Seed, May~June 2004, p. 48~51.
6 S. Chu and J. J. Downes, "Proust nose best: Odors are better cues of autobiographical memory," Memory and Cognition 30 (2002):511~18; S. Chu and J. J. Downes, "Long live Proust: The odour-cued autobiographical memory bump," Cognition 75 (2000):B41~50. For other examples, see F. R. Schab, "Odors and the remembrance of things past," Journal of Experimental Psychology: Learning, Memory and Cognition 16 (1990):648~55; J. A. Gottfried, A. P. Smith, et al., "Remembrance of odors past: Human olfactory cortex in cross-modal recognition memory," Neuron 42 (2004):687~95; A. Parker, H. Ngu, and H. J. Cassaday, "Odour and Proustian memory: Reduction of context-dependent forgetting and multiple forms of memory," Applied Cognitive Psychology 15 (2001):159~71; S. Chu and J. J. Downes, "Odour-evoked autobiographical memories: Psychological investigations of proustian phenomena," Chemical Senses 25 (2000): 111~16.
7 Dan McKenzie, Aromatics and the Soul: A Study of Smells (London: William Heinemann Ltd., 1923), p. 50.
8 Roger Shattuck, Proust's Way: A Field Guide to In Search of Lost Time (New York:

W.W. Norton, 2000).

9 Victor E. Graham, The Imagery of Proust (Oxford, England: Basil Blackwell, 1966), pp. 8, 106.

10 Mary Grace Caldwell, "A Study of the Sense Epithets of Shelley and Keats," Poet Lore 10 (1898):573~79.

11 Graham, The Imagery of Proust.

12 Poe, Marginalia, 1844.

13 Louise Fiske Bryson, "Training the Memory," Harper's Bazaar, September 1903, p. 824; "Scent and Memory," The Spectator (London), July 11, 1908, pp. 52~53, reprinted in The Living Age (Boston), November 14, 1908, pp. 437~39; "magically transported," Graham, The Imagery of Proust, p. 107.

14 Sherman, "The Redolent World," p. 319.

15 Ellwood Hendrick, "The sense of smell," The Atlantic Monthly, March 1913, pp. 332~37.

16 Charles Rosen, "Now, Voyager," The New York Review of Books, November 6, 1986, p. 55. According to Rosen, Proust took another writer to task for praising Ramond, specifically for praising this very passage of Ramond's.

17 Théodule Ribot, La Psychologie des sentiments (Paris: Félix Alcan, 1896), translated as The Psychology of the Emotions (London: Walter Scott Ltd., 1897), ch. 11, "The Memory of Feelings." For another example, see F. Pillon, "La Mémoire Affective: son Importance Théorique et Pratique," Revue Philosophique 51 (February 1901):113~38.

18 Henri Piéron, "La Question de la Mémoire Affective," Revue Philosophique 54 (December 1902):612~15, translation by Laurence Dryer.

19 Shattuck, Proust's Way, p. 115.

20 T. Engen and B. M. Ross, "Long-term memory of odors with and without verbal descriptions," Journal of Experimental Psychology 100 (1973):221~27.

21 J. M. Annett, "Olfactory memory: A case study in cognitive psychology," Journal of Psychology 130 (1996):309~19.

22 H. A. Walk and E. E. Johns, "Interference and facilitation in short-term memory for odors," Perception & Psychophysics 36 (1984):508~14; T. L. White, "Olfactory memory: The long and short of it," Chemical Senses 23 (1998):433~41.

23 Herz and Schooler, "A naturalistic study," pp. 21~32.

24 J. Willander and M. Larsson, "Smell your way back to childhood: Autobiographical odor memory," Psychonomic Bulletin & Review 13 (2006):240~44.

25 S. Chu and J. J. Downes, "Odour-evoked autobiographical memories: Psychological investigations of proustian phenomena," Chemical Senses 25 (2000):111~16.
26 J. S. Jellinek, "Proust remembered: Has Proust's account of odor-cued autobiographical memory recall really been investigated?" Chemical Senses 29 (2004):455~58.
27 Chu and Downes, "Proust nose best"; Willander and Larsson, "Smell your way back to childhood."
28 S. Magnussen, J. Andersson, et al., "What people believe about memory," Memory 14 (2006):595~613.
29 Haydn S. Pearson, New England Flavor: Memories of a Country Boyhood (New York: W.W. Norton, 1961).
30 Ben Logan, The Land Remembers: The Story of a Farm and Its People (New York: Viking, 1975).
31 Donald A. Laird, "Some normal odor effects and associations of psychoanalytic significance," Psychoanalytic Review 21 (1934):194~200.

11장 향기 박물관

1 Andy Warhol, The Philosophy of Andy Warhol (From A to B and Back Again) (New York: Harvest Books, 1975), p. 151.
2 Bernard Benstock, "James Joyce: The olfactory factor," in Joycean Occasions, edited by J. E. Dunleavy, M. J. Friedman, and M. P. Gillespie (Newark: University of Delaware Press, 1991), pp. 138~56.
3 John Steinbeck, Cannery Row (New York: Viking, 1945); Travels with Charley: In Search of America (New York: Viking, 1962).
4 H. L. Mencken, Happy Days 1880-1892 (New York: Knopf, 1940), p. 236.
5 Joseph Mitchell, McSorley's Wonderful Saloon (New York: Pantheon, 1992; reprint of 1943 edition), p. 19.
6 "Brew a Pot? Latte Nation Thinks Not," New York Post online edition, August 13, 2006.
7 "Ag Board's Brochure Is a Real Stinker," Patriot-News, June 17, 2005.
8 Gove Hambidge, "Scents that make dollars; Next the wave of fragrance?" World's Work 60 (August 1931):32~34.
9 Rem Koolhaas, "Singapore Songlines: Portrait of a Potemkin Metropolis . . . or

Thirty Years of Tabula Rasa," in R. Koolhaas and B. Mau, S, M, L, XL (New York: Monacelli Press, 1995).

10 Edgar Lee Masters, "Hare Drummer," Spoon River Anthology, 1916.

11 Lewis Thomas, "On Smell," in Late Night Thoughts on Listening to Mahler's Ninth Symphony (New York: Viking, 1983).

12 J. G. Moore, B. K. Krotoszynski, and H. J. O'Neill, "Fecal odorgrams: A method for partial reconstruction of ancient and modern diets," Digestive Diseases and Science 29 (1984):907~911.

13 Steinbeck, Cannery Row, p. 22.

14 Author's interview with Leti Bocanegra, August 30, 2006.

15 " 'Smellovision' Enhances Visit to Smithsonian," Los Angeles Times, November 30, 1967; Martin Whitfield, "Museum Haunted by a Scent of Old Times," The Independent (London), July 12, 1993; "Smells that Sell Not to Be Sniffed At; The T–Rex Model at London's Natural History Museum," CNN–Reuters, June 27, 2004; Matthew Tanner, "Satisfying the paying public: The effective interpretation of historic ships and boats," Third International Conference on the Technical Aspects of the Preservation of Historic Vessels, San Francisco, April 20~23, 1997.

16 Jim Drobnick, "Volatile Architectures," in B. Miller and M. Ward eds., Crime and Ornament: The Arts and Popular Culture in the Shadow of Adolf Loos (Toronto: YYZ Books, 2002).

17 Tirza True Latimer Tirza True Latimer, The Perfume Atomizer: An Object with Atmosphere (West Chester, PA: Schiffer, 1991), p. 7.

18 Gale W. Matson Gale W. Matson, "Microcapsules and process of making," U. S. Patent 3,516,941, issued June 23, 1970; Jack Charbonneau and Keith Relyea, "The technology behind on–page fragrance sampling," Drug & Cosmetic Industry, February 1997, p. 48.

19 Ad in February 1989 issue of Armed Forces Journal International, opposite p. 57.

20 Sandover Henry Urbach Architecture Gallery, New York, 2000.

21 Sally McGrane, "The Odor Artist," Wired, April 24, 2007; also "This Art Stinks, and That's by Design," KansasCity.com/The Kansas City Star, February 4, 2007.

22 Drobnick, "Volatile Architectures."

23 "An Aroma Like . . . OK, OK, Plant Not Totally Foul, But No Bouquet," Atlanta Journal and Constitution, July 7, 1998.

24 Rudyard Kipling, The Five Nations (London: Methuen, 1903).

25 A. B. "Banjo" Paterson, Happy Dispatches (Sydney: Angus & Robertson, 1934).

26 AIR–Urban Olfactory Installation, in SAUMA: Design as Cultural Interface exhibit, World Financial Center, New York, June 20~September 10, 2006.
27 Kate Kelly and Elizabeth Manus, "In a Smelly Summer,Our Team of Noses Sniffs up the City," New York Observer, August 9, 1999.
28 David Segal, "Eau Dear: Sniffingout the Big Apple's Smelliest Spots," Washington Post, August 17, 2006.
29 Paris Hilton with Merle Ginsberg, Confessions of an Heiress: A Tongue–in–Chic Peek Behind the Pose (New York: Simon & Schuster, 2004), p. 93.
30 Helen Keller, Midstream: My Later Life (Garden City, NY: Doubleday, Doran, 1929), p. 165ff.
31 Celeste Bowman, "Going Home for Two," Texas Magazine in the Houston Chronicle, May 12, 1996.
32 "You Smell That? An Olfactory–Bulb Tour of the City that Stinks," Baltimore City Paper, September 19, 2001.
33 www.lukeford.net/profiles/profiles/heather_ macdonald.htm
34 "Scent of a City: Heady Essence of Oranges," Los Angeles Times, February 8, 2001.

12장 후각의 운명

1 H. G.Wells, The War of the Worlds, 1898.
2 "Sniffing Out Spoiled Meat," Wall Street Journal, December 12, 2006.
3 E. I. Mohamed, R. Linder, et al., "Predicting Type 2 diabetes using an electronic nose–based artificial neural network analysis," Diabetes, Nutrition & Metabolism 15 (2002):215~21; P. Dalton, A. Gelperin, and G. Preti, "Volatile metabolic monitoring of glycemic status in diabetes using electronic olfaction," Diabetes Technology & Therapeutics 6 (2004):534~44; "What the Nose Knows," The Economist, March 9, 2006.
4 R. Andrew Russell, Odour Detection by Mobile Robots (World Scientific, 1999).
5 M. Broxvall, S. Coradeschi, et al., "An ecological approach to odour recognition in intelligent environments," Proceedings of the IEEE International Conference on Robotics and Automation (ICRA), Orlando, FL, 2006; A. Lofti, "Odour recognition using electronic noses in robotic and intelligent systems," Ph. D. thesis, Örebro University, Sweden, February 15, 2006.
6 Kyllo v. United States (99–8508) 533 U.S. 27 (2001), 190 F.3d 1041, reversed and remanded.

7 J. A. Covington, J.W. Gardner, et al., "Towards a truly biomimetic olfactory microsystem: An artificial olfactory mucosa," IET Nanobiotechnology 1 (2007): 15~21.

8 J. M. Vidic, J. Grosclaude, et al., "Quantitative assessment of olfactory receptors activity in immobilized nanosomes: A novel concept for bioelectronic nose," Lab Chip 6 (2006): 1026~32.

9 cells J. H. Sung, H. J. Ko, and T. H. Park, "Piezoelectric biosensor using olfactory receptor protein expressed in Escherichia coli," Biosensors and Bioelectronics 21 (2006): 1981~86; Q. Liu, H. Cai, et al., "Olfactory cell-based biosensor: A first step towards a neurochip of bioelectronic nose," Biosensors and Bioelectronics 22 (2006): 318~22.

10 "Scent Detection Technologies Ltd. (SDT) Honoured with the 2006 Frost & Sullivan Award for Technology Innovation in the Field of Advanced Explosive Detection," PR Newswire, April 10, 2006.

11 M. Marrakchi, J. Vidic, et al., "A new concept of olfactory biosensor based on interdigitated microelectrodes and immobilized yeasts expressing the human receptor OR 17-40," European Biophysics Journal 36 (2007): 1015~18.

12 S. A. Goff, H. J. Klee, "Plant volatile compounds: Sensory cues for health and nutritional value?" Science 311 (2006): 815~19.

13 D. Tieman, M. Taylor, et al., "Tomato aromatic amino acid decarboxylases participate in synthesis of the flavor volatiles 2-phenylethanol and 2-phenylacetaldehyde," Proceedings of the National Academy of Sciences USA 103 (2006): 8287~92.

14 tomato R. Davidovich-Rikanati, Y. Sitrit, et al., "Enrichment of tomato flavor by diversion of the early plastidial terpenoid pathway," Nature Biotechnology 25 (2007): 899~901.

15 "Scent of a Tomato," Sacramento Bee, August 19, 2007.

16 A. Zuker, T. Tzfira, and A. Vainstein, "Genetic engineering for cut-flower improvement," Biotechnology Advances 16 (1998): 33~79.

17 R. A. Raguso and E. Pichersky, "Floral volatiles from Clarkia breweri and C. concinna (Onagraceae): Recent evolution of floral scent and moth pollination," Plant Systematics and Evolution 194 (1995): 55~67; E. Pichersky, J. P. Noel, and N. Dudareva, "Biosynthesis of plant volatiles: Nature's diversity and ingenuity," Science 311 (2006): 808~11.

18 I. Guterman, M. Shalit, et al., "Rose scent: genomics approach to discovering novel floral fragrance–related genes," Plant Cell 14 (2002): 2325~38.

19 Zuker,Tzfira, and Vainstein, "Genetic engineering for cutflower improvement," pp. 33~79.

20 N. Dudareva, E. Pichersky, and J. Gershenzon, "Biochemistry of plant volatiles," Plant Physiology 135 (2004): 1893~1902. See also Zuker, Tzfira, and Vainstein, "Genetic engineering."

21 A. E. Herr, A.V. Hatch, et al., "Microfluidic immunoassays as rapid saliva–based clinical diagnostics," Proceedings of the National Academy of Sciences USA 104 (2007): 5268~73.

22 A. Keller, H. Zhuang, et al., "Genetic variation in a human odorant receptor alters odour perception," Nature 449 (2007): 468~72.

23 A. N. Gilbert and S. Firestein, "Dollars and scents: Commercial opportunities in olfaction and taste," Nature Neuroscience 5 (2002) suppl.: 1043~45.

24 Oliver Sacks Oliver W. Sacks, "Dog Beneath the Skin," in The Man Who Mistook His Wife for a Hat (New York: Simon & Schuster/Summit, 1985).

25 P. M. Smallwood, B. P. Olveczky, et al., "Genetically engineered mice with an additional class of cone photoreceptors: Implications for the evolution of color vision," Proceedings of the National Academy of Sciences USA 100 (2003): 11706~11; Z. Syed, Y. Ishida, et al., "Pheromone reception in fruit flies expressing a moth's odorant receptor," Proceedings of the National Academy of Sciences USA 103 (2006): 16538~43.